Z 33021

Dijon
1800-1803
Bacon, François
Œuvres

janvier   Tome 5

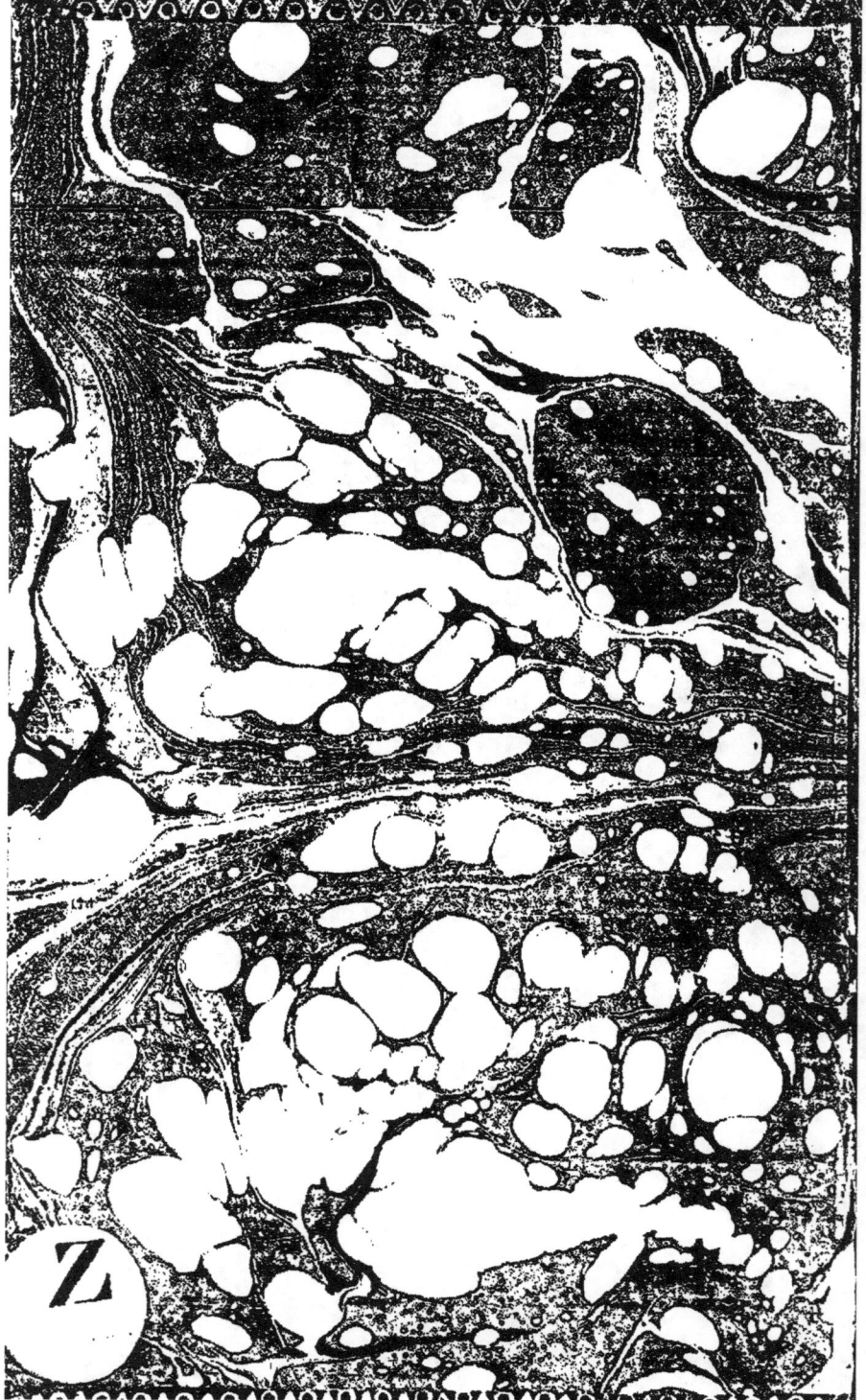

ŒUVRES
DE
FRANÇOIS BACON,
CHANCELIER D'ANGLETERRE.
TOME CINQUIÈME.

ŒUVRES

DE

FRANÇOIS BACON,

CHANCELIER D'ANGLETERRE,

TRADUITES PAR ANT. LASALLE;

Avec des notes critiques, historiques et littéraires.

TOME CINQUIÈME.

A DIJON,

DE L'IMPRIMERIE DE L. N. FRANTIN.

AN 8 DE LA RÉPUBLIQUE FRANÇAISE.

NOVUM ORGANUM
DES SCIENCES.

LIVRE II.

Des aphorismes, ou de l'interprétation de la nature.

LE sujet de ce second livre est divisé en dix parties; savoir :

1°. L'exposé de la méthode ou de l'induction proprement dite.

2°. Les prérogatives des exemples, ou l'art de choisir les faits qui peuvent accélérer, et faciliter la découverte des formes ou causes essentielles.

3°. L'art de rectifier l'induction.

4°. Les adminicules de l'induction.

5°. L'art de varier la marche des recherches, ou de les approprier aux divers sujets.

6°. Les prérogatives des natures (1), ou solution de cette question : quelles sont les natures dont il faut chercher les formes ou causes essentielles, en premier lieu, en second lieu, en dernier lieu ?

7°. L'art de limiter les recherches humaines, ou énumération de toutes les natures observées dans l'univers.

8°. Art d'appliquer la théorie à la pratique, ou de cette partie des sciences qui se rapporte à l'homme.

9°. Des préliminaires d'une recherche quelconque.

10°. Échelle, ascendante et descendante, des axiômes.

De ces dix parties, deux seulement (du moins à notre connoissance) ont été entièrement exécutées ; mais heureusement ce sont les deux plus essentielles, et celles qu'on trouvera ici.

Pour la commodité des lecteurs, nous subdiviserons la première en quatre chapitres ; savoir :

---

(1) Modes, manières d'être, ou qualités.

I. Indication du but, définition et division du sujet.

II. Tables d'invention, ou coordinations de faits nécessaires pour découvrir la forme ou cause essentielle de la chaleur.

III. Réjection ou exclusion des faits non concluans ou non décisifs.

IV. Premières déductions, ou conclusions provisoires, tirées des faits restans après les exclusions.

CHAPITRE Ier.

I. *Indication du but, définition et division du sujet.*

Aphorisme I.

Produire dans un corps donné une nouvelle nature (mode ou manière d'être), ou enter de nouvelles natures sur une base matérielle proposée, est l'œuvre et le but de la puissance humaine. Quant à la découverte de la *forme* de la nature donnée, de sa *vraie différence*, de sa *nature naturante* (1); ou enfin de *sa source d'émanation* (2) (car nous ne trouvons sous notre main que ces termes-là qui indiquent à peu près ce que nous avons en vue); cette découverte, dis-je, est l'œuvre propre et le but de la science humaine. Or, à ces deux buts *primaires*, sont subordonnés deux buts *secondaires* et de moindre importance ; savoir : au premier, la transformation des corps *concrets* (3),

―――――――――――

(1) De ce qui la *constitue* et la *fait être ce qu'elle est*.

(2) Pour nous débarrasser de cette barbare nomenclature, disons que la *forme*, la *nature naturante*, la *source d'émanation*, ou *l'essence* d'une qualité particulière est la *combinaison et la proportion des qualités générales de la matière*, d'où résulte cette qualité particulière ; par exemple, suivant Newton, la combinaison et le mélange des sept rayons primitifs de la lumière, dans certaines proportions, *constitue la couleur blanche*, et en est la *forme*, la *nature naturante*, etc.

(3) Composés, mixtes.

LIV. II. CHAP. I.

d'une espèce en une autre espèce (dans les limites du possible); au second, la découverte à faire (dans toute génération et tout mouvement productif), de l'action progressive et continue (1), de la cause efficiente bien reconnue, et de la cause matérielle également connue, depuis l'instant où ces causes commen-

---

(1) *Latentis processûs continuati.* Nous n'avons point en françois de termes qui puissent rendre avec exactitude ces mots latins; mais il suffit de s'entendre; nous emploierons ces deux-ci (*le progrès caché*), qui représenteront les suivans : *la combinaison, la proportion, et la gradation de substances et de mouvemens, par lesquelles un corps passe d'une forme à une autre*; par exemple, de la forme d'*œuf* à celle de *poulet*; car il y a ici quatre idées. 1°. Des substances et des mouvemens *combinés*. 2°. Ils le sont en certaines *proportions*. 3°. Ces proportions *changent*. 4°. Elles changent *par degrés*. Au reste, ceux de nos lecteurs que cette métaphysique rebutera, pourront, sans inconvénient, franchir ces huit ou dix premières pages. Ayant prévu ce dégoût, j'ai eu soin d'expliquer tout ce qui suit, de manière qu'on n'eût pas besoin de les avoir lues.

cent à agir, jusqu'à celui où la forme est introduite. Au second but, répond aussi la découverte de la *texture cachée* (1) des corps considérés dans l'état de *repos*, et abstraction faite de leurs mouvemens.

II.

S'il pouvoit rester quelque doute sur le triste état des sciences aujourd'hui en vogue, certaines maximes fort connues en feroient foi : car c'est une maxime reçue et très fondée, que la véritable science est celle qui a pour base la connoissance des causes. On dis-

---

(1) *Latentis schematismi*, je traduis ainsi ces deux mots, parce que, dans un autre passage, l'original dit, *latentes schematismos, sive latentes texturas*, j'aimerois mieux dire, la *constitution secrette*, la signification de ce mot *texture* étant un peu trop particulière; car ce mot *schematismus* représente tout ce qui suit : le *résultat total de la figure, de la grandeur, du nombre, de la situation respective, etc. des parties solides et des pores du composé;* définition qui sera justifiée par l'énumération qu'on verra ci-après.

tingue aussi, avec raison, quatre sortes de causes ; savoir : la *matière*, la *forme*, l'*efficient* et la *fin* (1). Mais, en premier lieu, quant à la cause *finale*, tant s'en faut qu'il soit utile de la considérer fréquemment dans les sciences, que c'est cette considération même qui les a le plus sophistiquées, si on en excepte celle qui a pour objet les actions humaines. En second lieu, la découverte des *formes* est regardée comme impossible. Quant aux causes matérielle et efficiente, je veux parler des causes éloignées de l'une et de l'autre espèce, les seules que l'on cherche aujourd'hui, et dont on se contente trop aisément, sans envisager le *progrès caché vers la forme*, ce sont toutes notions peu approfondies, tout-à-fait superficielles et in-

---

(1) Ou les causes, *matérielle*, *formelle*, *efficiente* et *finale*, c'est-à-dire, ce dont le sujet en question est *réellement composé* ; ce qui le *constitue* ou le *fait être ce qu'il est* ; ce qui le *produit*, et *ce à quoi* il est *destiné*.

suffisantes, pour parvenir à une science réelle, à une science vraiment active. Mais, en parlant ainsi, nous sommes loin d'oublier que nous avons eu soin (aphorisme LI) de relever et de corriger l'erreur où tombe souvent l'esprit humain, en déférant aux formes le principal rôle dans l'essence (1). Car, quoiqu'à proprement parler, il n'existe dans la nature que des corps individuels, opé-

---

(1) Dans les différentes éditions latines, on trouve des variantes sur cette phrase; mais la meilleure de toutes est encore un galimathias; car, d'après les définitions de Bacon, la *forme* et l'essence n'étant qu'une seule et même chose; savoir, ce *qui constitue* le sujet en question et lui est *essentiel*; elles ne peuvent être regardées comme le tout et sa partie. Mais cet écrivain ne peut se résoudre à exprimer sa pensée naturellement, et à n'employer, dans la physique et la métaphysique, que le style propre et simple, le seul qui convienne à ces sciences sévères : voici ce qu'il vouloit dire. *L'erreur où tombe souvent l'esprit humain, en réalisant, par supposition, des formes purement abstraites, idéales et imaginaires;* traduction justifiée par le sens très clair de l'aphorisme cité.

rant par des actes purs et individuels aussi (*a*), en vertu d'une certaine loi (1); néanmoins, dans les sciences, la recherche, l'invention et l'explication de cette loi est une vraie base, tant pour la théorie que pour la pratique. C'est à cette loi-là et à ses *paragraphes* que nous attachons

(1) C'est définir une chose obscure par une autre encore plus obscure; car le mot *loi* n'est pas plus clair que le mot *forme*; je vais y suppléer. Une loi de la nature est un *rapport constant* (soit d'espèce, soit de quantité, ou des deux genres), observé entre deux phénomènes considérés comme cause et effet, ou comme but et moyen, ou enfin comme signe et chose signifiée. Si l'on a observé qu'un genre de phénomène A, aux degrés b, c, d, etc. est toujours accompagné, précédé ou suivi d'un autre genre de phénomène B, à des degrés aussi déterminés, on peut dire qu'on a découvert une loi de la nature; par exemple : *tous les corps de l'univers s'attirent réciproquement avec des forces qui sont en raison composée de la directe des masses et de l'inverse des quarrés des distances :* voilà une de ces loix; loi très réelle, du moins quant aux parties et aux assemblages de la matière *inerte*.

ce nom de *forme*, que nous employons d'autant plus volontiers, qu'il est usité et familier.

III.

Ne connoître la cause de telle ou telle nature (par exemple, de la blancheur ou de la chaleur), que dans certains sujets, c'est n'avoir qu'une science imparfaite; et n'être en état de produire tel effet que dans certaines matières choisies parmi celles qui en sont le plus susceptibles, c'est également n'avoir qu'une puissance imparfaite. Disons plus, si l'on ne connoît que les causes matérielle et efficiente, sortes de causes variables et passagères, qui ne sont, à proprement parler, que de simples *véhicules*, des causes *déférentes*, à la faveur desquelles la forme passe dans certains sujets seulement, on pourra tout au plus obtenir quelques résultats nouveaux, dans une matière analogue, jusqu'à un certain point, à celles sur lesquelles on a déja opéré, et d'ailleurs suffisamment préparée; mais ces bornes que la nature a plantées plus profondément, et qui jusqu'ici ont circonscrit la puissance de l'homme, on n'aura pas le pouvoir de les reculer. Mais s'il existe un mortel qui connoisse les *formes*, c'est cet homme seul qui peut se flatter d'embrasser les loix générales de la nature, et de la voir *parfaitement une*, même dans les matières les plus dissemblables. Aussi, à la faveur de cette connoissance, ce qui n'a jamais été exécuté, ce que ni les vicissitudes de la nature, ni les expériences les plus ingénieuses, ni le hazard même n'eussent jamais réalisé, et ce dont on n'eût jamais soupçonné la possibilité, il pourra et le découvrir et l'effectuer.

IV.

Quoique la route qui mène l'homme à la puissance, et celle qui le conduit à la science, soient très voisines, et presque la même; cependant, vu l'habitude aussi invétérée que pernicieuse où il est de demeurer attaché à de pures abstractions, il nous paroît infiniment plus sûr de commencer la *restauration*, et de reprendre les sciences par ces fondemens qui touchent de plus près à l'exécution, afin que la pratique détermine, sanctionne, pour ainsi dire, la théorie, en lui imprimant son propre caractère. Voyons donc, en supposant qu'on voulût introduire une nouvelle nature dans un corps donné, quel genre de précepte, de direction, de conséquence pratique, on préféreroit, pour régler sa marche dans une telle opération. Et ce précepte, tâchons de l'énoncer avec toute la clarté possible.

Par exemple, supposons qu'un homme voulût donner à l'argent la couleur jaune de l'or, ou augmenter considérablement sa pesanteur spécifique (sans déroger toutefois aux loix de la matière), ou encore rendre transparente une pierre opaque, ou rendre le verre malléable, ou enfin faire végéter un corps non végétant; voyons, dis-je, quel précepte, quelle règle cet homme souhaiteroit qu'on lui donnât. Il souhaiteroit certainement qu'on lui indiquât un procédé dont le succès fût infaillible, et qui ne trompât jamais son attente. En second lieu, il voudroit que cette marche qui lui seroit prescrite, ne le mît point trop à l'étroit, en l'astreignant à certains moyens ou procédés particuliers; car il se pourroit qu'il n'eût pas actuellement ces moyens en sa disposition, ni la facilité de se les procurer. Et si, par hazard, outre ces moyens particuliers qu'on lui auroit prescrits, il en existoit d'autres suffisans pour produire une telle nature, et qui fussent en sa disposition ou à sa portée, ces moyens-là étant exclus par ce précepte trop limité, ils lui deviendroient inutiles. En troisième lieu, il souhaiteroit que le procédé qu'on lui indiqueroit fût moins difficile que l'opération même qui seroit le sujet de sa recherche; en un mot, qu'on lui indiquât quelque chose qui touchât de plus près à la pratique.

Si donc nous résumons en peu de mots

toutes les conditions que doit réunir le précepte exact et complet, nous trouverons qu'elles se réduisent aux trois suivantes, *certitude, liberté et facilité*, relativement à la pratique. Or, l'invention d'un tel précepte, et la découverte de la véritable forme, ne sont qu'une seule et même chose. En effet, la *forme* d'une nature quelconque est telle, que, cette forme étant supposée, la nature donnée s'ensuit infailliblement. Ainsi, par-tout où la nature donnée est présente, cette forme est présente aussi; elle l'affirme universellement (1), et elle se trouve dans tous les sujets où se trouve cette nature. Par la même raison, cette forme est telle, que, dès qu'elle est ôtée d'un sujet, la nature donnée disparoît infailliblement. Ainsi, par-tout où la nature donnée est absente, cette forme est absente aussi; elle la nie universellement (2), et elle ne se trouve

---

(1) C'est-à-dire, qu'on peut affirmer la nature donnée, de tous les sujets où se trouve sa forme.

(2) C'est-à-dire, qu'on peut nier la nature don-

LIV. II. CHAP. I. 15

que dans les sujets doués de cette nature (*b*). Enfin, la véritable forme doit être telle qu'elle déduise la nature donnée, de quelque source de l'essence qui se trouve dans un plus grand nombre de sujets, et qui soit (comme on le dit ordinairement) *plus connue de la nature*, que la forme elle-même (1). Ainsi, pour exprimer net-

---

née, de tous les sujets où sa forme ne se trouve pas, et qu'elle ne doit être affirmée que des seuls sujets où se trouve cette forme.

(1) Quel jargon! Traduisons encore cette traduction trop littérale : *la forme doit être telle, qu'elle déduise la manière d'être en question de quelque autre manière d'être réelle, plus commune dans la nature et plus générale que cette forme elle-même.* Car la *forme* n'étant autre chose que la matière d'une définition précise et complette de la nature ou manière d'être donnée, définition qui doit être composée du genre prochain et de la différence spécifique de cette manière d'être ; comme cette différence *limite* et *restreint* ce genre, la forme qui est ce genre même, ainsi limité, déduit donc d'une manière d'être plus commune et plus générale qu'elle-même, la manière d'être donnée à définir ; savoir, de ce même genre dont elle

tement et correctement l'axiôme ou principe, vrai et complet, qui se rapporte à la science, on doit l'énoncer ainsi : *il faut trouver une autre nature qui soit conversible* (1) *avec la nature donnée, et qui cependant soit la limitation d'une nature plus connue, nature qui doit être son véritable genre, et dont par conséquent elle doit être une espèce.* Or ces deux préceptes, l'un, théorique, l'autre, pratique, ne sont au fond qu'une seule et même chose; car ce qu'il y a de plus utile dans la pratique, est aussi ce qu'il y a de plus vrai dans la théorie (2).

---

est la limitation. Cette explication est justifiée par la phrase suivante du texte, où j'ai fait aussi quelque léger changement, pour la rendre d'inintelligible, seulement un peu difficile à entendre.

(1) J'étends un peu cet énoncé pour le rendre plus clair. Voyez la note (*c*), où ce passage est plus amplement expliqué.

(2) Cette proposition n'est pas vraie; mais il veut dire que ce qu'il y a de plus utile pour assurer la production de l'effet proposé, est aussi ce qu'il y a de plus vrai, dans la théorie; plus le *principe* qui, dans la *théorie,* indique la *cause* de l'ef-

V.

Le précepte ou axiôme qui a pour objet la transformation des corps, se subdivise en deux autres, dont le premier envisage chaque corps comme *un assemblage, une combinaison de natures simples.* C'est ainsi qu'en observant en détail *toutes les qualités concourantes dans l'or*, on trouve qu'il est de *couleur jaune, fort pesant* et *de telle pesanteur spécifique, malléable* ou *ductile, à tel degré; qu'il n'est pas volatil; qu'au feu, il souffre peu de déchet; qu'étant dissous, il devient fluide à tel degré; qu'il est dissoluble par tels menstrues et par tels procédés*, et il en faut dire autant de toutes les autres natures réunies dans l'or. Ainsi, tout axiôme de ce genre se déduit de la considération des *formes spécifi-*

---

fet à produire, est *vrai* ; plus la *règle* qui, dans la *pratique*, énonce le *moyen* répondant à cette *cause*, est suffisant pour mener au *but* répondant à cet *effet*, est *sûre* et *infaillible*; et réciproquement.

5.

ques des natures simples. En effet, qui connoît *les formes* et *les procédés* nécessaires et suffisans pour produire à volonté *la couleur jaune*, *la grande pesanteur spécifique*, la *ductilité*, la *fixité*, la *fluidité*, la *dissolubilité*, etc. et connoît de plus la manière de produire ces qualités *à différens degrés*, verra les *moyens* et prendra les *mesures* nécessaires, pour réunir toutes ces qualités dans tel ou tel corps; d'où s'ensuivra sa *transformation en or*. Cette manière d'opérer est la première, la grande méthode; car produire telle qualité simple, ou en produire plusieurs, c'est au fond la même chose; si ce n'est que, lorsqu'il s'agit d'en produire plusieurs à la fois, on est, quant à l'exécution, plus gêné, plus à l'étroit; vu la difficulté de réunir, dans un même sujet, tant de natures différentes, qui ne se marient pas toujours aisément ensemble, sinon par les voies ordinaires de la nature. Quoi qu'il en soit, nous devons dire que cette manière d'opérer qui envisage *les natures simples*, même dans un corps *concret* (composé), procède d'après la considération de ce qu'il y a d'*éternel*, d'*immuable* et d'*universel* dans la nature ; qu'elle agrandit prodigieusement les voies de la puissance humaine ; et son avantage à cet égard est si grand, que, dans l'état actuel des sciences, les hommes auroient peine à s'en faire une idée.

Le deuxième genre d'axiômes (qui dépend de la découverte du *progrès caché* de l'action génératrice) ne procède plus par la considération des *natures simples*, mais par l'observation des *corps concrets* et tels qu'ils se trouvent dans la nature abandonnée à son cours ordinaire. Supposons, par exemple, que l'objet de la recherche soit de savoir par quels principes ou premières causes, de quelle manière, par quelle espèce d'action progressive s'opère la *génération de l'or*, de tout autre métal, ou de la pierre ; à prendre l'une ou l'autre de ces substances, depuis ses premièrs menstrues ou rudimens, jusqu'à l'état de mine parfaite ; ou encore, par quelle sorte d'action graduelle et continue se forme l'herbe, à partir des premières concrétions des sucs dans le sein de la terre, ou de son état de semence, jusqu'au moment où la plante est entièrement formée ; sans oublier toute cette suite de mouvemens, tous ces efforts graduels et continus, par lesquels la nature conduit son œuvre jusqu'à la fin. Il en est de même de la génération des animaux observée et décrite dans tous ses détails, et dans la totalité de son cours, depuis l'instant où ils s'accouplent, jusqu'à celui où ils mettent bas.

En effet, cette recherche dont nous parlons n'a pas simplement pour objet la génération des corps, mais aussi les autres mouvemens et les autres opérations de la nature ; par exemple : il faut suivre la même méthode pour connoître toute cette suite non interrompue d'actions, tout ce *progrès caché* et *continu*, d'où résulte l'*alimentation*, à partir du moment où l'animal prend l'aliment, jusqu'à celui de la parfaite assimilation (1). Et de même, s'il s'agit du *mouvement volontaire*, dans les animaux, il faut le prendre depuis les impressions reçues par l'imagination et les efforts continus de l'esprit (*d*), jusqu'aux mouvemens des muscles, fléchisseurs ou extenseurs, et autres semblables. Il en faut dire autant du mouvement développé de la langue, des lèvres, et des autres instrumens de la parole, et décrit jusqu'à l'émission des sons articulés. Car ces sortes de recherches se rapportent aussi aux *natures concrètes* ou *combinées* ensemble, et considérées dans cet état d'*agrégation* ou de *composition;* mais alors on les envisage simplement comme des *habitudes particulières, spéciales de la nature*, non comme ces *loix générales* et *fondamentales* qui constituent les *formes.* Cependant, il faut l'avouer, cette seconde méthode étant

---

(1) C'est un travail que le grand Haller a entrepris, et dont il a donné les résultats dans sa physiologie.

plus expéditive, plus à notre portée, nous laisse plus d'espérance de succès que la première, je veux dire, que celle qui procède par les *formes des natures simples*.

Or, la partie *active* qui répond à cette partie *spéculative*, peut bien étendre les opérations de l'homme, de celles qu'on observe ordinairement dans la nature, à celles qui les avoisinent, ou tout au plus à d'autres qui ne s'éloignent pas beaucoup de ces dernières. Mais toute opération *profonde* et *radicale* sur les corps naturels dépend des *axiômes du premier ordre*, dont nous parlions d'abord : je dirai plus ; lorsque l'*exécution* n'étant pas au pouvoir de l'homme, il est forcé de se contenter de la simple *connoissance*, comme dans toute recherche sur les corps célestes (car il n'est pas donné à l'homme de pouvoir agir sur les corps célestes, les changer ou les transformer); alors la recherche du fait même, de la simple vérité ou réalité de la chose, ne se rapporte pas moins que la connoissance des causes et des consentemens (*e*), (correspondances, ou relations secrettes d'actions), à ces axiômes primaires et universels qui ont pour objet les natures simples, telles que la nature de la rotation spontanée, celle de l'attraction ou vertu magnétique et autres semblables. Car, tant qu'on ne connoîtra pas bien la nature de la rotation spontanée, en vain espéreroit-on se mettre en état de décider cette question : quelle est la véritable cause du mouvement diurne ? est-ce la révolution de la terre sur elle-même, ou le mouvement des cieux (*f*) ?

VI.

Ce que nous entendons par le *progrès continu et caché*, est toute autre chose que ce qu'imagineront d'abord les hommes abusés, comme ils le sont, par certaines préventions. Car ce que nous désignons par ces mots, ce ne sont rien moins que certaines mesures, certains signes, certaines *graduations ou échelles d'action*, visibles dans les corps (1); mais

---

(1) C'est-à-dire, non des degrés observés de

une action tout-à-fait continue et considérée dans toute sa continuité (1), qui échappe presqu'entièrement aux sens.

Par exemple, dans toute génération et transformation de corps, il faut tâcher de démêler ce qui s'exhale et se perd, d'avec ce qui reste, ou vient du dehors ; ce qui se dilate, d'avec ce qui se contracte ; ce qui s'unit, d'avec ce qui se sépare ; ce

---

loin en loin et sensiblement différens, mais des degrés contigus, et dont la différence est imperceptible ; car la *graduation* est très différente de la *gradation*.

(1) Mais alors c'est demander l'impossible ; d'ailleurs il n'est point dans la nature de vraie continuité ; et celle dont il parle n'est qu'apparente. Le principal moteur, qui est le soleil, agissant par ondulations, par vibrations, par impulsions vives et réitérées, toutes les actions qui sont l'effet de celle-là, doivent être de même nature ; et comme leurs intervalles sont imperceptibles, elles nous paroissent continues, quoiqu'elles ne le soient pas. Nous croyons aussi que l'action de la force attractive universelle est continue ; mais pourquoi le croyons-nous ? parce que nous n'avons jamais eu assez de génie pour en douter.

qui est continu, d'avec ce qui est entrecoupé; ce qui donne l'impulsion, d'avec ce qui empêche ou gêne le mouvement; ce qui domine, d'avec ce qui est dominé; et une infinité d'autres différences de cette nature.

Et ces différences, ces circonstances, ce n'est pas seulement dans la génération ou la transformation des corps qu'il faut tâcher de les déterminer; mais de plus, dans toutes les autres espèces d'altérations et de mouvemens, il faut tâcher de distinguer ce qui précède et ce qui suit, ce qui a plus de vîtesse ou de lenteur, d'activité ou d'inertie; ce qui imprime le mouvement et ce qui le règle, etc. toutes différences mal déterminées, et même tout-à-fait négligées dans les sciences reçues, qui sont comme une étoffe grossière tissue par l'inexpérience. Car, toute action naturelle s'exécutant par parties infiniment petites, ou du moins si petites, qu'elles échappent aux sens, en vain se flatteroit-on de pouvoir gouverner la nature, et transformer le produit de ses opérations, avant d'avoir bien saisi et bien marqué toutes ces différences.

VII.

La recherche et la découverte de la *texture cachée*, et de l'intime constitution des différens corps, est un objet tout aussi neuf que la découverte *du progrès caché* et de la *forme*. Nous ne sommes encore qu'à l'entrée du sanctuaire de la nature, et nous ne savons pas nous ouvrir un passage pour pénétrer dans l'intérieur. Cependant, en vain se flatteroit-on de *pouvoir*, avec succès et à volonté, douer d'une nouvelle nature un corps donné, ou le transformer en un corps d'une autre espèce, si au préalable on n'a une parfaite *connoissance* de la manière de transformer ou d'altérer les corps. Autrement on donnera tôt ou tard dans des procédés insuffisans, inexacts, ou tout au moins difficiles et nullement appropriés à la nature du corps sur lequel on veut opérer. Ainsi il faut encore frayer la route vers ce dernier but.

Ce n'est pas sans raison qu'on s'est attaché, avec tant d'ardeur et de constance, à l'*anatomie* des *corps organiques*, tels que ceux de l'homme et des animaux, genre d'observations aussi utiles que délicates, et judicieuse méthode pour approfondir la nature. Cependant ce genre d'anatomie n'envisage que des objets visibles, sensibles; et d'ailleurs ce qu'on peut découvrir par ce moyen ne se trouve que dans les corps organiques, et leur est particulier; enfin, de tels objets sont comme sous la main, et une telle étude est bien facile en comparaison de cet autre genre d'*anatomie*, qui a pour objet la *texture cachée*, dans les différens corps qu'on regarde comme *similaires*, surtout dans les corps d'une espèce déterminée et dans leurs parties, comme dans le *fer*, la *pierre*, etc. ainsi que dans les parties similaires de la *plante*, ou de l'*animal*, telles que la *racine*, la *feuille*, la *fleur*, la *chair*, le *sang*, les *os*, etc. l'on peut dire même que, sur ce dernier point, les hommes n'ont manqué ni d'intelligence, ni d'activité; car c'est à ce but même que tend ce soin avec lequel les chymistes analysent les corps similaires, par le moyen des distillations et des différens procédés de décomposition; c'est, dis-je, afin que, par la réunion des parties homogènes, l'hétérogénéité du composé devienne plus sensible (1). Rien de plus nécessaire que de telles analyses, et elles remplissent en partie notre objet. Cependant, trop souvent cette méthode même est trompeuse. Car il est une infinité de natures qu'on s'imagine n'avoir fait que *séparer des autres*, supposant qu'elles existoient dans le corps mixte avant sa décomposition, mais *qui, dans le fait, ont été produites par le feu même, ou les autres agens de décomposition*. Mais eût-on découvert un moyen d'éviter ces

---

(1) Car, dans un composé, les parties de même espèce ne peuvent se réunir, sans se séparer des parties de différentes espèces; réunion et séparation dont l'effet est de rendre plus sensibles les parties de chaque espèce.

méprises, ce ne seroit encore là que la moindre partie du travail nécessaire pour découvrir la *texture cachée* et l'intime constitution, dans un composé quelconque; texture ou constitution que le feu ne peut que changer ou détruire, loin de la rendre plus sensible (1).

Ainsi, cette analyse et cette décomposition des corps, ce n'est point à l'aide du *feu* qu'il faut la faire, mais à l'aide de la *raison* et de la véritable *induction;* par le moyen de certaines expériences *auxiliaires* et *décisives;* par la comparaison de ces corps avec d'autres; enfin, en ramenant leurs *propriétés composées* aux *natures simples*, et à leurs formes combinées, entrelacées dans les mixtes propo-

---

(1) De plus, les chymistes sont-ils bien assurés que le feu, qui a la propriété de pénétrer à travers les vaisseaux les plus épais et les mieux clos, d'en ouvrir les pores, et d'atténuer toutes les substances, n'entraîne pas avec lui quelque substance active qu'il porte dans ces vaisseaux, et qui influe sur les résultats?

sés. En un mot, il faut, en quelque manière, *quitter Vulcain pour Minerve*, pour peu qu'on ait à cœur de rendre sensible, de placer dans une vive lumière, la *vraie structure ou texture des corps*, texture d'où dépend toute qualité secrette, ou, pour nous servir d'une expression fort usitée, *toute propriété spécifique*. C'est de cette même source que découle la véritable règle de toute puissante altération ou transformation. Par exemple, il faut, dans chaque corps, déterminer tout ce qui concerne soit l'esprit, soit le corps tangible ; savoir : d'abord la nature ou la proportion de l'un et de l'autre ; puis, quant à cet esprit même (*g*), s'assurer s'il est en grande ou en petite quantité, dans l'état de dilatation ou de contraction, ténu ou grossier, s'il tient plus de la nature de l'air ou de celle du feu, s'il est actif ou inerte, foible ou vigoureux, dans l'état progressif ou rétrograde, continu ou entrecoupé, en harmonie ou en conflit avec tout ce qui l'environne. Il faut analyser de même l'*essence du corps tan-*

gible qui n'est pas susceptible d'un moindre nombre de *différences* que *l'esprit*; il faut, dis-je, analyser sa texture, et l'éplucher, pour ainsi dire, fibre à fibre. Ce n'est pas tout : la manière dont cet esprit est logé et répandu dans la masse du corps proposé, ses pores, ses passages, ses conduits, ses ramifications, ses cellules, ses ébauches et ses tentatives, ou premiers essais de corps organique; voilà aussi ce qui doit être le sujet de la même recherche. Mais, dans cette recherche même et dans celle de toute *secrette configuration*, la lumière la plus vive, la vraie lumière, c'est celle qui jaillit des axiômes du premier ordre, c'est celle-là seule qui, dans une analyse aussi fine et aussi difficile, peut dissiper tous les nuages et éclairer toutes les parties du sujet.

VIII.

Et nous n'irons pas pour cela nous perdre dans les *atômes* dont l'existence suppose le vuide (*h*) et une matière immuable, (deux hypothèses absolument fausses); mais notre marche ne nous conduira qu'aux particules véritables de la matière et telles que nous les trouvons dans la nature. Il ne faut pas non plus se laisser trop aisément rebuter par les difficultés d'une analyse si délicate et si détaillée; mais au contraire, se bien persuader que plus, dans ce genre d'étude, on tourne son attention vers les *natures simples*, plus aussi tout s'éclaircit et s'applanit, puisqu'alors on passe *du composé au simple, de l'incommensurable* (1) *au commensurable, des raisons sourdes aux raisons déterminables, des notions vagues et indéfinies aux notions définies;* comme on éprouve plus de facilité lorsqu'en apprenant à lire, on *épelle*, ou lorsqu'en étudiant un concerto, on le décompose en

---

(1) Deux quantités incommensurables sont deux quantités dont le rapport n'est pas déterminable en nombres, et une raison sourde est ce rapport même indéterminable dont nous parlons; telle est celle de la circonférence du cercle à son rayon, et de la diagonale du quarré à son côté.

ses accords et ses tons élémentaires ; car l'étude de la nature marche fort bien, lorsque la *partie physique,* en finissant, vient tomber dans les *mathématiques.* Il ne faut pas non plus avoir peur des grands nombres ni des fractions : dans tout problème qu'on ne peut résoudre qu'à l'aide des nombres, il est aussi aisé de poser ou de concevoir un million, qu'une unité ; ou un millionième, qu'un entier.

IX.

Des deux genres d'axiômes ou de principes que nous avons posés ci-dessus, se tire la vraie division des sciences et de la philosophie, en attachant à ceux d'entre les termes reçus qui rendent le moins mal notre pensée, la signification précise que nous y attachons nous-mêmes. Ensorte que la recherche des *formes,* qui sont, quant à leur marche et à leur loi, éternelles et immuables, constitue la *métaphysique;* et la recherche tant des *causes matérielle et efficiente,* que du *progrès caché,* et de la *texture secrette,* constitue la physique. A ces deux parties *théoriques* sont subordonnées deux parties *pratiques;* savoir : à la *physique,* la *méchanique,* et à la *métaphysique,* la *magie* (en prenant ce nom dans le sens philosophique), science que nous mettons au premier rang, parce qu'elle ouvre à l'homme des routes plus spacieuses, et l'élève à un plus grand empire sur la nature.

X.

Ainsi, le but de la véritable science étant désormais bien fixé, il faut passer aux préceptes, et cela, sans troubler ni renverser l'ordre naturel. Or, les indications qui doivent nous diriger dans l'interprétation de la nature, comprennent en tout deux parties. Le but de la *première* est de déduire ou extraire de l'expérience les *axiômes;* et celui de la seconde, de déduire et de faire dériver de ces axiômes, de *nouvelles expériences.* La première partie se subdivise en trois autres, qu'on peut regarder comme trois espèces de *services*; savoir : *service* (1) *pour les sens, service pour la mémoire,* enfin, *service pour la raison.*

En effet, la première chose dont il faut se pourvoir, c'est une *histoire naturelle et expérimentale* d'un bon choix et assez complette; ce qui est la vraie base de tout l'édifice, car il ne s'agit nullement ici d'imaginer et de deviner, mais de découvrir, de voir ce que la nature fait, ou laisse faire.

Or, les matériaux de l'histoire naturelle et expérimentale sont si variés et si épars, que l'entendement excessivement partagé et comme tiraillé en tous sens par cette multitude confuse d'objets, finira par s'y perdre, si on ne l'arrête, pour ainsi dire, pour la faire comparoître devant lui dans l'ordre convenable. Ainsi, il faut dresser des *tables ou coordinations d'exemples et de faits*, disposés de telle manière, que l'entendement puisse travailler dessus avec facilité.

---

(1) Secours.

Mais ces tables fussent-elles très bien rédigées, l'entendement abandonné à lui-même et opérant par son seul mouvement naturel, n'en est pas moins incompétent et inhabile à la confection des axiômes, si l'on n'a soin de lui donner des directions et de l'appui. Ainsi, en troisième lieu, il faut faire usage de la vraie *méthode inductive*, qui est la clef même de l'interprétation. Nous traiterons d'abord ce dernier sujet, puis, en suivant l'ordre rétrograde, nous passerons aux autres parties.

Commentaire du premier chapitre.

(a) Q*uoiqu'à proprement parler, il n'y ait dans la nature que des corps individuels*, etc. Quoiqu'à proprement parler, il n'y ait que des *individus* et des *mouvemens individuels;* cependant un certain nombre d'individus ou de mouvemens individuels peuvent avoir quelque chose de *commun;* c'est-à-dire, certaines qualités ou conditions par lesquelles ils *se ressemblent entr'eux* et *diffèrent de tous les autres.* Or, ces choses qui leur sont *communes*, et qui nous portent à les *réunir sous une seule idée*, nous les désignons *par une seule expression*, et quelquefois par *un seul mot* qui en fait une *classe*, n'ayant, pour ainsi dire, *qu'une seule forme*, et *obéissant à la même loi*. Mais ces *classes* sont de *pures conceptions*; il ne faut pas les prendre pour des *choses réelles*, et c'est ce que Bacon veut dire ici. Il parle aux scholastiques, qui, *de leur manière de concevoir les choses*, concluoient *que les choses existoient telles qu'ils les concevoient*, et qui raisonnoient à peu près ainsi. Tout ce qui est renfermé *dans l'idée claire et distincte* d'une chose et *sans quoi on ne peut la concevoir*, lui est *essentiel*. Or, l'idée *de telle propriété* est renfermée dans *l'idée claire et distincte de tel sujet*, et ce sujet on ne peut le concevoir sans cette propriété. Donc cette propriété lui est *essentielle*. Ainsi, comme *ce sujet existe*, cette *propriété* est toute aussi *réelle* et se trouve réellement dans ce sujet. C'étoit ainsi qu'ils raisonnoient, moulant les choses mêmes sur leurs idées, au lieu de mouler leurs idées sur les choses; comme si les idées avoient le pouvoir de réaliser leurs objets, et qu'il fût impossible de concevoir comme réel ce qui n'est ni existant, ni possible; comme si l'habitude d'attacher certaines idées à certains sujets, ne suffisoit pas pour faire imaginer qu'elles leur sont essentielles. Pour démêler aisément le faux d'un sophisme de ce genre, il suffit de changer un seul mot dans la phrase qui l'exprime; et au lieu de dire : *tout ce sans quoi l'on ne peut concevoir un sujet*, de substituer cette phrase : *tout ce sans quoi je ne puis concevoir*, etc. car dès-lors la ridicule présomption du principe et du raisonnement dont il est la base, devient palpable.

(*b*) *En effet, la forme d'une nature est telle*, etc. jusqu'à ces mots : *enfin la véritable forme*, etc. Il se présente ici un paralogisme que nous ne devons pas laisser passer sans le relever, parce qu'il mène à tirer d'observations très exactes, des conséquences absolument fausses, qui les rendroient inutiles; paralogisme si grossier, qu'il est impossible de l'imputer à Bacon, et qu'il faut l'attribuer à son copiste. C'est donc celui-ci que nous allons redresser. Cette note pourra paroître un peu longue à ceux d'entre nos lecteurs qui sont peu familiers avec ces matières sèches et épineuses; mais, comme la discussion où je vais entrer, exige de leur part un petit redoublement d'attention, j'ai cru devoir en profiter; et pour ne pas faire, en plusieurs fois, ce que je puis faire en une, je me suis déterminé à placer ici le commentaire destiné à éclaircir toute la méthode, et à lever d'abord les plus grandes difficultés. J'aurai d'ailleurs, en finissant, l'attention de faire voir l'utilité de cette discussion; et quand le lecteur reconnoîtra qu'il ne s'agit pas moins que de la méthode qui dirigeoit le grand Newton, lorsqu'il fit ses plus grandes découvertes, il ne regrettera plus cette attention qu'il y aura donnée. C'est ici une espèce d'*algèbre*, ou, si l'on veut, une sorte de *jeu difficile*, mais *nécessaire*, qui a ses règles comme tous les autres; et ces règles-là, si l'on veut lier partie avec les grands hommes qui les observèrent si constamment, il faut se résoudre à les apprendre à son tour.

Je dis donc qu'il y a dans le texte un double paralogisme. Car, de ce que *la forme assignée étant supposée, la nature donnée s'ensuit infailliblement*, la conséquence juste n'est pas que, *par-tout où se trouve la nature donnée, la forme se trouve aussi*; mais au contraire que, *par-tout où la forme est présente, la nature donnée est présente aussi*; ce qui prouve que cette forme est *cause*, ou, si l'on veut, *raison suffisante* de cette nature; et non pas qu'elle en est la *cause* ou raison *nécessaire*, proposition qui seroit la conséquence de celle-ci : *par-tout où la nature donnée est présente, la forme l'est aussi*.

De même la conséquence juste de cette proposition : *par-tout où la forme assignée est ôtée, la nature donnée disparoît*, n'est pas cette proposition : *par-tout où la nature donnée est absente, la forme véritable l'est aussi*; mais au contraire cette autre : *par-tout où la véritable forme est absente, la nature donnée l'est aussi* : proposition d'où il s'ensuit que cette forme est *cause nécessaire* de cette nature, puisque cette nature ne se trouve jamais où n'est pas cette forme. Au lieu que, de cette proposition : *par-tout où la nature donnée est absente, la forme est absente aussi*; de cette proposition, dis-je, non pas *isolée*, mais *réunie avec la première conséquence juste*, il s'ensuivroit que *la forme présumée est raison suffisante de la nature donnée*; car une fois qu'ayant fait voir que la nature donnée ne se trouve jamais dans aucun sujet où n'est pas la forme présumée, on a ainsi prouvé que *cette forme est raison nécessaire de cette nature*; que, sans elle, cette nature ne peut être produite, si l'on prouve ensuite que, dans tous les sujets où cette nature n'est pas, cette forme ne se trouve pas non plus; c'est une preuve que cette forme, par-tout où elle se trouve, a toujours son effet; savoir : la production de cette nature, et qu'elle n'en est pas simplement une *cause concourante*, mais la *cause suffisante* : au lieu que, si la nécessité de cette forme pour la production de cette nature n'eût pas déja été prouvée, cette absence de la forme assignée, qui a toujours lieu par-tout où la nature donnée est absente, ne prouveroit rien du tout, parce qu'il se pourroit que la nature donnée et sa forme présumée, quoique toujours ou souvent absentes des mêmes sujets, n'eussent d'ailleurs rien de commun.

Ceux d'entre nos lecteurs qui auront lu avec un peu d'attention des cahiers de philosophie scholastique, ou la logique d'Aristote, dont ils ne sont qu'un extrait, verront, au premier coup d'œil, que Bacon ne fait, dans cet aphorisme, qu'indiquer assez obscurément ce qui est très clairement exprimé dans ces cahiers ou dans cette logique, qu'il suppose assez connus, et auxquels il renvoie tacitement. Ils reconnoîtront d'abord qu'il ne s'agit ici, comme nous le disions dans la méchanique morale, que des conditions que doit réunir une bonne définition. Ces conditions, outre la *clarté* et la *précision*, sont que ce qu'on donne pour la définition d'un genre, par exemple, doit se trouver dans tout ce genre (c'est-à-dire, dans toutes ses espèces sans exception), *dans ce seul genre*, et s'y trouver *toujours*. Or, c'est à peu près ce que dit ici Bacon. Mais ce passage, qui nous arrête, exige encore deux explications, dont l'une regarde *la pratique*, et l'autre, *la théorie*.

A quoi bon, nous dira-t-on, toutes ces *idées subtiles, obscures* même, et sur-tout ce *jargon*? Je passe condamnation sur le *jargon*, puisqu'il déplaît, et quoiqu'ici il ne s'agisse pas de *plaire;* cependant il me paroît très commode; il abrège l'expression; c'est une espèce d'*algèbre* que ne méprisoit pas le grand Leibnitz, qui avoit sans doute ses raisons pour en faire encore usage, quoique de son temps il fût passé de mode.

Quant aux *idées*, j'ignore si elles sont *obscures* pour les hommes attentifs (*); mais je dis qu'elles sont *utiles*, *nécessaires* même, et que ceux qui sont dans l'usage de s'en passer, n'ont en cela d'autre mérite que de ne pas sentir cette nécessité. Or, voici en quoi elle consiste. S'il vous importe d'obtenir fréquemment *un certain effet*, il vous importe donc de connoître un *moyen nécessaire et suffisant* pour produire à *volonté* cet effet. Or, ce qui est *moyen* dans la *pratique*, étant *cause* dans la *théorie*, comme l'observe Bacon lui-même (L. 1, aph. 111), il s'ensuit que, si vous pouvez découvrir la *cause nécessaire et suffisante* de cet effet, vous connoîtrez, par cela seul, un *moyen nécessaire et suffisant* pour le produire à volonté.

Ces principes une fois établis, supposons qu'il s'agisse de savoir si *la réunion des sept rayons primitifs de la lumière* est la véritable *forme* de *la couleur blanche*, comme l'a prétendu et même démontré le grand Newton; si l'on peut prouver que, par-tout où se trouve la couleur blanche, se trouvent aussi les sept rayons réunis, il sera prouvé que la réunion des sept rayons primitifs est *cause né-*

---

* Ce qu'on trouvoit *obscur* en allant *trop vite*, on le trouve clair en allant *doucement*; et ce qui paroissoit difficile à une première lecture, paroît facile à une seconde, ou à une troisième, ou à une centième, s'il le faut.

cessaire de cette couleur; et si l'on parvient à prouver que, par-tout où les sept rayons se trouvent réunis, se trouve aussi la couleur blanche, il sera démontré que la réunion des sept rayons primitifs est *cause suffisante* de cette couleur. Ces deux propositions une fois bien établies par l'expérience et l'observation, il s'ensuivra que la réunion des sept rayons primitifs est tout à la fois la *cause nécessaire et suffisante,* c'est-à-dire, la véritable *forme* de *la couleur blanche.*

Et il s'ensuivra aussi que, dans la pratique, il est impossible d'obtenir la couleur blanche, par-tout où les sept rayons primitifs ne sont pas réunis; et que, par-tout où ils se trouvent réunis, bien mêlés, il est impossible d'obtenir toute autre couleur que la blanche.

Cela posé, armé d'un prisme de crystal et d'une fort grande lentille (ou loupe) si j'ai besoin de la couleur blanche, dans un moment où l'on me présente les sept rayons séparés, je présente ma lentille au faisceau de ces rayons, je les réunis, par ce moyen, et j'ai, au foyer de cette lentille, un petit cercle de couleur blanche. Et si, au moment où j'ai besoin des sept rayons primitifs séparés, ou de quelques-uns, je n'ai qu'un rayon de lumière blanche, je le reçois sur mon prisme, qui, réfractant inégalement les différentes parties, les sept parties de cette lumière composée, les écarte suffisamment les unes des autres, pour les rendre toutes sensibles, distinctes, et me donne ainsi les sept rayons séparés.

Voilà donc déja deux effets que nous pourrons obtenir à volonté, graces à l'analyse de Newton; analyse qui n'est autre que la méthode même de Bacon, dont il fut le premier disciple.

Il en seroit de même de tout autre effet, soit physique, soit moral, soit politique; ou plutôt cette analyse seroit encore plus nécessaire dans des sujets qui nous intéressent davantage, et qui sont infiniment plus composés, tels que ceux qu'envisagent la morale et la politique.

Si nous avions assez de courage et de constance pour suivre cette méthode si sage et si sûre dans toutes les circonstances où nous le pouvons, nous gagnerions deux grands points : l'un, de savoir au juste ce qui nous est vraiment *nécessaire*; l'autre, de trouver des *moyens certains* et *faciles* pour nous le procurer à volonté. Nous serions donc moins incertains dans nos opinions, moins irrésolus ou inconséquens dans notre conduite, plus mesurés dans nos projets, plus souvent heureux dans nos tentatives, moins fréquemment irrités ou découragés par les mauvais succès et le sentiment de notre impuissance ; enfin, plus souvent contens des autres et de nous-mêmes. Chacun pourroit, à l'aide de cette méthode, se transformer lui-même en homme raisonnable et vertueux, ce qui vaudroit peut-être encore mieux que de transformer des métaux, et n'empêcheroit pas de tenter cette transformation.

(c) *Il faut trouver une autre nature qui soit conversible avec la nature donnée*, etc. On peut s'assurer, par la simple lecture de ce passage, de la vérité d'une observation que nous avons faite dans la note précédente; savoir : que chercher la *forme* d'une *nature* proposée, n'est autre chose que chercher les matériaux d'une bonne définition de cette *nature*, par l'analyse et la comparaison des sujets où elle se trouve. Cette nature, plus commune et plus connue, dont l'idée doit faire partie de la définition de la nature particulière qui est le sujet de la recherche, n'est autre chose que ce que les scholastiques appelloient le *genre prochain*; et ce que Bacon appelle la *limitation de cette nature* plus connue, est ce qu'ils appelloient la *différence spécifique*.

Par exemple, si l'on définissoit ainsi la notion attachée au mot *républicain*, *c'est un homme qui jouit de la liberté civile et politique, en se conformant aux loix émanées de la volonté générale, présente ou représentée;* homme exprimeroit le *genre prochain*; et ces mots, *qui jouit de*, etc. la *différence spécifique*. Cette définition est assez exacte; mais cette autre ne vaudroit rien : *un républicain est un être ou même un animal qui jouit de*, *etc.* Pourquoi s'élever si haut, et embrasser d'abord dans la définition *la totalité des êtres*, ou même *des animaux*, quand il ne s'agit que de différencier et de caractériser une classe peu nombreuse prise dans une certaine espèce d'animaux ? Car, ce qui constitue l'état *d'homme libre*, c'est-à-dire, qui *mérite et possède la liberté*, c'est d'abord de pouvoir mettre et de mettre réellement sa part dans la masse des avances communes; puis, de pouvoir tirer et de tirer en effet sa part du produit qui doit être commun. Car, si un homme usoit de la liberté civile et politique sans rien faire pour la mériter, on ne pourroit le regarder comme en *jouissant*, mais comme *l'usurpant* : or, un *usurpateur* n'est pas un *républicain*.

Par *nature convertible*, Bacon entend, ainsi que les scholastiques, une nature telle, qu'elle puisse être indifféremment le *sujet* ou *l'attribut* d'une proposition dont la nature donnée puisse être aussi indifféremment l'attribut ou le sujet, sans que la proposition ainsi retournée cesse d'être vraie; condition qui se trouve éminemment dans cette *définition* ordinaire du *triangle*; *c'est une figure terminée par trois lignes*; car on peut dire également : *un triangle est une figure terminée par trois lignes*, et *une figure terminée par trois lignes est un triangle* : ces deux propositions sont également vraies. Mais pourquoi le sont-elles toutes deux ? c'est-à-dire, pourquoi cette proposition directe qui énonce la *définition* du triangle, peut-elle être ainsi *convertie* ou *retournée*, sans cesser d'être vraie ? C'est que la définition du triangle, laquelle lui sert d'attribut, est composée de ce qui est *essentiel* à cette espèce de figure, de son *essence*, de sa *forme* (*), c'est-à-dire, de ce qui convient *à tous les triangles* et *aux seuls triangles* ; de ce sans quoi ils ne peuvent exister et qui ne peut exister hors d'eux. Car dès-lors, et cette espèce de figure et ce qu'on lui attribue, pourront être indifféremment affirmés l'un de l'autre.

Ainsi, pour que la *définition* d'un sujet, par exemple, d'un *genre*, soit *conversible avec le genre défini*, il faut qu'elle réunisse les trois conditions énoncées dans la note précédente, et qui, par la supposition même, se trouvent réunies dans toute définition qui exprime exactement le *genre* prochain et la *différence spécifique* du sujet à définir.

---

* L'auteur, par la manière dont il s'exprime quelquefois, semble mettre une différence entre ces deux choses ; mais j'ai eu soin d'avertir que sa nomenclature étoit défectueuse ; et son premier défaut c'est de n'être pas fixe. Ce mot *essence*, dans ses écrits, signifie tantôt *la simple existence*, tantôt *la nature naturante*, *la forme* du sujet, ou *ce qui le constitue*, *le fait être ce qu'il est*, *être* TEL, et non *autre*. Pour tirer un vrai parti de ce que dit Bacon, il faut *l'entendre* et ne pas trop *l'écouter*.

Car, 1°. si la définition proposée *ne convient pas à tout le genre* auquel on veut l'appliquer, mais seulement à une certaine partie, *à telle espèce* de ce genre, comme on ne peut affirmer d'un genre, la définition de son espèce, mais seulement affirmer de l'espèce et de sa définition, le genre où elle est comprise, ce qui est dire seulement qu'elle en fait partie, on peut bien, dans notre supposition, affirmer, de la définition proposée, le genre où est comprise l'espèce à laquelle appartient cette définition; mais non affirmer, de la totalité de ce genre, la définition de cette espèce, qui ne convient qu'à elle; et par conséquent cette *définition proposée*, *qui ne convient pas à tout le genre* auquel on veut l'appliquer, *n'est pas conversible avec ce genre*.

Par exemple, supposons qu'on veuille appliquer au *triangle en général* une définition exprimée par ces mots : *figure terminée par trois lignes, dont deux forment un angle droit*, cette définition *ne convient pas à tout le genre*, mais seulement *à cette espèce de triangles qu'on nomme rectangles*. Ainsi, quoiqu'on puisse très bien, en affirmant de l'espèce le genre où elle est comprise, dire qu'une figure terminée par trois lignes, dont deux forment un angle droit, est un *triangle*, on ne peut réciproquement, en affirmant du genre l'espèce qui en fait partie, dire *qu'un triangle est une figure terminée par trois lignes, dont deux*, etc. et par conséquent la définition proposée, *qui ne convient point à tout le genre* des triangles auquel on veut l'appliquer, *n'est point conversible avec ce genre.*

2°. Si la définition proposée *ne convient pas au seul genre* auquel on veut l'appliquer, elle convient donc aussi à d'autres genres ; elle n'est donc pas *suffisante* pour le distinguer de ces autres, et dès-lors ce n'est plus une véritable définition de ce genre. De plus, si ce qu'énonce cette définition convient à ces autres genres, aussi bien qu'au genre proposé, ce genre proposé et les autres, pris ensemble, forment un genre plus élevé, dont ils sont les espèces, et auquel appartient la définition proposée. Or, le genre ou sa définition peuvent bien être affirmés de l'espèce comprise dans ce genre, ce qui est dire seulement qu'elle en fait partie ; mais l'espèce ne peut pas être affirmée du genre, puisque le genre n'est composé que *de ce qui est commun à toutes ses espèces,* et qu'il y manque *ce qui caractérise et constitue l'espèce dont nous parlons.* Ainsi, le genre proposé ne pouvant être affirmé de ce genre plus élevé dont il est *une espèce*, ou de sa définition, et cette définition n'étant autre que la définition proposée, il s'ensuit que le genre proposé ne peut être affirmé de la définition proposée, comme cette définition peut l'être de lui, et par conséquent que cette définition *n'est pas conversible avec ce genre.*

5. 4

Supposons, par exemple, que la définition proposée soit exprimée par ces mots, *surface terminée par des lignes*, et que le genre proposé soit encore *le triangle en général*, cette définition ne convient pas seulement *au triangle*, mais encore *au quarré, au cercle, à toutes les figures imaginables*, à la *figure en général*, c'est-à-dire, à un genre fort étendu, dont *le triangle* n'est qu'une *espèce*. Ainsi, on pourra bien, en affirmant du triangle, la définition de ce genre plus élevé dont il est *espèce*, dire que c'est *une surface terminée par des lignes*; mais on ne pourra réciproquement, en affirmant de cette définition, l'espèce du genre défini, savoir, le *triangle*, dire *qu'une surface terminée par des lignes, est un triangle*. Ainsi, la définition proposée à appliquer au triangle, *ne sera pas conversible avec ce genre de figures*.

3°. Si la définition proposée *ne convient pas toujours* au genre auquel on veut l'appliquer, elle n'en sera la véritable définition que dans les cas où elle lui conviendra, avec les deux conditions ci-dessus; et elle ne sera, que dans ces seuls cas, conversible avec ce genre; ce qui désormais est évident, et n'a pas besoin d'être éclairci par un exemple.

4°. Il est inutile d'ajouter qu'une *définition* n'est *conversible avec le sujet défini*, que dans les cas où elle exprime non pas simplement *ce qui convient à ce sujet*, mais *tout ce qui lui convient, tout ce qui lui est essentiel;* de manière qu'il ne soit et ne puisse être que ce qu'énonce sa définition, et rien de plus. Car, si la définition n'exprime pas tout ce qu'est et peut être le sujet défini, mais seulement une partie de son essence, c'est parce que ce sujet n'étant pas encore suffisamment analysé, on ne connoît pas assez sa différence ou ses différences spécifiques, pour le bien caractériser et le distinguer de tous les autres; d'où il résulte que, cette imparfaite définition qu'on en donne convenant aussi à d'autres sujets, ce cas rentre dans le second qui a été discuté, et par conséquent n'exige point une nouvelle explication.

Or, dans toutes les *sciences d'observation et d'expérience*, on ne connoît jamais ou presque jamais aucun sujet assez parfaitement, pour pouvoir en donner une définition complette; mais, à mesure qu'on pousse l'analyse, cette connoissance s'étendant par degrés, nous met ainsi en état d'en donner une définition de plus en plus complette et précise. Ainsi, dans les sciences de ce genre, il n'est point ou presque point de sujet qu'on puisse rendre *conversible avec sa définition.* Heureusement cette précision n'est pas très nécessaire dans la pratique, et le bonheur de l'homme est composé d'*à peu près.* Mais, si l'on visoit aussi haut que le chancelier Bacon, il ne faudroit pas se laisser trop effrayer par les difficultés dont se hérisse à chaque pas ce vaste et noble sujet; désormais le plus difficile est derrière nous. Il me paroît impossible de parvenir à une seule définition absolument complette; mais très possible d'en obtenir qui soient assez complettes, du moins relativement au sujet particulier de telle recherche dont on peut être occupé; car l'homme, être imparfait et fini, sous tous les rapports, n'a besoin ni d'une science parfaite, ni d'une puissance infinie.

Au reste, je ne sais si, à cette définition que Bacon donne de la *forme* en général, et qui a nécessité cette longue discussion, il ne vaudroit pas mieux substituer celle-ci : la *forme* d'une *qualité particulière* quelconque est *la combinaison et la proportion des qualités générales ou modes généraux de la matière, d'où résulte la qualité à définir.* Par exemple, supposons qu'il s'agisse de définir *la couleur blanche*, de trouver la *forme* de cette couleur, non plus considérée dans la lumière qui frappe nos yeux, mais dans *les surfaces qui la réfléchissent*, si l'on peut découvrir dans ces *surfaces* quelle est la *figure*, la *grandeur*, le *nombre*, la *situation absolue et respective*, et, pour tout dire en deux mots, la *combinaison* et la *proportion de parties solides et de pores*, qui *les* mettent en état de *réfléchir les rayons de la lumière tous à la fois et mêlés ensemble*, on aura, par cela seul, découvert *la véritable forme de la couleur blanche*, relati-

viennent à ces *surfaces*; car cette couleur peut être envisagée de trois manières; savoir : dans le *sens* de l'homme qui la *perçoit*, dans la *lumière* même dont elle est un *mode*, et dans les *surfaces* qui la réfléchissent.

(d) *Et les efforts continus de l'esprit*, etc. Il ne s'agit pas ici de *l'ame immatérielle*, mais de ce fluide, subtil et actif, *connu* ou plutôt *désigné* sous le nom d'*esprits animaux*, qui a organisé le corps, qui le conserve et le reproduit, qui exécute toutes les fonctions et qui parcourt sans cesse toutes les parties, s'élançant avec la rapidité de l'éclair aux lieux où il est appelé par le plaisir ou la douleur, ou une irritation quelconque. Cet esprit qui travaille ainsi, il faut le distinguer avec soin de cet autre esprit, jugé immatériel et d'une nature bien supérieure, qui raisonne, tandis que l'autre travaille. Au reste, il ne faut pas que ce mot d'*esprit* effarouche le lecteur; on dit bien l'*esprit de nitre*, l'*esprit de vin*, etc. pourquoi ne diroit-on pas aussi l'*esprit animal*, l'*esprit de l'homme*, etc.? Car au fond, le nom n'y fait rien; il faut, dans le choix des dénominations, se conformer à l'usage, et l'usage n'est-il pas de donner le nom d'*esprit* à toute *cause* qu'on n'a pas l'esprit de découvrir? C'est un terme consacré pour marquer un *déficit* dans l'esprit humain, et le plus sûr est de l'adopter, jusqu'à ce que, connoissant mieux ce qu'il désigne, nous puissions lui donner un nom moins mystérieux.

(e) *Ne se rapporte pas moins que la connoissance des causes et des consentemens* (ou secrettes correspondances et relations d'action), etc. Dans une note du premier ouvrage, nous avons dit que ce mot signifioit : *l'état respectif de deux corps ou parties de corps, susceptibles de s'affecter réciproquement, ou d'être affectés par des causes communes;* mais ici sa signification est beaucoup plus étendue, et il désigne *toute correspondance ou tout rapport*, soit d'*action*, soit d'*indication* (c'est-à-dire, de cause à effet, ou de chose signifiante à chose signifiée), bien constaté par l'observation, quoiqu'on ne sache pas précisément en quoi consistent ces relations. Tel est, par exemple, *l'accord du mouvement périodique et alternatif de l'océan avec le mouvement périodique de la lune;* accord désormais si bien constaté, que la connoissance de la situation de cet astre suffit pour déterminer l'heure de la haute et de la basse mer, avec tant de précision, qu'on règle, sur ce calcul, des navigations, où la moindre erreur sur ce point seroit funeste *. Cet accord, dis-je, peut être appellé

---

* Il y a pourtant dans ces calculs quelques incertitudes produites par trois causes connues de variations; savoir: la situation des ports, havres, golphes, anses, détroits, raz, etc. les vents et les courans; mais on prend ses précautions en conséquence.

un *consentement*, ou, si l'on veut, une *corrélation*. La lune sans doute soulève les eaux de l'océan; est-ce par *attraction*, ou par *impulsion*? Le siècle dernier, c'étoit par *impulsion*; et celui-ci, c'est par *attraction*; et dans nos calculs, nous savons régler si bien nos suppositions sur les résultats que nous voulons obtenir, qu'ils se trouvent toujours d'accord avec l'observation. Mais comme, dans ces calculs, on n'a point égard à l'augmentation de volume résultante de la dilatation opérée par le soleil, qui agit successivement sur les différentes parties de cette masse immense de fluide, effet qui ne peut être nul, ni même insensible, plus ces calculs s'accordent avec l'observation, moins ils prouvent. Ainsi ce problème dont on croit avoir saisi la solution, est encore à résoudre. De même un homme reçoit un coup violent à la partie droite de l'occiput, et sa jambe gauche se paralyse. On conçoit très bien que, par les ramifications nerveuses qui établissent une communication non interrompue entre toutes les parties du corps, la violente commotion reçue dans une partie peut avoir des effets, sinon plus sensibles, du moins plus durables dans une autre, si cette dernière est plus foible, proportion gardée : mais quels sont ces rameaux nerveux? et comment se fait cette communication? voilà ce qu'on ignore. De même encore, un jeune homme entre en puberté, et son menton se couvre d'un léger duvet, sa voix mue, il devient indocile, turbulent, vain, présomptueux, railleur, querelleur, bravache, etc. Une femme, dans certaines circonstances, met les mains ou les pieds dans l'eau froide, ou reçoit une mauvaise nouvelle, et le point principal de son individu demeure obstrué, le sang reflue dans les parties hautes et y occasionne une *pléthore;* cette plénitude la tourmente et elle tourmente tout ce qui l'environne; voilà, dis-je, encore des *consentemens.* Car l'on conçoit encore assez bien que la fermentation excitée dans une partie, et qui souvent n'a d'autre cause connue que la simple stagnation des humeurs, leur donne une certaine qualité âcre, ou, si l'on veut, irritante, qui se communique à toute la masse des fluides par la circulation, et qui, par ces fluides, agit sur tous les solides. Mais qu'est-ce que cette fermentation? et pourquoi deux parties très éloignées l'une de l'autre, se correspondent-elles plus que deux parties voisines qui communiquent aussi entr'elles par un grand nombre de rameaux nerveux? Voilà ce qu'on ignore également; et sur ce point, comme sur tant d'autres, en palliant son ignorance par un mot dont on ignore soi-même la signification, on se croit savant, et l'on passe pour tel.

(*f*) *Tant qu'on ne connoîtra pas bien la nature de la rotation spontanée.* A l'exemple de M. de Buffon, et de quelques autres physiciens, appellons *rotation*, le mouvement d'un corps qui tourne sur lui-même ; et *circulation*, celui d'un corps qui tourne autour d'un autre. Cela posé, je dis que, pour savoir si le mouvement diurne et apparent de tous les corps célestes a pour cause la rotation de notre planète, ou la circulation réelle de ces corps, il n'est pas plus nécessaire de connoître la nature de la rotation spontanée, que pour savoir, si je passe de ma chambre dans la rue, il n'est nécessaire de connoître à fond la nature du mouvement spontanée des animaux écrivans. On juge qu'un corps est en mouvement, lorsqu'on le voit répondre successivement à différentes parties d'un autre corps qui paroît fixé à la même place, ou à plusieurs corps qui, restant à la même distance et dans la même situation, soit les uns par rapport aux autres, soit par rapport aux corps placés en-deçà ou en-delà, sont aussi jugés immobiles. Et voilà pourquoi, lorsqu'on descend une rivière, sur-tout à l'aide d'un grand bâtiment, l'on s'imagine voir tous les objets placés sur le rivage se mouvoir dans le sens opposé. C'est d'après ce principe, modifié par une circonstance relative à la manière dont se fait la vision (des objets), que Bradley et Molineux, astronomes anglois, se sont assurés, à l'aide d'un *sectant* (c'est-à-dire, d'un secteur de cercle dont l'arc étoit d'un petit nombre de degrés, et de vingt-trois pieds de rayon), que chaque étoile, placée hors de l'é-

cliptique, décrit une apparente ellipse dont l'ex-
centricité est en raison inverse de sa distance à ce
cercle *. Voilà donc le mouvement annuel de la
terre, ainsi que son mouvement diurne (qui en est
une conséquence), prouvés directement, et par un
genre de démonstration fort analogue à celles que
nous employons à chaque instant.

(g) *Et par rapport à cet esprit même.* Il ne sera
pas inutile d'avertir qu'une des principales opinions
de Bacon, opinion souvent manifestée dans cet ouvrage, est qu'il existe un certain *esprit*, résidant
perpétuellement dans tous les corps *tangibles* (pal-
pables), qui les travaille sans cesse, et tend à les
organiser lorsque leur matière se prête à cette opération, ou simplement à dissiper leurs parties lorsqu'elle ne s'y prête pas. Cette opinion paroîtra
étrange, à la première vue ; mais elle cessera de
le paroître, pour peu que l'on daigne considérer
qu'il n'est presque point de physicien qui n'appelle
à son secours quelque supposition de ce genre. C'est
ou la *matière subtile* de *Descartes*, ou l'*éther* de
Newton, ou le *fluide électrique* des physiciens de

---

* Car le mouvement de celles qui se trouvent précisément dans l'écliptique, doit être une sorte de balance-
ment sur une ligne droite ; parce que ces astres se trouvant dans le plan de l'ellipse que la terre décrit par son
mouvement annuel, leur apparente *déviation* ne doit avoir
lieu que selon les diamètres de cette courbe.

notre temps, ou ce que quelques - uns d'entr'eux nomment l'*esprit*, ou l'*agent universel* des *alchymistes*, ou celui de *Comus*, ou l'*acide ignée* de *Sage*, ou le *char* des *Pythagoriciens* (substance moyenne entre le corps et l'esprit, et destinée à transmettre l'action de l'un à l'autre), ou l'*archée* de *Van-helmont*, ou les *esprits animaux*, ou le *fluide nerveux*, ou le *fluide magnétique* des physiciens des derniers siècles, ou celui de *Mesmer*, ou le *calorique* de *Crawford*, ou le *feu* lui-même, tel que le conçoit le vulgaire; ou enfin, je ne dirai pas *une autre chose*, mais un autre *mot* qu'on emploie pour désigner une seule et même chose; savoir: un corps très *fluide*, très *subtil*, très *mobile*, répandu par-tout, à l'intérieur des corps comme à l'extérieur, et dans une perpétuelle activité; hypothèse que tout physicien, qui ne veut pas que des êtres *immatériels* soient le *principe du mouvement* des êtres matériels, est forcé d'adopter; car il n'est point de milieu. Quoi qu'il en soit, sans admettre ni rejeter les hypothèses de cette multitude de systématiques de toute couleur, dont la plupart, au lieu de commencer par établir solidement les suppositions auxquelles ils ont recours pour expliquer les phénomènes, emploient ces explications mêmes à établir ces suppositions, osons, à notre tour, hazarder une conjecture, un peu hardie sans doute, mais appuyée sur une supposition qui n'est rien moins que gratuite, et qui pourroit même passer pour un axiôme. Il seroit certainement absurde et même extravagant de supposer que tous les élémens de la matière sans exception sont entrés dans la composition des mixtes actuellement existans, qu'ils y ont tous été employés, et que ceux qui se détachent à chaque instant de ces composés, entrent sur-le-champ dans la composition d'autres mixtes, et y restent agrégés. La supposition contraire, ou plutôt contradictoire, est donc incontestable; et sa conséquence immédiate est que l'espace doit être, du moins en partie rempli, par un fluide composé des élémens matériels qui n'ont jamais fait partie d'aucun composé, s'il en est de tels et de ceux qui sont les débris des composés entièrement dissous, ou seulement *écornés* par les chocs, ou enfin *limés* par les frottemens réciproques; fluide qui doit être de la plus grande activité, puisque les élémens matériels de toute espèce, avec les propriétés simples et radicales qui leur sont inhérentes, s'y trouvent confondus et avec toute leur primitive énergie.

Ainsi la supposition de Bacon n'est rien moins qu'un rêve philosophique. Mais sans aller jusqu'aux derniers élémens, et en hazardant un peu plus, ne pourroit-on pas conjecturer que ce fluide qu'il suppose résidant perpétuellement dans tous les corps tangibles, n'est autre que la matière solaire, lantée par cet astre, avec une force immense, dans tous les points de son tourbillon, et selon tous les rayons de sa sphère d'activité; qu'une portion de cette matière, pénétrant dans l'intérieur des composés, à la faveur de leurs pores qu'elle agrandit elle-même, s'y trouve ensuite emprisonnée et comme enchâssée entre leurs parties solides, lorsque le froid ou quelque autre cause vient à les rapprocher, et jusqu'à ce que l'action du soleil ou du feu artificiel, ou, etc. écartant de nouveau ces parties et leur donnant plus de jeu, permette ainsi à cette matière d'exercer de nouveau son action, d'organiser ces corps s'ils sont susceptibles d'organisasation, de les dissoudre si la cohérence de leurs parties est foible, etc. etc. Cependant, comme cette seconde conjecture ne porte pas sur un fondement aussi solide que la première, nous la prendrons pour ce quelle est, et nous l'abandonnerons volontiers.

(*h*) *Nous n'irons pas pour cela nous perdre dans les atômes, dont l'existence suppose le vuide, et une matière invariable, deux hypothèses absolument fausses.* Il est pourtant impossible, en physique, d'éviter entièrement cette hypothèse du vuide. Car, si l'on suppose, avec Descartes, le plein universel et absolu, de deux choses l'une : ou tout mouvement sera impossible, ou le moindre atôme qui se déplacera d'un cent millième de ligne, ébranlera le monde entier. En effet, si tout est plein, l'atôme A, par exemple, dès qu'il se met en mouvement, ne trouvant aucune place vuide où il puisse se loger, ne peut se porter en avant qu'en déplaçant un autre atôme B, qui ne peut faire place à l'atôme A, en se déplaçant lui-même, sans déplacer aussi un troisième atôme C, qui, par la même raison, en déplacera un autre, lequel en délogera un autre encore; et ainsi de suite à l'infini.

Si nous supposons que tous ces déplacemens successifs se fassent suivant une ligne droite, l'atôme A, en se déplaçant d'un cent millième de ligne, ébranlera toute une file d'atômes, commençant au point qu'occupoit celui qui le précédoit immédiatement, et finissant au dernier point de l'univers matériel, c'est-à-dire, au point où l'univers finit, s'il a une fin.

Actuellement si, au-delà de ce point, vous supposez un obstacle insurmontable, le dernier atôme de la file ne pouvant plus alors se porter en avant, ni le pénultième, ni l'antépénultième, ni aucun autre atôme de cette file, ni l'atôme A lui-même, ne pourront se mouvoir.

Si, au contraire, vous supposez, au-delà du monde matériel, un vuide où le dernier atôme puisse se loger, et permettre ainsi à toute la file d'atômes qui est derrière lui, y compris l'atôme

A, de se porter en avant, il y a donc du vuide ; et c'est ce que nous disons.

Ce n'est pas tout : il n'y a point de vuide dans l'univers ; donc l'atôme A, et chaque atôme de la file est touché, dans tous les points de sa surface, par les atômes environnans. Il éprouve donc, de la part de tous ces atômes, un frottement qu'il leur fait aussi éprouver ; frottement occasionné par la pression réciproque de leurs surfaces, dont les petites *aspérités* engrennent les unes dans les autres. Or, si ces aspérités sont inflexibles, le mouvement sera impossible ; si elles sont flexibles, si elles se plient, elles se déplacent donc ; il faut aussi leur trouver une place, et l'on pourra dire de chacune de ces aspérités, ce que nous disions de l'atôme A. Mais ce frottement a lieu dans tous les sens, dans toutes les directions imaginables, hors une ; savoir : la direction contraire à celle suivant laquelle il tend à se mouvoir.

Cela posé, tous ces atômes environnans déplaceront, en vertu de ces mouvemens réciproques, les atômes voisins, lesquels en déplaceront d'autres qui en délogeront d'autres encore, et ainsi de suite à l'infini ; et cela dans toutes les directions, hors une. Voilà donc tous les atômes, dans toutes les directions possibles, hors une, mis en mouvement.

Actuellement que ferons-nous de la file d'atômes placée derrière l'atôme A? Supposons - nous que l'atôme qui est placé immédiatement derrière lui, reste immobile, au moindre déplacement de l'atôme A, il se fera un vuide derrière lui, ce qui est contre l'hypothèse ; ou bien supposons - nous que ce premier atôme de la file postérieure vient occuper la place que A a laissée vuide, et que tous les atômes de cette file le suivent ? alors ou il se fera encore un vuide à l'autre bout, ou il faudra qu'un atôme d'une des files circonvoisines vienne remplir ce vuide, et que tous les atômes de cette même file le suivent. Pour empêcher qu'il ne se fasse un vuide dans cette dernière, il faudra encore détacher d'une des files circonvoisines un atôme qui soit suivi de tous les autres de la même file, et ainsi de suite à l'infini, sans compter l'effet des frottemens auxquels nous n'avons pas eu égard.

Ainsi, pour peu qu'un seul atôme bouge, il faut que l'univers entier s'ébranle. Mais je dis qu'il ne peut pas s'ébranler ; car, s'il n'y a pas le moindre vuide, tous les atômes qui environnent l'atôme A, soit de près, soit de loin, c'est-à-dire, tous les atômes de l'univers, sont parfaitement contigus. S'ils sont parfaitement contigus, toute la matière de l'univers, envisagée par rapport à la communication du mouvement, ne forme plus qu'une seule masse, qu'un seul bloc d'une grandeur infinie, d'une densité infinie, d'une dureté infinie, etc. Il faut donc, pour que le corps A se meuve d'un cent millième de ligne, qu'il ébranle toute cette masse; et pour cela lui supposer une force si grande, qu'un infini qui auroit pour coëfficient et pour exposant deux autres infinis, dont chacun auroit aussi pour coëfficient et pour exposant une file infinie d'autres infinis, pourroit à peine l'exprimer; ce qui est absurde. Il faut donc revenir sur le principe, convenir qu'il est faux (même en supposant le vuide au-delà de l'univers matériel), et par conséquent l'abandonner.

Il seroit inutile de supposer, avec l'auteur de la logique de Port-Royal, que ce déplacement successif dont nous parlions, se fait suivant une ligne courbe et rentrante; car ces atômes qui décrivent cette ligne courbe, se trouvent environnés d'autres atômes qui les touchent dans tous leurs points, d'où résulte un frottement réciproque dans tous ces points; et dès-lors l'objection que j'ai tirée de la considération de ces frottemens, demeure dans toute sa force; objection qui, ramenant avec elle celle que je tirois de l'unité de masse résultante de la parfaite contiguité de tous les atômes, laquelle n'est elle-même qu'une conséquence nécessaire de la supposition d'un plein absolu, devient ainsi d'une force infinie; sans compter qu'il faudroit supposer que tous les mouvemens de l'univers se font dans des courbes rentrantes; supposition ridicule.

Il seroit également inutile de supposer que l'atôme A fait une révolution sur lui-même ; hypothèse qui seroit sujette aux mêmes difficultés que les précédentes, et à de plus grandes encore, comme on peut s'en assurer, en y appliquant les mêmes principes et les mêmes raisonnemens.

Ainsi, dans toutes les suppositions possibles, le système du plein absolu est insoutenable.

Mais d'ailleurs, en abandonnant toutes ces suppositions, et nous en tenant au réel, ne voyons-nous pas, chaque jour, tous les corps se dilater et se contracter alternativement par l'action alternative de la force expansive de la matière solaire, qui écarte les unes des autres les petites parties de ces corps, combinée avec celle de la force attractive inhérente à toutes les parties de la matière *inerte*, qui les ramène le soir au point d'où l'autre les avoit tirées le matin, en les éloignant du centre. Or, je dis que, dans l'hypothèse du plein absolu, ou, ce qui est la même chose, de la parfaite contiguïté de toutes les parties de la matière, la contraction et la dilatation sont également impossibles.

Car, en premier lieu, un corps ne peut se contracter, si ses petites parties ne se rapprochent les unes des autres. Mais vous, qui supposez qu'elles ne laissent entr'elles aucun vuide, vous supposez par cela même qu'elles se touchent déjà dans tous les points de leurs surfaces, comment donc pourront-elles se rapprocher? Il y a ici contradiction et absurdité. Donc les parties d'aucun corps ne se touchent exactement, et par conséquent il y a du vuide.

Il seroit inutile de dire que ces parties se contractent en glissant les unes sur les autres et sans cesser de se toucher, car il est clair qu'elles ne pourroient glisser ainsi dans tous les sens; par exemple, si elles glissoient l'une sur l'autre dans la direction de l'est à l'ouest, elles ne pourroient glisser de même du nord au sud, ni se rapprocher l'une de l'autre selon cette dernière direction, puisque, par la supposition, elles se touchent exactement dans ce sens-là. Ou si les autres glissoient, selon l'une de ces deux directions; les autres, selon l'autre; et d'autres, selon d'autres directions encore, il en résulteroit une déformation notable dans ces composés; ce qui est contraire à l'expérience. Ainsi, les dernières parties des corps ne se touchent pas exactement, comme l'a quelquefois supposé aussi Newton, et par conséquent il y a du vuide.

Supposez-vous actuellement que ces parties, avant la contraction, étoient écartées les unes des autres, par un fluide dont les molécules étoient intercalées entre celles de chaque corps, et que la force contractive qui tend à rapprocher les parties solides de ces corps, exprimant, pour ainsi dire, le fluide qui les tient écartées et le chassant au dehors, rend ainsi possible, et ce rapprochement, et la contraction qui en est la conséquence? A la bonne heure : mais vous, qui supposez que tout est plein, au dehors de chaque corps comme au dedans, ce fluide que vous tirez de son intérieur, où le logerez-vous? Je le logerai, répondez-vous, dans le vuide même qu'auront fait les parties solides, en se rapprochant. Mais, répliquerai-je, ce vuide n'est possible qu'autant que les parties solides se rapprochent; rapprochement qui dépend lui-même de la sortie du fluide, lequel se trouvant en dedans, n'a pas le champ libre. Il y a donc ici un cercle vicieux.

Et si nous considérons de plus que la force contractive qui agit sur un corps solide, doit agir aussi sur le fluide que vous y supposez, et qu'en diminuant aussi son volume, elle tend plutôt à le faire rester dans ce corps, qu'à l'en faire sortir; d'abord en vertu de cette contraction qu'il éprouve lui-même, puis en vertu de celle qu'éprouvent aussi les fluides qui environnent le corps solide, et qui tend à resserrer ce fluide; si nous considérons tout cela, l'objection acquiert une nouvelle force. Ainsi, dans l'hypothèse du plein absolu, les corps ne pourroient se contracter.

Si nous passons à la dilatation, nous rencontrons d'aussi grandes et même de plus grandes difficultés, dont il est facile de s'assurer en analysant ce second cas comme le premier.

Si les raisonnemens précédens paroissoient trop composés à quelques-uns de nos lecteurs, ils pourroient s'en tenir aux deux suivans, qui sont beaucoup plus précis.

1°. Plus un espace est plein, plus le mouvement y est difficile ; donc si un espace étoit parfaitement plein, le mouvement y seroit infiniment difficile, c'est-à-dire impossible. L'hypothèse du plein absolu de Descartes semble donc n'être qu'une absurdité.

2°. D'ailleurs, pour pouvoir supposer le plein absolu, il faut supposer en même temps que les plus petits élémens de la matière sont de quelqu'une de ces figures régulières qui peuvent seules remplir exactement un espace ; ou, si on les suppose inégaux, que les uns sont taillés et mesurés de manière à remplir juste les espaces laissés vuides par les autres ; supposition extravagante.

Ainsi, soit qu'on envisage les corps mêmes, ou leurs mouvemens, le plein absolu est impossible.

Les philosophes, infatués de cette hypothèse, apperçoivent eux-mêmes, de temps à autres, ces difficultés ; mais, plus souvent encore, ils les perdent de vue : après avoir supposé le plein parfait, quand ils se mêlent d'expliquer les phénomènes de détails, oubliant leur première supposition, ils supposent le vuide sans s'en appercevoir; et c'est par cette inconséquence même que, dans leurs explications, ils paroissent conséquens.

Mais, si le systême du plein absolu est sujet à des difficultés insurmontables, celui du vuide n'en est pas entièrement exempt. Car si, dans quelque partie de l'univers, se trouvoit un grand espace absolument vuide, la loi générale des fluides étant qu'ils tendent à se répandre uniformément, et se portent toujours vers les points où ils éprouvent la moindre pression, la moindre résistance, l'espace supposé vuide ne le seroit pas long-temps, tous les fluides des espaces environnans s'y porteroient aussi-tôt et l'auroient bientôt rempli. Ainsi le vuide absolu dans de grands espaces est également impossible. Mais nous avons prouvé précédemment que le plein parfait est impossible. Ainsi la seule hypothèse qu'il soit possible d'admettre, c'est celle du *vuide disséminé* entre les parties des corps, soit solides, soit fluides. Encore faut-il supposer ces espaces extrèmement petits, et même plus petits que les dernières parties des fluides les plus subtils; autrement ces fluides s'y porteroient encore de tous les espaces environnans, et les auroient bientôt remplis. Mais, si ces espaces vuides sont plus petits que les dernières parties des fluides les plus subtils, ce ne sont que les interstices que laissent entr'elles les dernières parties des corps, soit solides, soit fluides : or, de tels vuides ne faciliteroient point du tout le mouvement, car ils seroient trop petits pour livrer passage à aucun élément ; et d'ailleurs ces élémens, sans se toucher dans tous les points de leurs surfaces, se toucheroient assez pour être dans l'impossibilité de se mouvoir.

Ainsi, de quelque côté qu'on se tourne dans cette question, on est mené à quelque absurdité : en voici une troisième, d'où il résultera peut-être une grande vérité, car les contraires se montrent réciproquement.

On peut, sur ce même sujet, nous faire cette question : en supposant qu'il y ait du vuide dans l'univers, peut-on dire que le vuide existe? est-ce quelque chose de réel ? Je l'ignore, répondrai-je, et c'est ce qu'il faut chercher. D'abord, qu'est-ce que le vuide? Il me semble que c'est précisément ce qu'on trouve *où* il n'y a rien du tout. Or, que trouve-t-on *où* il n'y a rien du tout? Un simple vuide, un espace désigné par cette particule *où*. Et ce n'est pas au hazard que je dis indifféremment un *espace* ou un *vuide*; car, lorsqu'un espace est occupé par un corps, ce n'est pas ce corps qui est l'espace, mais bien le vuide qu'il a rempli, et qui resteroit s'il en étoit ôté.

Or, la portion de l'espace qu'occupe le soleil est très différente de celle qu'occupe le globe terrestre, et l'on distingue fort bien ces deux espaces. De plus, l'espace peut être long ou court, large ou étroit, etc. en un mot, il a trois dimensions. Mais le néant n'a point de dimensions; il n'est pas susceptible de plus et de moins, ni d'aucune différence d'espèce. L'espace ou le vuide n'est donc pas un *néant*. Si ce n'est pas un néant, c'est donc quelque chose de réel. Si c'est quelque chose de réel, on ne peut pas dire qu'il n'y a rien où est un vuide. Et s'il s'y trouve quelque chose, il n'y a point de vuide; comment se tirer de là?

N. B. Ce que nous venons de dire de l'espace, on peut l'appliquer au *temps*, qui, étant aussi susceptible de différences d'espèce et de quantité, ne peut être regardé comme un *pur néant*.

Newton et quelques autres philosophes, effrayés de ces difficultés, ont été tentés de supposer que l'espace et le temps sont quelque chose de *moyen entre l'être et le néant;* paradoxe qui n'est pourtant qu'une conséquence nécessaire de quelques raisonnemens assez exacts qu'on trouve dans leurs écrits; et s'il nous paroît étrange, c'est tout simplement parce que nous n'y sommes point accoutumés; car notre *étonnement* n'est rien moins qu'un argument et une objection sans réplique. Il ne faudroit peut-être, pour rendre ce paradoxe plus supportable, qu'approfondir un peu plus la nature de nos différentes espèces de connoissances, distinguer mieux leur origine, et définir avec plus de soin la notion de l'*existence* ou de la *substance*, comme le vouloit Léibnitz, sans nous dire pourquoi il le vouloit. Car il n'est point pour nous d'*existence absolue*, mais seulement des *existences relatives* à nos différentes *manières de sentir*, puisque nous ne sommes avertis de notre propre existence et de celle des autres êtres, que par le *sentiment*. Il doit donc y avoir pour nous *autant de différentes espèces d'existences*, que nous avons de *manières de sentir*, et par conséquent deux principales; savoir: *l'existence physique*, ou celle des *corps*, dont nous sommes informés par les *cinq sens proprement dits*; et *l'existence idéale*, comme celle de l'*espace*, du *temps*, des *modes* ou *manières d'être*, des *rapports*, des *idées*, etc. dont nous sommes informés par *ce sixième sens* que nous appellons *raison*, ou, si l'on veut, *esprit*, *ame*, etc. car il ne s'agit point du *nom*. Jamais mortel n'a vu, entendu, goûté, flairé ou palpé le temps ni l'espace; cependant nous avons ces deux idées; elles sont fort claires pour nous, tant que nous n'entreprenons pas de les expliquer; ce qui est aussi impossible qu'inutile. Il n'est donc pas vrai que toutes nos idées soient originaires *des cinq sens grossiers*. Mais plus accoutumés à concevoir, rappeller, comparer et combiner les idées de la première espèce, et à employer les expressions qui les représentent, nous voulons saisir, à l'aide *des sens*, ce que la seule *raison* peut appercevoir ; nous voulons *imaginer* ce que nous ne pouvons que *concevoir*, ramener toutes les idées de la seconde espèce à celles de la première, et raisonner sur l'*existence idéale* avec des mots relatifs à l'*existence physique*. Puis, fatigués par les raisonnemens assez abstraits de ceux qui distinguent avec soin ces deux espèces d'idées, nous les accusons de réaliser des abstractions, de confondre ce que nous confondons nous-mêmes, faute de considérer que ce qu'ils entendent par *réalité*, n'a rien de commun avec ce que nous entendons par ce mot, et que *l'idée* même de *l'existence* n'est, comme toutes les autres idées, qu'une *idée relative*. Mais en voilà assez sur cette matière ; rentrons dans la physique.

Quant à la seconde question, que l'auteur tranche aussi impérieusement que l'autre, je veux dire celle où il s'agit de savoir s'il y a dans l'univers une matière immuable, comment un si grand génie a-t-il pu adopter la négative, dont il lui étoit si facile de se démontrer l'absurdité ?

En effet, l'expérience est pour nous le guide le plus sûr ; donc il est des loix constantes dans cette partie de l'univers, que nous habitons ; sans quoi les expériences faites dans un temps, ne nous instruiroient point pour un autre temps, et ce seroit toujours à recommencer. Or, s'il y a des loix constantes dans cette partie de l'univers que nous habitons, il y a aussi des loix non moins constantes: que dis-je? les mêmes loix, dans celles qui l'environnent; autrement à la longue ces dernières loix changeroient les premières; car, dans l'univers, tout se touche, et il n'y a point de mur de séparation.

Mais ces loix constantes ne peuvent être suspendues dans le vuide (car il s'agit ici de l'existence physique), et elles ont absolument besoin d'un sujet, d'une réalité physique et matérielle où elles puissent résider, et dont elles soient les *modes constans*. Les loix résidantes dans ce sujet ne peuvent être constantes, si ce sujet n'est lui-même immuable, puisqu'elles ne sont que ses modes ou manières d'être; et si le sujet étoit variable, ses modes le seroient aussi. Or, l'observation nous apprend que tous les composés physiques sont sujets à des variations, lentes ou rapides. Ainsi le véritable sujet de ces loix immuables et éternelles de la nature, ce sont nécessairement les élémens de ces composés. Car, si l'on ôte du monde physique et ces composés et ces élémens, il ne reste plus rien de réel. Donc les élémens de la matière sont immuables; et c'est faute d'avoir suffisamment poussé l'analyse, que Bacon n'a pas senti cela.

Quoi qu'il en soit, il seroit sans doute peu judicieux d'agiter fréquemment de telles questions, dont quelques-unes sont aussi inutiles qu'insolubles. Mais de telles discussions entreprises de loin en loin, et simplement à titre d'exercice, peuvent être de quelque utilité.

CHAPITRE II.

Exposé de la méthode, ou de l'induction proprement dite.

Voici, en peu de mots, quelle est la *marche* qu'on doit suivre dans la recherche des *formes*. Il faut, en premier lieu, présenter à l'entendement tous les exemples connus et semblables entre eux, par la nature (ou manière d'être), dont on cherche la forme, et qui se trouve dans tous, sans exception. Il faut de plus choisir ces exemples parmi des sujets très différens, à tout autre égard. Or, cette collection doit être purement *historique*, et sans hazarder aucun jugement, aucune théorie; il est même inutile de faire de grands efforts d'esprit dans cette première énumération, et de déployer beaucoup de sagacité dans ce premier choix des faits (*a*). Supposons qu'il s'agisse de chercher la forme de la *chaleur* (1).

Les exemples analogues par la nature de la chaleur, sont, 1°. les rayons du soleil, sur-tout l'*été*, et à *midi* (2).

---

(1) Quand il s'agira de la seule *chaleur*, nous emploierons ce mot même; et quand il sera question de comparer au *froid* cette même qualité, nous dirons le *chaud* et le *froid*; car ces deux façons de parler, la *chaleur* et le *froid*; la *nature*, la *forme* du *chaud*, sont également choquantes; une des premières précautions à prendre pour éclairer l'esprit, c'est de ne pas blesser l'oreille.

(2) Pas précisément *à midi*, ni *au solstice d'été*; mais *deux* ou *trois heures après midi*, et *quelques semaines après le temps du solstice*. Car le *maximum de la chaleur*, *et en général de l'effet de toute cause dont l'action se fait sentir encore après qu'elle a cessé d'agir*, *n'est pas au moment précis du maximum de cette cause*, *mais à l'époque où son effet actuel joint aux parties de ses effets antérieurs encore subsistantes et successivement accumulées*, *composent la plus grande somme possible*. Voilà une considération que Ba-

2°. Les rayons du soleil, réfléchis et concentrés ou réunis, comme ils le sont entre les montagnes, ou par des murs,

---

con a oubliée, et qu'on ne trouve nulle part dans ses écrits; considération bien nécessaire pourtant, et sans laquelle, en physique, on tombe dans de fréquentes méprises; car l'on est naturellement porté à croire *que le maximum de l'effet doit avoir lieu précisément à l'époque du maximum de la cause;* et une fois prévenu de cette opinion, si l'on vient à rencontrer des cas où cette correspondance exacte n'ait pas lieu, ne reconnoissant plus *les véritables causes,* l'on en *suppose* ou l'on en *cherche* d'autres; et comme ce qui est *cause,* dans la *théorie,* est *moyen,* dans la *pratique,* la pratique souffre toujours de ces méprises sur les causes. Par exemple, ne seroit-ce pas faute de cette même considération que, n'ayant pu encore déterminer avec assez de précision les inégalités ou variations de la lune, on n'a pu mettre toute l'exactitude souhaitée dans les tables relatives à cet astre, ni dans la détermination des longitudes calculées par le moyen de ses éclipses, ou de ses distances aux étoiles (ce qui importe fort à la navigation)? car il est probable que le maximum de l'attraction que la terre exerce sur son satellite,

mais plus encore par les miroirs brûlans (1).

3°. Les météores ignés.

4°. Les foudres brûlantes.

5°. Les éruptions des volcans; je veux dire, ces flammes qui s'élancent, avec un bruit terrible, des cavités des montagnes.

6°. Toute espèce de flamme.

7°. Tous les solides pénétrés de feu.

8°. Les bains naturels d'eaux chaudes.

9°. Les liquides bouillans ou fortement chauffés.

10°. Les vapeurs et les exhalaisons chaudes; l'air lui-même qui est susceptible d'une chaleur très forte, et en quelque manière *furieuse*, lorsqu'il se

---

a lieu lorsqu'il répond perpendiculairement à l'équateur terrestre, vu le renflement sphéroïdal de notre planète dans cette partie; et il est clair que l'augmentation de vitesse dans le mouvement de la lune, qui est l'effet de cette situation, doit subsister en partie, lorsqu'elle a dépassé ce cercle.

(1) Et les verres lenticulaires.

trouve renfermé, comme dans les fourneaux de réverbère.

11°. Certaines températures chaudes et sèches, qui ont pour unique cause la constitution actuelle de l'air, indépendamment de la saison.

12°. L'air souterrein, ou renfermé dans certaines cavernes, sur-tout durant l'hiver.

13°. Tous les corps velus (couverts ou composés de poils), comme la laine, la peau des animaux, le duvet ou les plumes des oiseaux, lesquels ont un foible degré de chaleur, une certaine tiédeur (1).

---

(1) Il peut y avoir ici une équivoque. Car, toutes choses égales, l'intensité de la sensation de froid que nous éprouvons, en touchant avec la main différens corps, tous plus froids que cette main et tous à la même température, jugée par le thermomètre, est proportionnelle à la quantité de chaleur que cette main leur communique et perd en les touchant. Or, la quantité de chaleur communiquée ou perdue dans ce cas, est, toutes choses égales, en raison directe de la densité des corps

14°. Tous les corps, tant solides que fluides, soit denses, soit rares, tels que l'air même approché du feu pendant quelque temps, ou en contact avec un corps chaud.

15°. Les étincelles tirées des cailloux et de l'acier, par une forte percussion.

16°. Tout corps frotté avec force, comme la pierre, le bois, le drap, etc. ensorte qu'on voit quelquefois les timons et les aissieux (1) des roues prendre feu; et les Indiens occidentaux étoient dans l'usage d'allumer du feu par le simple frottement (2).

---

touchés. Ainsi, les corps très denses doivent, en pareil cas, paroître plus froids que les corps très rares; et au contraire. Or, les corps velus, laineux, etc. sont des corps qui ont très peu de densité. Ils doivent donc paroître moins froids au tact; ou, ce qui est la même chose, plus chauds que les corps denses, comme le verre, les métaux, les pierres, etc. quoiqu'ils soient à la même température jugée par le thermomètre.

(1) Il veut dire, les *moyeux*.
(2) Ils avoient deux pièces de bois : l'une, en

17°. Les herbes ou plantes, vertes et humides, serrées en certaine quantité, et pressées ou foulées; comme les roses dans leur corbeille; les pois dans leur panier; et cela au point qu'assez souvent le foin, serré trop humide, prend feu spontanément (1).

forme de planchette; l'autre, de forme cylindrique, un peu aiguisée par l'une de ses extrémités; ils faisoient une petite excavation à la première, logeoient dans ce trou l'extrémité aiguë de la seconde; puis appuyant la première contre quelque chose de solide, et tenant la seconde entre les deux mains, ils la faisoient tourner rapidement, à peu près comme on s'y prend pour faire mousser le chocolat.

(1) Etant à Rome en 1780, je fus témoin d'un incendie produit par une semblable cause, et qui consuma quarante maisons. Il avoit plu durant la fenaison, et le foin étoit encore humide lorsqu'on l'avoit serré. Depuis cette époque, presque tous les greniers à foin sont hors de l'enceinte de la partie habitée, et dans cette autre partie qui est toute en vignes ou en vergers : précaution qu'on devroit peut-être imiter dans toutes les villes mal pourvues de moyens, soit pour prévenir, soit pour éteindre les incendies.

18°. La chaux arrosée d'eau.

19°. Le fer, lorsqu'étant mis dans l'eau forte et dans un vaisseau de verre, il commence à se dissoudre, et cela sans qu'il soit besoin de l'approcher du feu, etc. Il en est de même d'une dissolution d'étain, opérée par le même agent; mais alors la chaleur a moins d'intensité.

20°. Les animaux, sur-tout leurs parties intérieures, et en tout temps, quoique, dans les insectes dont le corps a trop peu de volume, cette chaleur ne soit pas sensible au tact (1).

21°. Le fumier de cheval et tous les les excrémens récens d'animaux.

22°. L'huile de soufre et l'huile de vitriol (2) produisent, sur le linge, des

---

(1) Il se peut que cette différence ne dépende pas de leur peu de volume, puisque le sang est froid dans les poissons d'un grand volume; mais il ne connoissoit pas la distinction faite entre les animaux à sang chaud et les animaux à sang froid.

(2) L'acide sulphureux et l'acide vitriolique. Je sais qu'on a depuis peu changé les noms de ces deux substances; et je sais aussi que ces nouveaux

effets très analogues à ceux de la chaleur; elles le *brûlent*.

23°. L'esprit d'origan, et autres du même genre, produisent un effet semblable, en brûlant (et corrodant) la partie osseuse des dents.

24°. L'esprit de vin, bien rectifié et d'une grande force, a aussi une action semblable à celle de la chaleur, et si semblable, que, si on y jette un blanc d'œuf, il se durcit et devient d'un blanc mat, à peu près comme celui d'un œuf cuit. Si l'on y jette du pain, il se torréfie (se grille), et se revêt d'une croûte comme le pain rôti.

25°. Les plantes aromatiques et de nature chaude, comme l'estragon, le cresson alenois, lorsqu'il est vieux, etc. quoi-

---

noms n'y ont rien changé. Dans mes propres écrits, je me ferai une loi d'adopter la nouvelle nomenclature; mais elle ne me paroît pas encore assez universellement répandue, pour qu'il soit nécessaire de l'employer dans cette traduction, où je ne parle qu'au grand nombre.

que ces plantes, soit entières, soit pulvérisées, ne soient point chaudes au tact; cependant, lorsqu'on les mâche pendant quelque temps, elles excitent dans la langue et le palais une certaine sensation de chaleur; elles semblent brûler.

26°. Le fort vinaigre et tous les acides appliqués aux parties du corps dépouillées de l'épiderme, comme aux yeux, à la langue, ou à quelqu'autre partie blessée, et où la peau est enlevée, occasionnent un genre de douleur peu différente de celle qu'exciteroit la chaleur même.

27°. Les froids très âpres occasionnent aussi une certaine sensation assez analogue à celle d'une brûlure.

28°. Et ainsi des autres.

Cette première table, nous l'appellons ordinairement table de l'*essence* et de la *présence*.

XII.

En second lieu, il faut présenter à

l'entendement des exemples tirés de sujets qui soient privés de la nature donnée. Car la *forme*, comme nous l'avons dit, ne doit pas moins être *absente* de tous les sujets où la nature donnée ne se trouve pas, que présente dans tous ceux où se trouve cette nature. Mais s'il falloit faire l'énumération complette de tous les sujets de cette espèce, elle seroit infinie.

Ainsi, il faut accoupler les exemples *négatifs* avec les *affirmatifs*, et ne considérer les *privations* que dans les seuls sujets qui ont le *plus d'analogie avec ces autres sujets* où la nature donnée est présente et sensible. Cette seconde table, nous l'appellons *table de déclinaison*, ou d'*absence*, dans les *analogues*.

Exemples de sujets analogues aux précédens, mais privés de la nature de la chaleur.

Au premier exemple affirmatif, comparez *ou* opposez *ce premier exemple négatif* (1).

On ne trouve pas que les rayons de la lune, des étoiles ou des comètes aient aucune chaleur sensible au tact : il y a plus ; c'est dans les pleines lunes qu'on observe les froids les plus âpres. Cependant l'on croit communément que les plus grandes étoiles fixes, lorsque le soleil est en conjonction avec elles, augmentent considérablement la chaleur de cet astre ; et c'est en effet ce qu'on observe, lorsqu'il est dans le signe du lion et durant les jours caniculaires (2).

---

(1) A chaque article en tête duquel on trouve ces mots : *à tel exemple affirmatif... tel exemple négatif*, il faut ajouter mentalement l'un de ces trois mots, placé entre deux, *répond.... est opposé.... comparez.*

(2) Ce n'est pas précisément parce qu'on a fait

Au 2ᵉ. exemple affirmatif,..... ce 2ᵉ. exemple négatif.

Les rayons du soleil ne produisent aucune chaleur sensible dans ce qu'on appelle *la moyenne région de l'air;* et ce froid qui y règne, on l'explique assez bien, en disant que cette région n'est assez proche ni du corps même du soleil d'où émanent les rayons, ni de la terre qui les réfléchit : et ce qui appuie cette explication, c'est ce qu'on observe au sommet des hautes montagnes qui sont en tout temps couvertes de neige, à moins qu'elles ne soient prodigieusement élevées; je dis prodigieusement, parce qu'on ne trouve jamais de neige ni sur le sommet proprement dit du Pic

---

bon feu dès le matin, que le *pot bout;* mais parce qu'il y a, dans une certaine maison à deux cents lieues d'ici, une chandelle allumée; son raisonnement équivaut à celui-là. Durant les jours caniculaires, le soleil est fort élevé sur l'horison; il l'est depuis long-temps, et les jours sont fort longs : voilà une explication qui vaut au moins la sienne.

de Ténériffe, ni sur celui des Andes du Pérou ; les neiges n'occupant que la partie moyenne de leur penchant, et ne s'étendant que jusqu'à une certaine hauteur. De plus, on s'est assuré que, sur ces mêmes sommets, l'air n'est nullement froid ; mais il est si rare, si ténue, si âcre sur les Andes, qu'il pique les yeux et les blesse par cette excessive acrimonie. Il irrite aussi l'orifice de l'estomac, et excite le vomissement. De plus, les anciens ont observé qu'au sommet de l'*Olympe*, l'extrême ténuité ou rareté de l'air obligeoit ceux qui y montoient, de se munir d'éponges imbibées d'eau et de vinaigre, qu'ils approchoient de temps en temps de leur bouche et de leur narine ; cet air si rare ne suffisant plus à la respiration. On rapporte aussi que, sur ce même sommet, où il n'y avoit jamais ni pluie, ni neige, ni vent, il règnoit un calme si parfait, que certaines lettres que les sacrificateurs traçoient avec leur doigt dans la cendre des sacrifices, sur l'autel de Jupiter, subsistoient jusqu'à l'année suivante, sans s'effacer, et même sans qu'on y apperçût le moindre changement. Aujourd'hui encore les voyageurs qui montent jusqu'au sommet du Pic de Ténériffe, n'y vont que de nuit, jamais de jour; et peu après le lever du soleil, leurs guides les avertissent et les pressent même de descendre, de peur apparemment que cet air si ténue ne dissolve leurs esprits et ne les suffoque.

Au 2ᵉ. affirmatif, ... le 3ᵉ. négatif.

Il faut que, dans les régions situées près des cercles polaires, la chaleur résultante de la réflexion du soleil, soit bien foible et ait bien peu d'action; car ces Flamands qui hivernoient dans la nouvelle Zemble, et attendoient que leur navire fût débarrassé des glaces énormes qui le tenoient comme bloqué, voyant, au commencement de juillet, leur espérance entièrement frustrée, prirent le parti d'abandonner le bâtiment, et de se hazarder dans leur chaloupe. Ainsi il paroît que les rayons du soleil n'ont pas beaucoup de force, même sur une terre unie (1); et les rayons réfléchis n'en ont guère davantage (2), à moins qu'ils ne soient multipliés et réunis par quelque cause ou circonstance. Et c'est ce qui arrive, lorsque le soleil approche du zénith. Car alors les angles que les rayons réfléchis font avec les rayons incidens, étant plus aigus, les rayons des deux espèces s'approchent, se serrent davantage; au lieu que, dans les grandes obliquités du soleil, ces angles étant fort obtus, les lignes des rayons des deux espèces sont plus distantes les unes des autres (3). Au reste,

---

(1) Pourquoi une terre? Il s'agit ici de glaces qu'ils n'avoient pu fondre.

(2) Toutes choses égales, les rayons du soleil sont moins réunis (ou rendus *moins convergens*) par un terrein convexe que par un sol uni; et moins aussi par un terrein uni, que par un terrein concave.

(3) Toutes choses égales d'ailleurs (car il y a ici d'autres circonstances à considérer), lorsque le

il faut observer qu'il est beaucoup d'effets dus aux rayons du soleil, ou à la simple chaleur, qui ne sont nullement proportionnés au degré de finesse de notre tact; ensorte que, par rapport à nous, ces effets ne vont pas jusqu'à produire une chaleur sensible; mais que, par rapport aux autres corps, ils ne laissent pas d'imiter tous les effets de la chaleur.

---

soleil étant plus élevé sur l'horison, ses rayons tombent plus perpendiculairement sur les surfaces parallèles à ce cercle, l'augmentation de chaleur, résultante de cette perpendicularité, est en raison composée de quatre raisons directes.

1°. Il tombe une plus grande quantité de rayons sur une surface d'une grandeur déterminée.

2°. Chaque rayon heurtant plus perpendiculairement cette surface, il la heurte avec plus de force.

3°. Les rayons ont une *moindre épaisseur de l'atmosphère* à traverser.

4°. Les rayons traversant alors moins obliquement l'atmosphère, *la dispersion* résultante, soit de leurs réflexions, soit de leurs réfractions, est aussi moins grande.

Au 2ᵉ. *affirmatif*, ... *ce* 4ᵉ. *négatif.*

Il seroit bon de tenter l'expérience suivante : construisez un miroir d'une figure toute contraire à celle qu'on donne ordinairement aux miroirs brûlans (1); placez-le entre la main et les rayons du soleil (2), et voyez s'il diminue la chaleur produite par les rayons solaires, comme le miroir brûlant l'augmente et lui donne plus d'intensité. Car il est évident, pour qui connoît la marche des rayons solaires, que, selon que ce miroir est construit dans une densité

---

(1) C'est-à-dire, de figure *convexe*, s'il s'agit de miroirs proprement dits; et de figure *concave*, s'il est question de *verres*. Car, comme on le verra plus bas, l'auteur comprend sous ce nom général de *miroirs*, et les miroirs proprement dits, soit convexes, soit concaves, et les verres de l'une et de l'autre figure.

(2) Si on plaçoit ainsi un miroir proprement dit, comme il semble le prescrire, non-seulement on ne brûleroit pas sa main, mais au contraire on la mettroit à l'ombre.

inégale (1), par rapport à son milieu et à ses côtés, les images paroissent plus diffuses et plus grandes, ou plus resserrées et plus petites. Ainsi, il faut faire les mêmes observations par rapport à la chaleur.

Au 2e. affirmatif, ... ce 5e. négatif.

Mais voici une expérience qui demande encore plus d'exactitude : il faut voir si, à l'aide d'un miroir brûlant d'une grande force, et construit avec

---

(1) Il est clair qu'il y a ici une faute dans l'original; car il s'agit ici d'un verre, puisque l'auteur veut qu'on place l'instrument entre le soleil et la main. Ainsi, au mot *densité*, il faut substituer celui *d'épaisseur*, et dire à peu près ce qui suit. Selon que l'épaisseur du milieu du verre et celle de ses côtés sont plus ou moins inégales, ce verre a plus ou moins le pouvoir d'amplifier ou de rappetisser les images; et comme l'augmentation et la diminution de la chaleur dépendent de la marche de ces rayons, aussi-bien que l'augmentation et la diminution de ces images, ces observations qu'on a faites par rapport à ces images, il faut aussi les faire par rapport à la chaleur.

le plus grand soin, l'on ne pourroit pas réunir les rayons de la lune au point de produire tout au moins un très foible degré de chaleur; et comme il pourroit arriver que ce degré de chaleur fût trop foible pour être sensible au tact, il faudroit alors recourir à ces verres qui indiquent la température, chaude ou froide, de l'air (1); ensorte que les rayons

_____

(1) Il s'agit ici du thermomètre de Drebbel, dont il donne la description dans un autre endroit, et qui diffère des nôtres à deux égards : 1°. en ce que, dans ce thermomètre, ce n'est pas la liqueur qui est dilatée par la chaleur, ou contractée par le froid; mais une masse d'air qu'on a laissée dans la boule : 2°. en ce que le tube de ce thermomètre, étant placé dans une situation renversée (la boule en haut), lorsque la chaleur dilate la masse d'air renfermée dans cette boule, cet air, en se dilatant, presse la liqueur de haut en bas, et la fait baisser, tandis que celle des nôtres monte; et au contraire, quand la chaleur diminue. Mais on sait que cet instrument ne fournit que des indications équivoques, parce que la masse d'air renfermée dans la boule, est affectée par deux sortes de variations; savoir : par celles de la température, et par celles de la pesanteur de l'air atmosphérique.

de la lune, réunis à l'aide du miroir brûlant, fussent projetés sur la partie supérieure d'un verre de cette espèce, et alors voir s'il en résulteroit quelque foible degré de chaleur qui fît baisser l'eau (1).

---

(1) C'est aussi ce qu'on a fait depuis, et peutêtre d'après cette indication. Mais ayant réuni les rayons de la lune à l'aide de miroirs concaves et fort grands, et fait tomber ces rayons sur la boule d'un thermomètre très sensible, on n'a pu appercevoir aucun mouvement dans la liqueur; ce qui n'est pas fort étonnant : car, en premier lieu, la surface de la lune est un miroir *convexe*, qui rend *divergens* les *rayons* qu'il réfléchit. En second lieu, les inégalités de la surface de la lune, comme on peut s'en assurer à la vue simple, sont beaucoup plus grandes que celles de la surface de la terre, qui, à la distance où ces deux planètes sont l'une de l'autre, ne seroient presque pas sensibles : nouvelle cause de la dispersion des rayons du soleil. Ainsi la lune est un miroir encore plus mauvais que la terre. Or, on sait qu'à une lieue de la surface de la terre et sous tous les climats, il règne un froid glacial. Ainsi, à 80 ou 90 mille lieues de la lune, les rayons solaires que cette planète a réfléchis, ne doivent pas produire une chaleur bien forte.

Au 2e. *affirmatif*, ... *ce* 6e. *négatif*.

Il faudroit voir aussi quel effet produiroit un miroir brûlant, éprouvé sur un genre de chaleur qui ne fût point *rayonnante* ou *lumineuse*; par exemple, sur celle du fer ou de la pierre, simplement chauffés et non ardens; ou encore sur l'eau chaude, ou tout autre corps ayant les mêmes conditions, et s'assurer si cette espèce de *chaleur* est augmentée par un tel miroir, comme l'est celle qui vient des rayons solaires (1).

---

(1) L'on sait que, si, ayant placé, à quelques pieds de distance l'un de l'autre, et bien parallèlement l'un à l'autre, deux miroirs sphériques concaves un peu grands, fussent-ils seulement de carton doré; on met au foyer de l'un un charbon bien allumé; et au foyer de l'autre, un corps très combustible; les rayons de lumière, ou plutôt de chaleur, lancés par le charbon ardent, vont tomber sur la surface du miroir qui en est le plus proche, deviennent parallèles entr'eux après cette première réflexion; puis, allant tomber sur la surface de l'autre miroir, deviennent convergens au

Au 2ᵉ. affirmatif,......ce 7ᵉ. négatif.

Il faut encore éprouver le miroir brûlant, par rapport à la flamme ordinaire.

Au 3ᵉ. affirmatif,......ce 8ᵉ. négatif.

On ne voit pas que les comètes (si toutefois on est fondé à les ranger dans la classe des météores) aient le pouvoir d'augmenter constamment, ou d'une manière bien sensible, les chaleurs, dans l'année de leur apparition. On a pourtant observé qu'elles occasionnent souvent des sécheresses. De plus, ces poutres ou colonnes lumineuses, ces tourbillons de feu et autres semblables phénomènes, paroissent plutôt l'hiver que l'été, et sur-tout lorsque le *froid* est *très âpre*,

---

foyer de ce dernier, et y vont allumer le corps combustible. Cet appareil qui se trouve dans presque tous les cabinets de physique, pourroit servir à tenter l'expérience indiquée par Bacon : au charbon, on substitueroit le fer, la pierre, etc. fortement chauffés.

mais *sec*; les foudres, les éclairs et le tonnerre, sont assez rares en hiver; leur temps est celui des grandes chaleurs. On croit communément que ce météore, connu sous le nom d'*étoiles qui filent*, a plutôt pour cause une matière visqueuse qui s'allume et brille un instant, que toute autre substance susceptible d'une chaleur un peu forte; mais c'est un point qui ne peut être éclairci que par des observations plus exactes.

Au 4ᵉ. affirmatif, ... ce 9ᵉ. négatif.

Il y a des éclairs qui donnent une lumière très vive, mais qui ne brûlent point; ceux de ce genre ne sont jamais accompagnés de tonnerre.

Au 5ᵉ. affirmatif, ... ce 10ᵉ. négatif.

Il paroît qu'il peut y avoir des éruptions de flammes, ou des volcans, dans les pays froids aussi-bien que dans les pays chauds, comme le prouvent ceux de l'Islande et du Groënland. L'on voit aussi que les arbres des premières contrées sont quelquefois plus résineux, plus imprégnés de poix, et plus inflammables que ceux des dernières, comme on en trouve des exemples dans le sapin, le pin et autres arbres de cette espèce. Mais dans quelle situation, dans quelle espèce de sol, ces éruptions ont-elles lieu le plus ordinairement? voilà ce qu'il faudroit savoir, pour pouvoir joindre ici à l'affirmative une négative; et c'est une recherche dont on ne s'est pas encore assez occupé, pour être en état de satisfaire à ces questions.

Au 6ᵉ. affirmatif, ... ce 11ᵉ. négatif.

Toute espèce de flamme, sans exception, est chaude, l'est perpétuellement, et l'est plus ou moins. Mais à cet exemple affirmatif, il est tout-à-fait impossible d'en accoupler un négatif. On a cependant observé que cette sorte de lumière ou de lueur, connue sous le nom de *feu-folet*, et qui donne quelquefois contre un mur, n'a qu'un très foible degré de chaleur, peut-être un degré de chaleur égal à celui de la flamme de l'esprit de vin, qui est douce et tranquille. Une espèce de flamme encore plus douce, c'est celle qui, au rapport de certains historiens graves et dignes de foi, a paru quelquefois autour de la tête et de la chevelure de jeunes garçons ou de jeunes filles ; flamme qui ne brûloit nullement cette chevelure, et qui ne faisoit que voltiger tout autour, en tremblotant mollement et comme en la léchant. Mais un fait bien constaté, c'est celui d'un cheval faisant route de nuit, par un temps chaud et sec, et suant beaucoup, autour duquel parut une certaine lumière, sans aucune chaleur sensible. De plus, il y a quelques années (fait très connu, et qui a presque passé pour un prodige), le fichu de certaine fille, très jeune encore, un peu secoué ou frotté, paroissoit lumineux ; ce qui pouvoit venir de l'alun ou des autres sels dont le mouchoir étoit imprégné, qui adhéroient superficiellement, s'y étoient comme incrustés, et étoient brisés par le frottement. Un autre fait qui n'est pas douteux, c'est que toute espèce de sucre, soit candi, soit ordinaire, pourvu toutefois qu'il soit un peu dur, étant rompu dans l'obscurité, ou gratté avec un couteau, jette des étincelles. De même, l'eau de mer, battue par les rames, et durant la nuit, paroît étincelante. Disons plus, durant certaines tempêtes, et la nuit aussi, l'écume de la mer fortement agitée, paroît toute lumineuse; genre de lumière auquel les Espagnols donnent le nom de *poumon marin* (*b*). Quant à cette espèce de flamme, connue des anciens navigateurs sous le nom de *Castor et Pollux*, et connue aussi des modernes, mais sous celui de *feu Saint-Elme*, on ne s'est pas encore assuré, par l'observation, du degré de chaleur qu'elle peut avoir (1).

---

(1) D'après la description très exacte que le chevalier de Forbin nous a donnée d'un feu de cette

LIV. II. CHAP. II.

Au 7ᵉ. affirmatif, ... ce 12ᵉ. négatif.

Tout corps fortement échauffé par le feu (1), et poussé jusqu'au rouge ou jusqu'à l'incandescence, mais sans flamme, est perpétuellement chaud : et à cette

---

espèce, il paroît assez bien prouvé que ce n'est autre chose que le fluide électrique, que les ferrures placées aux extrémités des mâts et des vergues soutirent d'un nuage électrisé qui en passe fort près. Ainsi, il paroît probable que l'homme qui, lorsque ce phénomène paroît, seroit assez hardi pour aller tirer une étincelle de ces ferrures, ou, si l'on veut, pour la recevoir, avec quelque partie de son corps, apprendroit par lui-même ce que Bacon vouloit savoir; et peut-être aussi ne le sauroit-il pas long-temps. Quoique ce phénomène soit assez rare, j'ai quelquefois été moi-même à portée de faire cette expérience; mais j'avoue que je n'en ai jamais eu la tentation. Pour la faire sans risque, il faudroit s'armer d'un excitateur à manche de verre, ou de toute autre matière idio-électrique.

(1) Car il est d'autres moyens pour les échauffer; tels que le frottement, la percussion, la pression même.

affirmative ne répond aucune négative. Mais ce qui en approche beaucoup, c'est l'exemple du bois pourri, qui, la nuit, paroît lumineux, et cependant n'a aucune chaleur sensible au tact. Il en est de même des écailles de poisson, lorsqu'elles se putréfient; en les touchant, on n'y trouve aucune chaleur sensible. Il en faut dire autant des vers luisans, et de cette espèce de mouche connue en Italie sous le nom de *lucciole* (1).

Au 8e. *affirmatif,* ..... *ce* 13e. *négatif.*

Quant aux eaux des bains chauds naturels, il faudroit savoir dans quelles sortes de lieux, dans quelles espèces de terreins elles coulent ordinairement. Mais c'est ce dont on n'a pas encore assez pris soin de s'assurer. Ainsi, il n'y a pas non plus ici de négative.

---

(1) Elles sont beaucoup plus petites et en plus grand nombre que nos vers luisans.

Au 9ᵉ. *affirmatif,* ..... *ce* 14ᵉ. *négatif.*

Aux liquides très chauds, on peut accoupler, pour exemple négatif, ces liquides mêmes, lorsqu'ils sont dans leur état naturel. En effet, on ne trouve aucun liquide tangible qui soit naturellement chaud, et qui demeure tel constamment. Mais la chaleur n'y est que passagère, purement accidentelle et de surérogation. Ensorte que les substances, qui n'ont qu'une chaleur *potentielle* et sensible seulement par ses effets, comme l'esprit de vin, les huiles essentielles de plantes aromatiques, extraites par les procédés chymiques; et même l'esprit de vitriol (l'acide vitriolique), l'esprit de souffre (l'acide sulphureux), et autres substances semblables, qui brûlent lorsqu'on leur laisse le temps d'agir, paroissent froids au premier contact. Or, l'eau des bains naturels, séparée de sa source, et reçue dans un vase, se refroidit précisément comme celle qui a été échauffée par le moyen du feu. Il est vrai pourtant que les corps huileux paroissent un peu moins froids au tact, que les corps aqueux. Par exemple, l'huile est moins froide que l'eau; et la soie moins que le linge (1). Mais il faut renvoyer ces observations à la *table des degrés du froid.*

Au 10ᵉ. *affirmatif, ... ce* 15ᵉ. *négatif.*

De même, à l'exemple affirmatif de la vapeur chaude, répond pour négative, cette vapeur même considérée dans son état naturel, et telle qu'on la trouve le plus ordinairement. Car les vapeurs, qui s'exhalent des corps huileux, quoique très inflammables, n'ont aucune chaleur sensible au tact, si ce n'est au moment même où elles s'exhalent du corps chaud.

Au 10ᵉ. *affirmatif, ... ce* 16ᵉ. *négatif.*

De même encore, à l'air chaud répond pour négative, cet air même envisagé

---

(1) Ce qui dépend probablement de la différence des densités.

dans son état naturel. Car nous ne trouvons ici bas d'autre air chaud, que celui qui a été ou renfermé, ou soumis à un frottement violent, ou manifestement échauffé par les rayons du soleil, par le feu artificiel, ou par tout autre corps chaud.

Au 11e. affirmatif, ... ce 17e. négatif.

Nous trouvons ici pour négative, les températures accidentelles qui sont plus froides qu'elles ne devroient l'être, eu égard à la saison; températures qui, près de notre globe, ont pour cause les vents d'est ou de nord; comme les températures contraires ont pour cause un vent de sud ou d'ouest. On observe de plus que ces températures si douces sont accompagnées d'une certaine disposition à la pluie; et qu'au contraire, les températures froides le sont d'une disposition à la gelée.

Au 12e. affirmatif, ... ce 18e. négatif.

Ici, l'exemple négatif sera l'air renfermé dans les souterreins, durant l'été. Car, en premier lieu, si l'on demande quelle est, par rapport au froid et au chaud (1), la nature de l'air considéré en lui-même, cette question fait naître des doutes assez fondés. En effet, quant à cette chaleur qu'on observe dans l'air en certains temps, il la doit manifestement à l'impression des corps célestes ; et quant au froid qu'on y observe aussi, il peut avoir pour cause *l'expiration de la terre* (c). Enfin, ce froid qui règne dans cette partie de l'atmosphère qu'on appelle la *moyenne région*, a pour cause les vapeurs froides et les neiges. Ensorte que l'air extérieur et atmosphérique ne peut nullement servir à porter un jugement décisif sur cette question de la nature de l'air. On en jugera mieux par des observations et des expériences sur l'air renfermé. Mais, pour ôter toute équivoque, il faut que le vaisseau où l'on renferme cet air, soit de telle figure et de telle matière, qu'on puisse être assuré que ce

---

(1) C'est-à-dire, si l'air est naturellement chaud ou froid.

n'est pas ce vaisseau même, qui, par sa force propre et particulière, communique à l'air qu'il contient, un certain degré de chaleur ou de froid; qu'il ne livre pas aisément passage à l'air extérieur, et n'en puisse recevoir les impressions. Ainsi, servez-vous, pour cette expérience, d'un pot de terre, bouchez-le bien exactement à l'aide d'un cuir mis en plusieurs doubles, et tenez cet air ainsi exactement renfermé pendant trois ou quatre jours; après quoi, pour décider le point en question, ayant ouvert ce vase, portez-y tout-à-coup la main, ou un thermomètre avec son échelle divisée très exactement.

Au 13e. *affirmatif,* ..... *ce* 19e. *négatif.*

Il est une autre question qu'on peut faire sur ce même sujet; cette tiédeur qu'on observe dans la laine, dans les peaux d'animaux, dans les plumes, et autres semblables corps, vient-elle d'un foible degré de chaleur inhérent à ces substances, en tant qu'elles sont comme des excrémens d'animaux? ou auroit-elle pour cause une certaine substance grasse et huileuse, qui, par sa nature, auroit de l'affinité avec la tiédeur? ou enfin, viendroit-elle seulement de ce que l'air y est renfermé et disséminé, comme nous l'avons dit dans l'article précédent? Car il paroît que tout air dont on intercepte la communication avec l'air extérieur, contracte un foible degré de chaleur. Ainsi il faut choisir pour ces observations des corps *filandreux*, des tissus de lin et non de laine, de plume ou de soie, toutes substances qui sont des excrétions d'animaux. Il n'est pas non plus inutile d'observer que toutes les poudres, qui contiennent très certainement un air disséminé, sont moins froides au tact, que les masses dont elles sont tirées. Nous pensons, par la même raison, que toute espèce d'écume (en qualité de composé qui contient aussi de l'air), est moins froide que la liqueur même où elle s'est formée.

Au 14ᵉ. affirmatif, ... ce 20ᵉ. négatif.

Celui-ci n'a point de négative; car nous ne connoissons aucun corps, soit tangible, soit aériforme, qui ne s'échauffe, quand on l'approche du feu. Il est cependant, sur ce point, quelque différence du plus au moins entre telle et telle substance : les unes, comme l'air, l'huile et l'eau, s'échauffent plus vîte ; les autres, plus lentement, comme les pierres et les métaux ; mais ces détails appartiennent à la table des degrés.

Au 15ᵉ. affirmatif, ... ce 21ᵉ. négatif.

A cet exemple affirmatif, on ne peut en opposer d'autre négatif, qu'une observation connue ; savoir : qu'on ne peut tirer des étincelles du caillou et de l'acier, qu'autant que, par une forte *collision*, l'on détache du corps même de la pierre ou du métal, des particules très fines et très déliées ; car il ne faut pas croire que le seul froissement de l'air soit une cause suffisante pour produire des étincelles, comme on se l'imagine communément. On observe aussi que ces particules étincelantes, entraînées par le poids de la matière qui a pris feu, se portent plutôt vers le bas que vers le haut, et qu'en s'éteignant elles se réduisent à une certaine fuliginosité qui a du corps.

Au 16ᵉ. affirmatif, ... ce 22ᵉ. négatif.

Notre sentiment est qu'à cet exemple on ne peut pas non plus joindre de négative. Car nous ne voyons autour de nous, aucun corps qui ne s'échauffe très sensiblement par le frottement; ce qui avoit fait imaginer aux anciens que, si les corps célestes ont la faculté d'échauffer, ce n'est qu'en vertu du frottement violent de l'air, occasionné par la rapidité de leur révolution (1). Mais ce point ne peut être bien éclairci que par de nouvelles recherches, dont le but seroit de savoir si les corps lancés par des machines, tels que sont les balles des armes à feu, ne contractent pas, en vertu de la percussion même, un certain degré de chaleur, dont on

---

(1) Cette opinion a été renouvellée de nos jours; il est aujourd'hui tel physicien qui pense que notre globe s'électrise et s'échauffe par le mouvement rapide de sa révolution diurne.

s'appercevroit en les touchant un instant après leur chûte (1). Mais l'air en mouvement refroidit plus qu'il n'échauffe, comme on en voit des exemples dans les vents naturels, dans celui d'un soufflet, ou dans le souffle qu'on produit avec la bouche, en la contractant. Mais au fond, un mouvement de cette espèce n'est pas assez rapide pour exciter la chaleur; et d'ailleurs, dans le corps mu, c'est un mouvement du *tout*, et non des *petites parties*, comme il le faudroit; il n'est donc pas étonnant qu'il n'excite aucune chaleur.

Au 17e. *affirmatif*, ... *ce* 23e. *négatif*.

Cet exemple mérite une recherche particulière et plus exacte; car les herbes et les végétaux, verds et humides, parois-

---

(1) Comme il ne joint, au mot *percussion*, aucun autre substantif, il y a ici une équivoque; car le boulet choque l'air en le traversant; et en tombant, il choque des corps plus solides; genre de choc qui seroit plus capable de l'échauffer: mais la phrase précédente et la suivante prouvent qu'il parle de l'air seulement.

sent avoir je ne sais quelle chaleur foible, et si foible, que, dans leurs petites parties isolées, elle n'est pas sensible au tact. Mais, dès qu'elles sont entassées et renfermées, de manière que leur esprit ne puisse s'exhaler et se perdre dans l'air, et qu'au contraire ces parties se fomentent réciproquement, alors elles s'échauffent à un degré sensible, et quelquefois même elles prennent feu, si la matière est déja suffisamment combustible.

Au 18e. *affirmatif,* ..... *ce* 24e. *négatif.*

Le sujet de cet exemple a besoin aussi d'être plus exactement observé; car la chaux, arrosée d'eau, paroît s'échauffer considérablement, soit par la concentration de la chaleur, qui auparavant étoit plus dispersée, comme nous l'avons déja observé en parlant des herbes entassées et renfermées, soit par l'irritation ou l'exaspération de l'esprit ignée (1), occa-

―――――――――

(1) Cet esprit ignée ressemble fort à *l'acide ignée* de M. Sage, qui ne ressemble à rien; c'est un nouveau mot qui ne nous apprend rien de nouveau.

sionnée par l'eau, d'où naît une sorte de combat et d'*antipéristase* (*d*). Reste à savoir laquelle de ces deux causes est la véritable, et c'est ce dont on s'assurera plus aisément, en versant sur la chaux de l'*huile*, au lieu d'eau; car l'*huile* pourra, aussi-bien que *l'eau, concentrer l'esprit* renfermé dans la chaux, mais elle ne produira pas d'*irritation*. Or ces expériences-là, il faut les étendre, leur donner plus de latitude, non-seulement en les tentant sur les cendres et les chaux de différens corps, mais aussi, en versant sur ces corps différentes liqueurs.

Au 19e. *affirmatif,* ..... *ce* 25e. *négatif.*

A cet exemple nous opposerons pour négative les autres métaux qui sont plus mous et plus faciles à liquéfier ou à rendre coulans. En effet, si l'on fait dissoudre de petites feuilles d'or par l'eau régale, cette dissolution ne donne aucune chaleur sensible au tact; il en est de même du plomb dissous dans l'eau-forte, et de même encore du mercure, du moins autant que je puis m'en souvenir. L'argent lui-même n'excite qu'un foible degré de chaleur. Il faut en dire autant du cuivre, si ma mémoire ne me trompe point. Mais celle de la dissolution d'étain est plus sensible; et la plus sensible de toutes, c'est celle qu'excitent le fer et l'acier, dont la dissolution est non-seulement accompagnée d'une chaleur très forte, mais même d'une violente ébullition. Ainsi la chaleur paroît naître de ce combat qui a lieu lorsque les eaux-fortes pénétrant, fouillant ces corps, et séparant leurs parties avec violence, ces parties mêmes, en vertu de leur force de cohésion, résistent à cette autre force qui tend à les séparer. Aussi, lorsque les parties de ces corps, mis en dissolution, cèdent aisément, l'action du dissolvant fait-elle naître à peine un foible degré de chaleur.

Au 20e *affirmatif,* ..... *ce* 26e. *négatif.*

A la chaleur des animaux, point de négative à opposer, si ce n'est l'exemple des insectes, à cause de leur peu de volume (1), comme nous l'avons déja observé. Quant aux poissons comparés aux animaux terrestres, ce qu'on y observe, c'est plutôt un degré peu sensible, qu'une totale privation de chaleur. Dans les végétaux, on n'apperçoit aucun degré de chaleur sensible au tact, soit dans le corps des plantes, soit dans leurs gommes, soit dans leur moëlle récemment ouverte (2). Mais rien n'est plus inégal et plus variable que la chaleur des animaux, soit d'une partie à l'autre (car autre est celle de la région du cœur, autre est celle du cerveau, autre, celle des parties extérieures), soit dans les différens états par les-

---

(1) On peut opposer celui de tous les animaux à sang froid.

(2) Ce qui peut venir de l'extrême lenteur du mouvement; car les mouvemens des animaux sont infiniment plus vifs; et il est probable que, d'un règne à l'autre, la chaleur diminue à mesure que les mouvemens se ralentissent, comme d'un individu à l'autre, dans le même temps, et d'un temps à l'autre, dans le même individu.

quels ils passent successivement; comme dans les violens exercices, dans les fièvres, etc.

Au 21ᵉ. affirmatif, ... ce 27ᵉ. négatif.

A peine trouve-t-on une négative à opposer à cet exemple-ci. Il y a plus : les excrémens des animaux, même non récens, ont manifestement une certaine chaleur *potentielle,* comme on le voit par la propriété qu'ils ont d'engraisser les terres.

Au 22ᵉ. affirmatif, ... ce 28ᵉ. négatif.

Les liqueurs (soit qu'on les désigne par le nom d'*huiles,* ou par celui d'*eaux*); les liqueurs, dis-je, qui ont une grande et forte acrimonie, produisent des effets très semblables à ceux de la chaleur; elles séparent avec violence les parties des corps; elles les brûlent même, lorsqu'on les laisse agir pendant quelque temps : cependant elles n'ont aucune chaleur sensible au premier tact de la main. Or, elles agissent, soit en vertu et en proportion de leur affinité avec les substances aux-

LIV. II. CHAP. II. 119

quelles on les applique, soit à raison de leur grandeur et de leur figure comparées à celles des pores de ces substances. L'eau régale, par exemple, dissout l'or, et non l'argent: au contraire, l'eau-forte dissout l'argent, et non l'or; mais ni l'une ni l'autre ne dissolvent le verre; et il en est de même des autres dissolvans.

Au 24e. *affirmatif,* ..... *ce* 29e. *négatif.*

Il faudroit éprouver les effets de l'esprit de vin, d'abord sur le bois, puis sur le beurre, sur la cire, sur la poix; et voir si, par hazard, sa chaleur potentielle ne suffiroit pas pour les liquéfier jusqu'à un certain point. Car nous voyons, par ces incrustations dont il est parlé dans le 24e. exemple, que sa chaleur *potentielle* produit des effets très analogues à ceux de la chaleur *actuelle* (1). Ainsi il faudroit ten-

---

(1) La chaleur *actuelle* d'un corps est celle dont il est actuellement doué; et sa chaleur *potentielle* est celle qu'il peut acquérir lui-même, ou donner à un autre corps, sans être lui-même actuellement chaud.

ter ces mêmes expériences par rapport aux liquéfactions. On pourroit éprouver encore d'une autre manière les effets de cette chaleur; savoir: en employant un tube semblable à ceux des *thermomètres;* mais qui, au lieu d'une boule, eût, à sa partie supérieure et extérieure, une concavité. On mettroit dans cette concavité extérieure de l'esprit de vin bien rectifié, avec un couvercle, afin qu'il conservât mieux sa chaleur. Cela posé, il faudroit voir si l'esprit de vin, en vertu de sa chaleur *potentielle,* ne pourroit pas faire baisser l'eau dans le tube (1).

Au 25e. affirmatif, ... ce 30e. négatif.

Les plantes aromatiques, et en général celles qui ont une saveur âcre, sur-tout prises intérieurement, excitent une sensation de chaleur. Ainsi il faut voir sur quelles autres matières elles produisent

---

(1) Il s'agit toujours du thermomètre de Drebbel, dont la partie la plus ample est en haut; mais avec la différence de construction indiquée ici.

des effets semblables à ceux de la chaleur. Or, s'il faut en croire les marins, lorsqu'on ouvre tout-à-coup des tas, des masses d'aromates qui ont été long-temps renfermées, ceux qui les premiers les remuent ou les transportent, courent risque d'être atteints de fièvres et de maladies inflammatoires (1). Il y auroit encore ici telle expérience à faire, pour savoir si les poudres de plantes aromatiques et d'autres semblables n'auroient pas, comme la fumée, la propriété de sécher le lard ou toute autre espèce de viande suspendue au dessus.

Au 26e. affirmatif, ... ce 31e. négatif.

Cette acrimonie et cette force pénétran-

---

(1) J'ai ouï dire à des marins qui avoient fait le voyage de Mahé, ville des Indes, d'où est tiré presque tout le poivre qui se vend en Europe, qu'on est dans l'usage de changer de demi-heure en demi-heure les matelots qui travaillent au poivre dans la calle du vaisseau, et que, lorsqu'on néglige cette précaution, ils sont atteints d'un crachement de sang.

te dont nous venons de parler, ne réside pas moins dans certaines substances de nature froide, telles que le vinaigre et l'huile de vitriol (l'acide vitriolique), que dans les substances de nature chaude, telles que l'huile d'origan et autres semblables. Aussi, les unes et les autres ont-elles également la propriété d'exciter la douleur dans les corps animés ; et, en agissant sur les corps inanimés, celle de séparer leurs parties avec violence et de les brûler. Cet exemple-ci n'a pas non plus de négative qui y réponde ; car, dans les corps animés, l'on ne connoît aucun genre de douleur qui ne soit accompagné d'une sensation de chaleur (1).

---

(1) Généralement parlant, et dans les degrés correspondans, les mouvemens qui excitent la douleur, sont plus vifs, plus grands et plus violens que ceux qui font naître le plaisir : or, les mouvemens vifs, grands et violens sont toujours accompagnés d'une sensation très forte de chaleur. Ainsi, un plaisir très vif, tel que celui de la génération, ou d'une grande joie, étant accompagné d'un mouvement plus vif et plus violent que celui qui ac-

Au 27ᵉ. *affirmatif,* ..... *ce* 32ᵉ. *négatif.*

Le chaud et le froid ont une infinité d'effets semblables, quoiqu'ils les produisent d'une manière tout-à-fait différente : l'on sait, par exemple, que les enfans, peu de temps après avoir frotté leurs mains de neige, les sentent comme brûlantes. De plus, le froid garantit les chairs de la putréfaction, tout aussi-bien que le feu. Enfin la chaleur, comme le froid, contracte les corps, et diminue leur volume (1). Mais ces observations et autres de même nature, il seroit plus à propos de les renvoyer à la recherche sur le froid.

---

compagne une douleur légère, l'est aussi d'une plus grande chaleur.

(1) M. *Changeux*, physicien aussi modeste que profond, qui a eu les mêmes vues, et qui, pour les avoir, n'a pas eu besoin de lire ce passage, a traité cette matière avec beaucoup d'étendue, dans l'ouvrage portant pour titre, *des extrêmes*: il m'est inconnu; mais j'ai trouvé, dans le journal de physique, un exposé fait par lui-même, et qui en est comme l'extrait ou l'esquisse.

XIII.

En troisième lieu, il faut faire *comparoître* devant l'entendement des exemples de sujets où la nature qui est l'objet de la recherche, se trouve à différens degrés; en observant ses accroissemens et ses décroissemens, soit dans un seul sujet comparé à lui-même, soit en différens sujets comparés entr'eux. En effet, comme la *forme* d'une chose n'est autre que cette chose même, et qu'il n'y a d'autre différence entre la chose et la forme que celle qui se trouve entre l'apparence et la réalité, l'extérieur et l'intérieur, la relation à l'homme et la relation à l'univers, il s'ensuit évidemment qu'on ne doit point regarder une *nature* comme la véritable *forme, si elle ne décroît perpétuellement, quand la nature en question décroît elle-même; et si elle ne croît aussi, quand cette nature est croissante.* Voilà pourquoi cette table-ci, nous l'appellons ordinairement *table des degrés* ou *table de comparaison*.

Table comparative des différens degrés de chaleur.

Ainsi, nous parlerons d'abord des corps qui n'ont aucun degré de chaleur sensible au tact, mais qui ne semblent avoir tout au plus qu'une certaine chaleur *potentielle*, ou une disposition, une préparation à la chaleur.

Nous passerons ensuite aux corps doués d'une chaleur *actuelle*, c'est-à-dire sensible au tact; et nous en spécifierons les différens degrés ou *intensités*.

1°. Parmi les corps *solides* et *tangibles*, on n'en connoît aucun qui soit chaud de *sa nature* et *originellement*; ni la pierre, ni le métal, ni le soufre, ni aucun fossile, ni le bois, ni l'eau, ni les cadavres des animaux ne sont chauds par eux-mêmes. Quant aux eaux chaudes des bains naturels, elles ne paroissent devoir leur chaleur qu'à des causes accidentelles, comme la flamme ou les feux souterreins que vomissent l'Ethna et tant d'autres montagnes; ou au combat de certaines substances de natures opposées, cause semblable à celle dont on observe les effets dans les dissolutions de fer et d'étain. Ainsi, le degré *naturel* de chaleur des corps inanimés est, par rapport au tact humain, absolument nul. Cependant ces mêmes corps ne sont pas également froids ; par exemple, le bois est moins froid que le métal; mais l'observation de ces différences appartient à la table des degrés du froid (1).

2°. Cependant s'il est question de la chaleur *potentielle* et de *l'inflammabilité*, nous trouvons une infinité de corps inanimés qui sont éminemment doués de cette qualité ; tels sont le soufre, la naphte et l'huile de pétrole.

---

(1) Distinction qui semble assez inutile : si le bois est *moins froid* que le métal, peut-on dire, il est donc *plus chaud?* et par conséquent l'observation de cette différence appartient à cette table-ci ; mais Bacon ne regarde pas le *froid* simplement comme une *moindre chaleur*, mais comme une *qualité opposée et positive*, effet d'un mouvement contraire.

3°. Les corps qui ont été chauds pendant un certain temps, tels que le fumier de cheval, parmi les substances animales ou la chaux ; peut-être aussi, les cendres et la suie, conservent un reste obscur de leur première chaleur. Aussi est-il des substances qu'on distille et qu'on analyse, en enterrant dans du fumier de cheval les vaisseaux qui les contiennent. Et la chaux arrosée d'eau s'échauffe à un degré très sensible, comme nous l'avons déja observé.

4°. On ne trouve, parmi les végétaux, aucune plante ou partie de plante (telles que les larmes ou la moële) qui soit d'une chaleur sensible au tact humain. Cependant, comme nous l'avons dit plus haut, les herbes vertes et renfermées s'échauffent sensiblement. Et quant au tact intérieur, tel que celui du palais ou de l'estomac, ou même celui des parties extérieures, on trouve, parmi les végétaux, des substances qui, un peu de temps après avoir été appliquées sur ces parties (sous forme d'emplâtres ou d'onguent), excitent une sensation de chaleur; d'autres, une sensation de froid.

5°. On ne trouve, dans les parties des animaux, une fois mortes ou séparées du corps, aucune chaleur sensible au tact humain. Car le fumier de cheval même, si on n'a soin de le renfermer et de l'enterrer, ne conserve point sa chaleur. Quoi qu'il en soit, toute espèce de fumier paroît être douée d'une certaine chaleur potentielle, comme le prouve sa qualité d'engrais. Les cadavres des animaux ont aussi je ne sais quelle chaleur virtuelle et cachée. L'on observe même que, dans les cimetières où l'on enterre journellement, la terre contracte une certaine chaleur occulte qui consume les cadavres nouvellement ensevelis, beaucoup plus vîte que ne le pourroit faire la terre pure. On prétend aussi que les Orientaux ont une espèce de toile fine et molle, faite de plumes d'oiseaux, qui a la propriété de dissoudre et de liquéfier le beurre qu'on y a légèrement enveloppé.

6°. Tous les *engrais*, tels que les fumiers de toute espèce, la craie, le sable marin, le sel, et autres semblables, ont une certaine disposition à la chaleur.

7°. Tout corps dans l'état de putréfaction, recèle quelque foible commencement de chaleur; chaleur pourtant qui ne va pas jusqu'au point d'être sensible au tact. Car, ces substances-mêmes, qui, étant putréfiées, se résolvent en animalcules (*f*), comme la chair, le fromage, etc. ne paroissent pas chaudes au simple tact. Il en faut dire autant du bois pourri, qui la nuit paroît lumineux; on n'y trouve aucune chaleur sensible; et la chaleur, dans les matières putrides, se décèle par les odeurs fortes et repoussantes.

8°. Ainsi, de tous les degrés de chaleur sensibles au tact, le premier paroît être celui de la chaleur des animaux, laquelle est susceptible d'une infinité de degrés différens et d'une grande latitude. Car le plus foible de tous ces degrés, tel que celui des insectes, n'est pas sensible au tact; et le plus haut degré égale à peine celui de la chaleur des rayons solaires, dans les pays ou dans les temps les plus chauds, et elle n'est jamais si forte, que la main ne la puisse endurer. On rapporte cependant de Constance et de quelques autres individus d'une constitution extrêmement sèche et attaqués de fièvres très aiguës, que leur corps s'échauffoit à tel point qu'on y pouvoit à peine tenir la main, et qu'il sembloit la brûler.

9°. Le mouvement, l'exercice, le vin, la bonne chère, l'acte de la génération, les fièvres chaudes, la douleur; toutes causes qui, dans les animaux, augmentent la chaleur naturelle.

10°. Dans les accès de fièvres intermittentes, les animaux sont d'abord saisis du frisson, mais ensuite ils s'échauffent prodigieusement; double phénomène qui a également lieu dans les fièvres chaudes et dans les fièvres pestilentielles.

11°. Il y auroit de nouvelles observations à faire sur la chaleur comparée dans les animaux divers, comme poissons, quadrupèdes, serpens, oiseaux; et cela non-seulement dans les différentes espèces, comme celles du lion, de l'émouchet, de l'homme, etc. car, suivant l'opinion commune, à l'intérieur les poissons sont très froids; et les oiseaux, au contraire, extrêmement chauds, sur-tout les pigeons, les éperviers, les autruches.

12°. Autres recherches à faire sur la chaleur comparée dans un même animal et considérée dans ses différentes parties (1); car le lait, le sang, le sperme, les œufs, n'ont qu'une chaleur assez foible et beaucoup moindre que celle dont est susceptible la chair extérieure de l'animal, lorsqu'il s'agite et fait de l'exercice. Mais quel est le degré de chaleur, dans le cerveau, dans l'estomac, dans le cœur, ou dans toute autre partie? c'est ce qu'on

___

(1) On peut faire ces comparaisons des différens degrés de chaleur, ou de toute autre qualité, d'un temps à un autre temps, dans une même partie d'un même individu, de partie à partie, d'individu à individu, d'espèce à espèce, d'un genre, d'une classe, d'un règne à l'autre, enfin d'un lieu à un autre lieu; car à quoi bon délayer dans plusieurs pages ce qui peut être dit en quelques lignes?

n'a pas encore assez exactement déterminé par l'observation.

13°. Tous les animaux, durant l'hiver, et lorsqu'il règne une température très froide, en tout temps, sont froids à l'extérieur; mais alors ils sont beaucoup plus chauds à l'intérieur que dans tout autre temps.

14°. La chaleur produite par les corps célestes, même dans les pays, les temps de l'année et les jours les plus chauds, n'est jamais assez grande pour allumer du bois, de la paille, ni même le linge brûlé, à moins qu'on ne la renforce par le moyen des miroirs brûlans; cependant elle l'est assez pour faire fumer les corps humides.

15°. S'il en faut croire les astronomes, il y a entre les astres des différences pour le degré de chaleur ou de froid; par exemple, la plus chaude de toutes les planètes, selon eux, c'est Mars, puis Jupiter, ensuite Vénus : et celles qu'ils regardent comme froides, sont la Lune, et Saturne qu'ils regardent comme la plus froide de toutes. Parmi les étoiles fixes, pensent-ils encore, la plus chaude est Sirius, puis le cœur du lion, ou Régulus, ensuite la canicule, etc.

16°. Plus le soleil est élevé sur l'horizon, ou, ce qui est la même chose, plus il est près du zénith, et plus sa chaleur se fait sentir; ce qu'il faut penser aussi des autres planètes, en raison toutefois du degré de chaleur propre à chacune. Par exemple, Jupiter excite une plus grande chaleur, lorsqu'il parcourt le signe du cancer ou du lion, que lorsqu'il est dans le capricorne, ou dans le verseau.

17°. On doit penser aussi que le soleil lui-même et les autres planètes doivent produire une plus forte chaleur, dans leur périgée, ou leur plus grande proximité de la terre, que dans leur apogée, ou leur plus grand éloignement. Que s'il existe quelque région où le soleil soit en même temps à son périgée et plus élevé sur l'horizon (1), une conséquence nécessaire

---

(1) Cette région existe en effet, et elle n'est pas

du concours de ces deux causes est qu'il doit dans cette région exciter une plus grande chaleur que dans celles où, dans le temps de son périgée, il est moins élevé. Ensorte que, pour pouvoir déterminer les degrés de chaleur produits par les différentes planètes, il faut aussi comparer ces astres par rapport à leur plus ou moins d'élévation sur l'horizon, selon les différentes situations des lieux.

---

petite, car c'est tout l'hémisphère austral : cependant la chaleur y est en général beaucoup moindre que dans l'hémisphère boréal, où le soleil est périgée durant l'hiver, et apogée durant l'été; différence de température qu'on attribue communément à la vaste étendue des mers qui couvre presque entièrement cet autre hémisphère. Car le froid glacial qui règne en tout temps et sous tous les climats, à une assez petite distance de la surface du globe, prouve qu'il faut moins attribuer la plus grande partie de la chaleur que nous ressentons, aux rayons directs du soleil, qu'aux rayons réfléchis et rendus convergens par les surfaces concaves, ou les surfaces planes tournées vers les mêmes points, lesquelles se trouvent en plus grand nombre sur les continens que sur les mers.

18°. De plus, le soleil, ainsi que les autres planètes, paroissent occasionner une plus grande chaleur, lorsqu'ils approchent de leur conjonction avec les plus grandes étoiles fixes. Par exemple, lorsque le soleil est dans le signe du lion, près du cœur du lion, de la queue du lion, de l'épi de la vierge, etc. de sirius, de la canicule, il a plus d'action que lorsqu'il est dans le cancer, signe où il est cependant plus élevé sur l'horizon (g). Enfin, l'on peut penser que les parties du ciel où se trouvent le plus grand nombre d'étoiles, et sur-tout les plus grandes, sont celles qui lancent le plus de chaleur sur notre globe, quoique cette chaleur ne soit nullement sensible au tact.

19°. Tout considéré, trois causes peuvent augmenter la chaleur produite par les corps célestes; savoir : leur plus grande élévation sur l'horizon, leur proximité ou leur périgée, et leur conjonction avec les étoiles.

20°. Il y a certainement fort loin de la chaleur des animaux, ou même de celle qui est produite par les rayons des corps célestes, tels qu'ils arrivent jusqu'à nous, à celle de la flamme la plus douce, et plus encore à celle des corps ardens, ou enfin, à celle des liqueurs et de l'air même, fortement échauffés par le moyen du feu ordinaire. En effet, la flamme de l'esprit de vin, sur-tout lorsqu'elle est *rare* et nulment resserrée, n'a qu'une chaleur assez foible, chaleur pourtant suffisante pour enflammer la paille, le linge ou le papier; effet dont sont incapables et la chaleur des animaux et celle du soleil, sans le secours des miroirs brûlans.

21°. Or, les flammes et les corps *ardens*, (chauffés jusqu'au rouge, ou jusqu'à l'incandescence) sont susceptibles d'une infinité de degrés de chaleur différens. Mais les observations en ce genre ont été si peu exactes, que nous ne pouvons que toucher ce sujet en passant. De toutes les espèces de flammes connues, la plus foible paroît être celle de l'esprit de vin; à moins qu'on n'imagine que le *feu follet* et ces flammes qu'on a vues quelquefois autour de certains animaux en sueur, ont encore moins de force. Viennent ensuite, à ce que nous pensons, les flammes des végétaux légers et poreux, tels que la paille, le jonc et les feuilles sèches; flammes dont ne diffèrent pas beaucoup celles des poils ou des plumes. Nous devons peut-être placer immédiatement après, les flammes des différentes espèces de bois, sur-tout de ceux qui ne contiennent pas beaucoup de résine ou de poix ; en observant toutefois que la flamme des bois fort menus, tels que ceux dont on fait des fagots, est plus légère que celle des troncs et des racines ; comme on peut s'en assurer par la vue de celui qu'on emploie dans les forges de fer, où le feu de fagots et de branches d'arbres ne seroit pas d'une grande ressource. Nous pensons qu'il faut placer ensuite la flamme de l'huile, du suif, de la cire, et celles de toutes les substances onctueuses et grasses de ce genre ; flammes qui n'ont pas beaucoup d'action et de force. Mais une chaleur vraiment forte, c'est celle de la poix et de la résine ;

et une chaleur plus forte encore, c'est celle du soufre, du camphre, de la naphte, de l'huile de pétrole, ou des sels (après que la substance *crue* qu'ils contiennent, s'en est dégagée par la *décrépitation*) ; ainsi que celle de la flamme des substances composées des précédentes, telles que la poudre à canon, le feu grégeois (connu sous le nom de feu sauvage), toutes substances dont la chaleur est si tenace, qu'il est difficile de les éteindre avec l'eau seule.

22°. Nous pensons aussi que la flamme qui s'élance de certains métaux imparfaits, est très forte et très active. Mais toutes ces différences auroient besoin d'être vérifiées par des observations plus exactes.

23°. Les flammes des foudres les plus redoutables par leurs puissans effets, paroissent avoir infiniment plus d'activité que toutes celles dont nous venons de parler ; et cette activité est telle, qu'elles fondent le fer même et le réduisent en gouttes ; effet dont toutes les précédentes seroient incapables.

24°. Les corps chauffés jusqu'au rouge, sont susceptibles de différens degrés qu'on n'a pas non plus observés avec assez de soin. Une chaleur que nous regardons comme une des plus foibles, c'est celle de ce linge brûlé qu'on emploie communément pour allumer du feu. Il en faut dire autant de ce bois spongieux ou de ces cordes desséchées dont on fait des mêches pour mettre le feu aux pièces d'artillerie. Vient ensuite le charbon de bois ou de terre, et même la brique chauffée jusqu'à rougir, et autres corps semblables. De toutes les chaleurs de ce genre, la plus forte nous paroît être celle des métaux ardens, tels que le fer, le cuivre, et autres. Mais c'est encore un sujet qui demande des observations plus exactes.

25°. Parmi les corps chauffés jusqu'à rougir, il en est qui sont beaucoup plus chauds que certaines flammes; par exemple, un fer rouge est beaucoup plus chaud et plus brûlant que la flamme de l'esprit de vin.

26°. Parmi les corps, dont la chaleur

n'est pas poussée jusqu'au rouge, ou jusqu'à l'incandescence, et néanmoins fortement chauffés par le moyen du feu ordinaire; il en est, comme les eaux bouillantes et l'air même renfermé dans les fourneaux de réverbère, dont la chaleur surpasse de beaucoup celle des flammes mêmes et des corps rougis au feu.

27°. Le mouvement augmente l'effet de la chaleur, comme on le voit par l'effet connu du souffle, ou du vent d'un soufflet; moyen si nécessaire, que, lorsqu'il s'agit de fondre et de liquéfier les métaux les plus durs, un feu mort et tranquille est insuffisant; il faut absolument l'animer par le moyen du soufflet.

28°. Voici une expérience qu'il seroit bon de répéter, et dont, autant que je puis m'en souvenir, le résultat fut tel que je le présente ici. Supposons qu'on ait placé un miroir brûlant à la distance d'un empan, d'un corps combustible, il n'allumera ou ne brûlera pas aussi aisément cette matiere que si, l'ayant d'abord placé, par exemple, à la distance d'un demi-empan, on le transporte par degrés et fort lentement jusqu'à la distance d'un empan; cependant le cône de rayons est le même, et leur concentration a également lieu, dans les deux cas; mais, dans le dernier cas, c'est le mouvement même qui augmente la chaleur (1).

(1) Il y a ici plusieurs circonstances qui mettent de l'équivoque dans le résultat, et auxquelles il n'a point égard. Au fond, il se peut que ce mouvement dont il parle, contribue un peu à augmenter la chaleur; mais, dans le second cas, le corps combustible demeure exposé à l'action des rayons solaires durant tout le temps qu'on emploie à le transporter de la distance d'un demi-empan à celle d'un empan; et cette dernière cause peut autant et plus que le mouvement, contribuer à l'augmentation de chaleur qu'il éprouve; d'ailleurs, il se peut qu'à l'aide de ce mouvement, on parvienne à placer plus exactement au foyer le corps combustible; et c'est ordinairement dans cette vue qu'on le fait ainsi mouvoir. Mais ce foyer, Bacon n'en parle pas; et c'est pourtant ici la principale chose à considérer. Au reste, le résultat est toujours tel qu'il le dit, et il est peu de personnes qui n'aient fait cette expérience : mais, à ce mot de miroir, il faut substituer celui de *loupe*, ou de *verre lenticulaire*.

29°. On croit communément que certains incendies qui ont lieu lorsqu'il règne un vent très fort, font plus de progrès contre ce vent, que dans sa direction ; phénomène qu'on peut ainsi expliquer : le vent n'étant pas toujours égal, chaque fois qu'il vient à baisser, la flamme réagissant ou revenant en sens contraire, elle s'élance en arrière avec une vîtesse et une force supérieure à celle que le vent lui avoit donnée en la poussant devant lui.

30°. La flamme ne brille ou ne s'engendre point, si elle ne trouve à sa portée une concavité où elle puisse exécuter ses mouvemens, et jouer, pour ainsi dire, librement. Il faut en excepter les flammes flatueuses, comme celle de la poudre à canon, et autres semblables ; car alors la compression même qu'éprouve cette flamme ainsi emprisonnée, ne fait qu'augmenter sa force, et elle écarte ces obstacles avec une sorte de fureur.

31°. Une enclume s'échauffe tellement

sous le marteau, que si cette enclume n'étoit qu'une lame de métal fort mince, je ne doute point que les coups violens et réitérés du marteau, ne l'échauffassent au point de la faire rougir comme elle rougiroit au feu; et c'est encore une expérience à tenter (1).

32°. Quant aux corps chauffés jusqu'à rougir, et tellement poreux, que le feu y trouve un espace suffisant pour exécuter ses mouvemens; si l'on empêche ce mouvement par une forte compression, le feu s'éteint aussi-tôt; c'est ce qui arrive au linge brûlé, à la mêche d'une chandelle ou d'une lampe allumée, ou même à un charbon ardent : dès qu'on les comprime, soit à l'aide d'une presse, soit en mettant simplement le pied dessus, ils s'éteignent.

33°. Lorsqu'on approche un corps chaud d'un autre corps chaud, le premier augmente la chaleur du dernier, et en raison de cette proximité. C'est ce qui

---

(1) Elle l'a été fort souvent, et a toujours réussi.

a lieu également par rapport à la lumière; plus l'objet est près du corps lumineux, plus il est éclairé et visible.

34°. Si l'on réunit plusieurs corps chauds, cette réunion augmente la chaleur de tous; à moins que ces corps ne soient tout-à-fait mêlés et confondus ensemble; par exemple, un grand et un petit feu, allumés dans un même lieu, augmentent la chaleur l'un de l'autre (1). Mais une eau tiède, mêlée avec une eau très chaude, la refroidit (2).

---

(1) C'est ce qui nous paroît fort douteux; ces deux feux réunis augmentent certainement la chaleur du lieu; mais comme il est prouvé par l'expérience que tout feu a plus d'activité dans un air froid que dans un air chaud, il semble que ces deux feux doivent, à cet égard, se nuire réciproquement.

(2) Au premier coup d'œil, ce fait semble prouver directement que la chaleur n'est qu'un *certain mouvement*, et non une qualité propre à une certaine espèce de substance; puisque la communication de la chaleur se fait précisément suivant la même loi que celle du mouvement, dans le choc des corps. Qu'on lise avec attention les expériences

35°. Une autre cause qui augmente la chaleur, c'est la durée de l'action du corps qui la communique. En effet, l'on

qu'a faites l'abbé Nollet sur le mélange de différentes eaux, à différentes températures et en différentes proportions, on trouvera que, pour avoir, par le calcul, la chaleur commune de deux eaux, après leur mélange, et telle que la donne l'expérience, il faut, après avoir multiplié la quantité de chaque eau par son degré de chaleur, ajouter ensemble ces deux produits, et diviser leur somme par celle des deux masses réunies : comme dans le choc de deux corps mous, dont l'un est immobile, ou qui se meuvent dans la même direction avec des vitesses inégales, pour avoir la vitesse commune après le choc, il faut diviser la somme des deux quantités de mouvement qu'ils avoient avant le choc, ou celle qu'avoit l'un seulement, par la somme des deux masses. Il faut convenir pourtant que, si la chaleur étoit une qualité inhérente à une certaine espèce de fluide qui tendît, comme tous les autres, à se répandre uniformément, la loi suivant laquelle elle se communiqueroit, seroit encore la même, et le résultat soit du calcul, soit de l'expérience, seroit aussi le même. Ainsi, il faut abandonner la conséquence assez spécieuse qu'on est d'abord porté à tirer du fait en question.

conçoit que cette chaleur qui s'en écoule continuellement, et qui passe dans un autre corps, se joint, se mêle à celle qui s'y trouvoit déja, et la multiplie, en quelque manière. Par exemple, un feu qui ne dure qu'une demi-heure, échauffe moins une chambre que ne l'échaufferoit un feu égal qui dureroit une heure entière. Mais il n'en est pas de même de la lumière. Une lampe ou une chandelle allumée dans un lieu quelconque, ne l'éclaire pas plus au bout d'une heure qu'au bout d'une minute.

36°. L'irritation produite par le *froid ambiant* (environnant), est encore une cause qui augmente la chaleur; comme on l'observe dans le feu des cheminées, durant une gelée très âpre; accroissement d'activité qui n'a pas simplement pour cause la contraction de la chaleur (ce qu'on peut regarder comme une espèce de réunion ou de concentration), mais de plus, comme nous l'avons déja observé, *l'irritation*, *l'exaspération*. C'est à peu près ainsi que l'air fortement comprimé, ou un bâton fléchi avec effort, et abandonnés ensuite à leur ressort naturel, ne reviennent pas précisément au point d'où on les a tirés, mais se portent beaucoup au-delà.

Il faudroit donc observer avec attention ce qui arriveroit à une petite verge de bois, ou à quelqu'autre corps analogue, plongé dans la flamme, et voir s'il brûleroit plus vîte dans la partie latérale de cette flamme, que dans le milieu.

37°. Les divers corps s'échauffent plus ou moins vîte; et à cet égard on observe entr'eux de grandes différences. Il faut remarquer, en premier lieu, qu'un très foible degré de chaleur suffit pour échauffer *proportionnellement* les corps mêmes qui s'échauffent le plus difficilement, et pour y occasionner du moins ce léger changement. Par exemple, la simple chaleur de la main suffit pour échauffer une balle de plomb ou de tout autre métal, qu'on y tient pendant quelques minutes; tant la chaleur s'excite et se transmet aisément dans les corps de toute espèce, sans y occasionner d'ailleurs le moindre changement apparent.

38°. De tous les corps que nous connoissons, celui qui reçoit la chaleur et la perd avec plus de facilité, c'est l'air, comme on le voit par ce qui se passe dans le thermomètre dont voici la construction (1) : prenez un tube de verre de quelques pouces de longueur, et terminé par une boule; puis l'ayant renversé, plongez-le dans un vaisseau aussi de verre, et en partie rempli d'eau, mais de manière que son orifice touche le fond du vaisseau inférieur (2), et que son cou s'appuie légèrement sur le bord de ce vaisseau, afin que ce tube puisse rester dans cette situation; stabilité qu'on lui donnera plus aisément, en mettant un peu de cire à l'orifice du vaisseau infé-

---

(1) C'est toujours celui de Drebbel; les autres ont été inventés depuis.

(2) Pas trop exactement; autrement la liqueur du tube n'auroit plus de mouvement.

rieur, mais pas assez pour le boucher entièrement, et pour empêcher, en interceptant le passage de l'air extérieur, ce mouvement facile et vif dont nous allons parler.

Or, avant de plonger le tube dans le vase inférieur, il faut chauffer la boule qui le termine, et qui, dans l'expérience, doit, comme nous le disions, occuper la partie supérieure. Lorsque ce tube aura été remis à sa place, l'air contenu dans la boule, et qui avoit été dilaté par cette chaleur accidentelle qu'on lui avoit donnée en l'approchant du feu; cet air, dis-je, se contractera peu à peu à mesure qu'il perdra cette chaleur, et après quelque temps, il n'aura plus qu'un volume égal à celui qu'avoit une égale quantité de l'air ambiant ou commun, au moment qu'on a plongé le tube dans le vaisseau inférieur (1). Or, à mesure que

---

(1) A celui qu'a actuellement une égale quantité de l'air extérieur, devoit-il dire; car ces deux airs se faisant équilibre, ils doivent avoir la même densité.

cet air se contractera, il attirera l'eau du vaisseau inférieur, jusqu'à ce que cette eau, en remplissant une partie de la boule, l'ait réduit à un tel volume. Il faut, sur la longueur du tube, fixer un papier long et étroit, sur lequel on aura tracé un certain nombre de divisions à volonté. Cet appareil une fois mis en place, selon que la chaleur du jour croîtra ou décroîtra, vous verrez l'air se dilater ou se contracter; ce qui sera indiqué par le mouvement alternatif de l'eau du tube, que la dilatation de l'air fera baisser, et que sa contraction fera monter. Or, la sensibilité de l'air, par rapport au chaud et au froid, est si fine et si exquise, qu'à cet égard elle surpasse infiniment celle du tact humain; ensorte qu'un rayon solaire, ou la chaleur de l'haleine, ou mieux encore celle de la main appliquée à la partie supérieure du tube, fait sur-le-champ baisser l'eau d'une quantité sensible. Nous croyons cependant que l'esprit animal a un sentiment encore plus exquis, du chaud et du froid; comme il seroit facile de s'en assurer, si la masse du corps qui l'enveloppe, ne le rendoit plus obtus.

39°. Nous pensons qu'après l'air, les corps les plus sensibles à la chaleur, ce sont ceux qui ont été récemment contractés et modifiés par le froid; telles sont la glace et la neige, qui, au plus foible degré de chaleur, commencent à se fondre et à se liquéfier. Vient ensuite peut-être le mercure; puis les substances grasses, telles que l'huile, le beurre et autres semblables; ensuite le bois, l'eau; enfin, les pierres et les métaux, qui ne s'échauffent pas aisément, sur-tout à l'intérieur. Mais la chaleur qu'ils ont une fois contractée, ils la conservent long-temps, et ils la retiennent si obstinément, qu'une pierre ou un morceau de fer chauffés jusqu'au rouge, jetés dans un bassin rempli d'eau froide, et retirés presque aussi-tôt, sont encore, au bout d'un quart d'heure, tellement chauds, qu'on ne peut y porter la main.

40°. Moins un corps a de masse, et plus il s'échauffe promptement à l'approche d'un corps chaud ; ce qui prouve que toute chaleur près de notre globe, est, en quelque manière, *ennemie* des corps tangibles (*h*).

41°. La chaleur, quant à la sensation et au tact humain, est une chose variable et purement relative ; car de l'eau tiède paroît chaude, si la main qu'on y plonge est froide, et paroît froide, si cette main est chaude (1).

---

(1) Les scholastiques proposoient cette question : si, ayant une main très chaude, et l'autre très froide, on les plongeoit toutes deux à la fois dans une eau tiède, sentiroit-on du froid ou du chaud? La réponse est, je pense, qu'on sentiroit d'abord la température opposée à celle de la main dont le degré différeroit le plus de celui de l'eau ; car ce sont les plus grandes différences qui sont le plus sensibles, et la sensation la plus forte efface la plus foible. Si donc le degré de la main froide étoit plus au-dessous de celui de l'eau que le degré de l'autre main n'est au-dessus, on sentiroit de la chaleur ; et au contraire, dans le cas opposé.

XIV.

Que notre histoire naturelle soit encore bien pauvre et bien incomplette, c'est ce dont on aura d'autant moins de peine à s'appercevoir, que, dans les tables précédentes, au lieu d'une histoire et de faits bien constatés, nous insérons quelquefois de pures traditions, de simples ouï-dire (sans oublier pourtant la précaution d'y joindre quelqu'avertissement qui mette le lecteur en état de distinguer les faits douteux, de ceux qui sont appuyés sur de plus graves autorités); nous sommes et souvent obligés d'employer ces expressions : *c'est un fait à vérifier*, une *expérience à tenter*; ou encore, ce *point auroit besoin d'être éclairci par des observations plus exactes*.

Commentaire du second chapitre.

(*a*) L'exposé *de ces faits doit être purement historique*, etc. Pour bien saisir l'esprit de la méthode qui va être exposée, il faut y appliquer une observation qu'a souvent faite l'abbé de la Caille : *les méthodes géométriques et rigoureuses*, disoit-il, *ne sont que des méthodes de parade; dans la pratique, on est presque toujours forcé d'en revenir aux fausses positions et aux méthodes d'approximation.* Par exemple, ajouterois-je, supposons qu'après avoir observé la hauteur d'une étoile sur l'horizon, je veuille m'en servir pour déterminer avec exactitude l'heure de cette observation même; et pour régler ma montre ou ma pendule, il faut d'abord que je connoisse la position du soleil relativement à cette étoile, et rapportée à l'équateur, c'est-à-dire, son *ascension droite*, pour le jour, l'heure, la minute, etc. de l'observation. Or cette heure est précisément ce que je cherche; il y a donc ici un cercle vicieux : voici comment on s'en tire. Comme on sait toujours l'heure à peu près, et qu'une erreur de ce genre, même considérable, fût-elle d'une heure ou deux, n'en occasionne qu'une fort petite dans l'ascension droite, cette ascension droite ainsi calculée n'en occasionne qu'une égale, et par conséquent aussi très légère dans le calcul de l'heure de l'observation. Ayant donc, par le moyen de cette ascension droite, déja trouvé l'heure avec plus d'exactitude qu'on ne l'avoit déterminée par la simple estimation, on se sert de cette heure plus exacte pour calculer de nouveau l'ascension droite, qui, cette seconde fois étant plus exacte, donne aussi l'heure plus exactement que le premier calcul. A l'aide de cette heure, on calcule une troisième fois l'ascension droite, et ainsi de suite.

De même, pour bien choisir les faits qui mènent le plus directement à la *forme*, ou *cause essentielle* que l'on cherche, il faudroit connoître déjà cette cause ; par la même raison que, pour découvrir aisément les routes qui abrègent un voyage, il faut l'avoir fait, parce qu'alors en considérant alternativement le point de départ et le point d'arrivée, on apperçoit aussi-tôt les détours inutiles. En rassemblant un grand nombre de faits relatifs à la nature donnée dont on cherche la forme, et sans les choisir avec beaucoup de soin, on applique à ces faits la méthode qui va être exposée, et l'on obtient ainsi un premier résultat, fort grossier et seulement *provisoire*. Mais ce résultat, tout grossier qu'il est, ne laissant pas de faire entrevoir la forme, cette forme entrevue fournit des indications pour mieux choisir d'autres faits. On applique ensuite la méthode à ces faits mieux choisis, et l'on obtient un second résultat, provisoire aussi, mais plus approchant de la vérité que le premier, et qui sert à obtenir un troisième résultat encore plus exact, comme le premier a servi à obtenir le second ; et ainsi de suite.

Nous avons beau inventer des règles, elles ne nous dispensent jamais entièrement de tâtonner ; parce que les données que nous tirons de l'observation et de l'expérience, n'étant jamais aussi précises que le supposent ces règles, nous ne pouvons y mettre une précision réelle qu'en resserrant peu à peu l'erreur entre deux limites, l'une du côté de *l'excès*, l'autre du côté du *défaut*; limites que l'observation et l'expérience, combinées avec le raisonnement, nous mettent en état de rapprocher de plus en plus. Cette méthode mixte, qu'on peut qualifier de *tâtonnement savant*, nous semble préférable à *l'hypothétique précision* des géomètres et à *l'aveugle empyrisme* du vulgaire.

(*b*) *Durant certaines tempêtes, etc. l'écume de la mer paroît toute lumineuse,* etc. Lorsque ce phénomène a lieu (et c'est ordinairement, à ce que croient les marins, par un vent de sud-est ou de nord-ouest), chaque vague qui se brise, paroît un petit foyer d'un feu pâle, et la mer semble un vaste champ tout semé de semblables feux ; l'écume que produit le vaisseau en fendant l'onde avec son taille-mer, et le long de laquelle il passe ensuite, lui forme une ceinture brillante ; la trace qu'il laisse derrière lui (ce qu'on appelle le *sillage*), est un long ruban de feu. Tous ces poissons (comme bonites, dorades, dauphins, etc.), qui l'accompagnent, tantôt le côtoyant, tantôt passant et repassant devant lui, tracent des sillons de feu qui se croisent dans tous les sens; et paroissent eux-mêmes tout enflammés. Ce phénomène, la première fois qu'on en est témoin, a quelque chose d'effrayant, puis on l'admire, enfin on s'y accoutume tellement qu'on n'est plus même tenté d'en chercher la cause. Or, la cause matérielle de cette lumière paroît être une substance visqueuse qui entre dans la composition de l'eau de mer, et qui, en certains lieux, comme les côtes de Bretagne et celles de l'État vénitien, se déposant sur le rivage, le rend fort glissant. Ce qui semble le prouver, c'est qu'à Terre-Neuve, l'eau du havre où l'on est mouillé, et où l'on jette sans cesse les débris de la morue, étincelle en tout temps, comme je m'en suis assuré par moi-même, en 1771, dans le havre du Quairpont, situé près le cap de Grate, la pointe la plus septentrionale de l'île. Mais je dois ajouter, qu'ayant souvent pris de cette eau dans ma main et durant le jour, je la trouvai remplie d'une infinité de petits vers rougeâtres, d'où peut-être vient cette lumière, comme l'ont pensé quelques physiciens. De ce fait et d'autres encore plus connus, il semble qu'on puisse conclure que le gluten animal, lorsque la fermentation putride y est à un certain degré, a la propriété de *luire*; et la *viscosité* paroît être une qualité commune à toutes ces matières animales qui jettent de la lumière.

(c) *Et quant au froid qu'on y observe aussi, il peut avoir pour cause l'expiration de la terre,* etc. C'est une question, parmi les physiciens, de savoir s'il existe un *froid positif*, c'est-à-dire, une certaine espèce de corps *naturellement froids ou refroidissans;* ou si le froid n'est l'effet que de la simple absence ou diminution de la cause de la chaleur. La plupart des anciens étoient du premier de ces deux sentimens; ils regardoient le globe terrestre comme la première cause du froid, et en conséquence ils donnoient à la terre le nom de *premier froid*. Muschenbrock est aussi pour le *froid positif*, et son opinion sur ce point, il l'appuie de raisons qui ne sont point à mépriser, entr'autres de l'observation suivante. Quelquefois, en Hollande, dit-il, le thermomètre étant à deux degrés au-dessous de zéro, il ne gèle point. D'autres fois, au contraire, le thermomètre étant à deux degrés au-dessus du terme de la congélation, et le vent passant au nord-est, il gèle. Ce fait semble décisif; mais il le seroit davantage, si les limites dans la variation de la température étoient ici moins étroites; autrement on peut soupçonner, pour cause de cette apparente exception dont il parle, quelque défaut de construction ou de position dans son thermomètre. Il allègue aussi en faveur de son sentiment, l'exemple de ce refroidissement artificiel qu'on produit à l'aide d'un mélange de salpêtre et de neige, ou de glace pilée. Mais tant s'en faut que nous soyons en état de terminer cette question, que nous n'en savons pas même assez pour pouvoir affirmer qu'il existe une *chaleur positive*, c'est-à-dire, des corps *naturellement chauds* ou *échauffans*; ou si ce n'est qu'un certain état, un certain mode particulier et accidentel des corps ; par exemple, un *mouvement*. Bacon lui-même est de ce dernier sentiment; et ce sera le résultat, du moins provisoire, de la recherche actuelle.

(d) *D'où naît une sorte de combat et d'antipéristase*, etc. Le lecteur nous demandera peut-être ce que c'est que cette *antipéristase* dont les anciens parlent si souvent, et qu'on retrouve aussi dans quelques écrits modernes? Nous répondrons, en premier lieu, que si, pour découvrir la signification de ce mot, on a recours à son étymologie, on trouvera qu'il désigne la réaction d'un corps ambiant et de nature contraire. Nous observerons, en second lieu, que les anciens attachoient à ce mot une signification beaucoup plus étendue, et qu'ils l'employoient pour désigner l'état respectif de ces puissances opposées qui, en se fournissant réciproquement un point d'appui, un *sujet d'action*, rendent ainsi toutes les actions possibles, et dont le perpétuel combat entretient la vie de l'univers; qu'en conséquence le principe obscurément indiqué par ce mot d'*antipéristase*, n'est au fond que l'*inverse*, ou, si l'on veut, la *converse* de ce grand principe de Newton, la *réaction est égale à l'action* ; principe que les anciens avoient apperçu, et dont ils lui ont probablement donné la première idée, mais dont peu de modernes même ont bien senti la justesse, embrassé toute l'étendue et pénétré toute la profondeur; sur-tout celle de cette converse si féconde, qui est une des plus grandes clefs de la physique, de la morale et de la politique. Car non-seulement *la réaction est égale à l'action, mais point d'action sans réaction;* et, toutes choses égales, *l'action est elle-même proportionnelle à cette réaction ;* ce qui ne signifie pas seulement qu'aucune action n'a jamais lieu, sans que la réaction ait lieu aussi; mais de plus que, *s'il n'y avoit pas de réaction en même temps qu'il y a une action, cette action ne pourroit avoir lieu;* attendu que toute puissance, tout corps capable d'agir sur un autre, a besoin, pour pouvoir exercer son action, de trouver un point d'appui, soit dans une *force opposée*, soit dans la simple *inertie* des corps à mouvoir, laquelle résiste, en raison de leur *masse*, à l'action tendante à les mettre en mouvement.

Pour le *démontrer*, ou plutôt, pour *le montrer*

à l'imagination (car c'est à la jeunesse que nous parlons, les savans n'ayant pas besoin de notre explication), supposons que je donne, avec la main, un coup violent à cette table sur laquelle j'écris ; non-seulement cette table que je frappe me frappant aussi, le coup que j'en reçois est égal à celui que je recevrois si une personne frappoit ma main avec un corps semblable à cette table, et avec une force égale à celle avec laquelle je la frappe : mais si la table ne résistoit à ma main et ne lui rendoit le coup par cette résistance même, la première ne le recevroit pas. En effet, supposons encore qu'au moment où ma main est près de la toucher, elle fuie devant cette main avec une vitesse moindre que celle de la main, il est clair que le coup sera diminué en raison de la vitesse avec laquelle cette table la fuira. Si cette vitesse augmente, le coup reçu de part et d'autre diminuera proportionnellement, jusqu'au point où la vitesse de la table devenant parfaitement égale à celle de la main, il n'y aura plus de coup.

De même, lorsqu'un cheval tire une charrette, la charrette tire aussi le cheval ; puisque, si cet animal n'est pas assez fort pour la mettre en mouvement, on le voit revenir vers la charrette, comme il arriveroit si un autre cheval, après le coup de collier donné par le premier, et au moment où celui-ci mollit, le tiroit en arrière avec une force égale ou supérieure à celle qu'il a déployée avant de mollir, et qui tint lieu de la résistance victorieuse que la charrette oppose par sa seule masse, par sa seule inertie.

Or, non-seulement la charrette tire le cheval en arrière ; mais, si elle ne le tiroit pas en arrière, il ne pourroit la tirer en avant ; car, supposons qu'au moment où le cheval donne le coup de collier, le poids de la charrette, ou plutôt que sa masse soit tout-à-coup et totalement anéantie, que tirera-t-il alors ? rien ; et faute de cette réaction que nous venons de supprimer, il n'y aura plus d'action.

Ainsi, dans ce second exemple, comme dans le premier, l'action dépend de la réaction, et lui est, toutes choses égales, proportionnelle. Quand la force réagissante est supérieure à la force agissante, celle-ci n'obtient pas *son effet propre et direct ;* mais son action n'en est pas moins réelle, et son effet alors tout aussi réel est de diminuer, non l'effet en général, mais seulement l'effet propre et direct de la force opposée. Ces considérations sont importantes, et leur avantage est de faire disparoître toutes les exceptions ; parce qu'elles nous mettent en état de bien limiter les principes et les règles.

Mais ce qui a lieu dans les *chocs*, dans les *pressions* et dans les *tractions*, doit aussi nécessairement avoir lieu dans les *attractions* et les *répulsions*. Si, lorsqu'une planète tend à en attirer une autre, cette autre ne lui résistoit, en l'attirant elle-même et la tirant, pour ainsi dire, à elle, la première ne pourroit attirer la seconde, son action porteroit, pour ainsi dire, *à faux* ; car si rien ne résistoit à cette force attractive, sur quoi s'exerceroit-elle? Il en est de même des répulsions.

Ainsi, nul corps ne peut agir sur un autre corps, si cet autre corps ne réagit contre lui ; nulle force ne peut exercer actuellement son action, si une autre force ne lui résiste aussi actuellement ; et, toutes choses égales, son action est proportionnelle à cette résistance.

Ce principe une fois posé, suffisamment éclairci et solidement établi, ne craignons plus de l'appliquer et d'abord à la question qui nous a obligés d'y remonter. L'on conçoit sans peine comment l'eau versée sur la chaux contractant tout-à-coup, par sa froideur, la matière expansive et élastique qui réside dans cette substance pierreuse, et qui s'y est accumulée durant la calcination, bande, pour ainsi dire, les ressorts de celle-ci, en leur fournissant un point d'appui ; et par cette résistance momentanée qu'elle leur oppose, fait qu'ensuite cette matière se débande avec plus de force : puis le froid de l'eau la contracte de nouveau ; elle réagit encore, est contractée une troisième fois, et ainsi de suite; de manière que, de ces actions et de ces réactions multipliées, naît, soit entre les parties propres de chacun des deux corps qui se combattent, soit entre les parties de l'un et celles de l'autre, un frottement rapide et violent, d'où résulte la chaleur qu'un tel frottement, quelle qu'en soit la cause, occasionne toujours.

C'est par un méchanisme fort analogue que, durant les grandes gelées, l'air devenu plus dense, plus pesant et plus élastique, rend le feu plus âpre et nos corps plus vigoureux. On peut supposer aussi que la violente irritation dont parle l'auteur, a pour cause la force répulsive que l'eau et la matière ignée exercent l'une sur l'autre, et en réagissant l'une contre l'autre.

Telle est à peu près l'idée qu'on peut se faire de cette *antipéristase* dont il sera souvent parlé dans les écrits que nous devons interpréter.

(*e*) *Le bois n'est pas aussi froid que le métal*, etc. toujours relativement au tact humain. Nous avons, dans une des notes précédentes, rendu raison de cette différence; mais, si l'on vouloit pousser plus loin cette explication, on pourroit y ajouter ce qui suit. Le froid que l'on ressent en touchant un corps inanimé et fort dense, tel que l'*or*, quoiqu'il soit à la même température que l'air et les autres corps environnans; ce froid, dis-je, n'est autre chose que le sentiment que nous avons de la perte que fait de sa chaleur, la partie de notre corps, par exemple, la main qui touche ce corps inanimé, chaleur qu'elle lui communique, en la perdant. Or, la quantité de chaleur ainsi perdue et communiquée, et la sensation qui résulte de cette perte, sont, toutes choses égales, proportionnelles au nombre de parties que le corps touché présente au contact de la main. Mais un corps très dense contenant, sous un volume déterminé, une plus grande quantité de matière propre qu'un corps très rare, présente ainsi au corps qui le touche, un plus grand nombre de parties; il doit donc dérober à la main plus de chaleur, et paroître plus froid; raisonnement qui est assez bien d'accord avec l'expérience.

(*f*) *Car ni ces substances mêmes qui, étant putréfiées, se résolvent en animalcules,* etc. Notre auteur paroît ici penser et affirme ailleurs très positivement, que *la simple putréfaction suffit pour engendrer des animaux*; opinion fort accréditée chez les anciens, qui avoient eu apparemment leurs raisons pour l'adopter. Les physiciens modernes nient la possibilité d'une génération de cette espèce, comme s'ils connoissoient tout ce qui est possible en ce genre, et n'ignoroient aucune des ressources de la nature; c'est chez eux une affaire d'habitude; rien n'est si commun que les générations par voie de fécondation; leur mémoire est toute pleine de faits de cette espèce; leur imagination en est frappée. Et d'ailleurs, amoureux de cette uniformité si commode pour tout homme qui veut simplifier, ils prêtent à la nature des vues, des moyens et un plan proportionnés à leur foiblesse. Ils nient donc la possibilité des générations par voie de putréfaction, parce qu'ils n'en ont jamais vu de telles : eh! comment les auroient-ils vues? Si elles étoient réelles, elles ne seroient pas visibles, attendu que nos sens n'auroient point de prise sur une opération si délicate.

Que si, des raisonnemens généraux, nous passons aux faits, je dis que les expériences qu'ils allèguent en preuve de leur opinion, ne me paroissent rien moins que concluantes; car ces petits appareils qu'ils ont imaginés pour fermer le passage aux animalcules (qui, selon eux, viennent déposer leurs œufs ou s'accoupler, et pour tout dire en un seul mot, engendrer dans les liqueurs et autres matières putréfiées); ces appareils, dis-je, en fermant le passage à ces animalcules, le ferment aussi à l'air, en totalité ou en partie. Or, il se peut que le contact, non-seulement de l'air, mais de l'air libre et dans toute sa liberté, soit, à leur insu, une condition absolument nécessaire à ce genre de fermentation putride dont s'ensuivent des générations d'animaux; ce qui laisse une équivoque dans tous les résultats de ces expériences.

Ils ont aussi oublié de se faire une certaine question, et par conséquent d'y répondre ; c'est celle-ci : les deux premiers individus de chaçune des espèces qui aujourd'hui engendrent par voie d'accouplement, ont-ils eux-mêmes été engendrés ainsi ? Nous ne risquons rien de répondre que non, attendu qu'avant la formation du premier mâle et de la première femelle, il n'y avoit encore ni mâle ni femelle ; et à toute question semblable relativement au premier individu de chaque espèce hermaphrodite, on peut faire la même réponse. Mais si ces deux premiers individus n'ont point été engendrés par voie d'accouplement, ou ce premier individu hermaphrodite par la voie d'une fécondation quelconque, il existoit donc dans la nature, avant la formation du premier ou des deux premiers individus de chaque espèce, quelque autre moyen de génération que ceux qui nous sont connus. Or, les forces de la nature étant éternelles comme ce fonds sur lequel elles travaillent, si ce moyen a existé dans l'univers, il doit y exister encore. Reste à dire qu'il peut y être encore, mais n'y être plus à un degré suffisant pour opérer des générations spontanées et immédiates ; et c'est ce qui seroit en effet, si ce moyen primitif, cette cause première (et *physique*) de toute génération n'étoit autre que la chaleur même du soleil. Notre globe s'est prodigieusement refroidi depuis quelques milliers, ou, si l'on veut, depuis quelques millions d'années; car les chiffres ne coûtent rien. Et il se peut que cette chaleur qui, toute affoiblie qu'elle est aujourd'hui, est encore suffisante pour perpétuer les espèces déja formées et en reproduire les individus, à l'aide des moules qu'elle trouve tout faits, et qu'elle forma dans les premiers temps de son action, dans le temps de sa plus grande énergie; que cette chaleur, dis-je, ne soit plus suffisante pour opérer des générations spontanées, produire de nouvelles espèces, ou reproduire les anciennes, par cette première voie qui les produisit. Mais alors ces générations spontanées ne seroient impossibles que d'une impossibilité *actuelle* ou *relative*, et non d'une impossibilité absolue, comme le prétendent ces physiciens *germinalistes* auxquels nous parlons.

Enfin la nature ne nous a laissé qu'un seul moyen pour acquérir des connoissances sur les sujets qui échappent entièrement à l'observation; c'est de lire l'invisible dans le visible; et ce qu'elle dérobe à nos yeux, nous pouvons, jusqu'à un certain point, le voir dans ce qu'elle nous montre : or, que nous montre-t-elle? une circulation universelle et perpétuelle d'élémens et de composés, de matériaux et de force, de vie et de mort. La plante vit des débris de l'animal; l'animal, des débris de la plante, et servira un jour lui-même de pâture à d'autres végétaux, qui seront à leur tour dévorés par d'autres animaux. Ces eaux que l'océan a perdues par *l'évaporation*, ou les *absorptions*, ou les *suctions* souterraines, lui sont rendues par les fleuves qui réparent leurs pertes, à l'aide de ces mêmes sources qui leur fournirent les premières eaux, et rendront encore à l'océan ces mêmes eaux qu'ils en empruntèrent par l'intermède du ciel ou de ces sources, et qui repasseront de nouveau dans leur lit, pour s'en écouler et y repasser encore, et ainsi de suite à l'infini. *Tout fait le cercle*. Si donc la nature, ayant brisé le moule d'un animal, reprenoit ses matériaux pour en former réellement des millions d'animalcules, comme elle semble le faire (si nous en croyons plus nos yeux que nos systèmes), elle ne feroit là que ce qu'elle fait par-tout ailleurs; elle ne feroit que se montrer fidelle à la plus générale de ses propres loix, et que se mettre parfaitement d'accord avec elle-même.

Voilà des raisons capables de balancer quelque peu les observations minutieuses et en petit nombre du grand Bonnet, en faveur des *germes préexistans*, ou les raisonnemens physico-théologiques qu'il a pu y joindre.

Que conclurons-nous donc de ces réflexions? Que les matières putréfiées peuvent engendrer des animaux? Non; mais nous conclurons seulement que de véritables observations sur ce sujet manquant absolument, ou ne prouvant pas plus pour une opinion que pour l'autre, on n'en peut rien conclure, sinon qu'il faut, sur ce grand procès, comme sur tant d'autres, renvoyer les deux parties à un plus ample informé, en publiant le programme suivant, qui peut les engager à s'accommoder :

Vous qui du monde entier embrassez le système,
L'institut vous propose un important problème,
Problème fort ancien et pourtant toujours neuf;
Lequel vint le premier, de la poule, ou de l'œuf?

(*g*) *Enfin l'on peut penser que les parties du ciel où se trouvent le plus grand nombre d'étoiles, sur-tout les plus grandes, etc.* Il n'y a pas d'apparence que chaque étoile, prise seule, fût-ce même Sirius, ait beaucoup d'action sur notre planète dont elle est si éloignée. Mais il n'est pas croyable non plus que ce nombre infini de soleils que nous voyons semés dans l'espace, et considérés tous ensemble, n'aient aucune action sur notre soleil, et en général, sur notre tourbillon. Chaque étoile, il est vrai, est comme un point par rapport à nous, vu son prodigieux éloignement. Mais, si vous les supposez toutes réunies, elles formeront un fort gros point : or, comme elles agissent toutes ensemble, elles influent sur chaque tourbillon, comme si elles étoient toutes réunies.

De plus, si leur action est de toute autre nature que celle de la lumière et de la chaleur, elle peut être très réelle et assez grande, sans être apperçue. La figure constante des constellations, laquelle semble prouver que toutes les étoiles demeurent constamment à peu près à la même distance et dans la même situation les unes à l'égard des autres, doit avoir sa cause, et cette cause est probablement un certain équilibre dont la cause nous est inconnue. Or, si tous ces tourbillons sont en équilibre les uns à l'égard des autres, ils agissent donc les uns sur les autres; et s'ils agissent les uns sur les autres, il y auroit, dans l'astrologie (non pas *judiciaire,* mais philosophique, et telle que Bacon l'entend), parmi une infinité de chimères, quelque peu de réalité. Car, si les étoiles agissent sur notre soleil qui agit sur nous, les étoiles agissent aussi sur nous. Ainsi, les grands hommes qui ont soupçonné cette influence, n'ont eu que deux torts : l'un, d'avoir vu plus loin que nous; l'autre, d'avoir dit ce qu'ils voyoient. Tout homme qui apperçoit ce qui échappe aux autres hommes, est condamné à le voir seul, ou à passer pour visionnaire.

(*h*) *Ce qui prouve que toute chaleur, près de notre globe, est, en quelque sorte, contraire aux corps tangibles.* Singulière conclusion ! Il sembleroit plutôt qu'il auroit dû tirer de ces faits, la conséquence opposée ; savoir : que la chaleur *est amie des corps tangibles.* Car, d'un côté, les corps denses, *dérobant plus de chaleur* aux autres corps, et *retenant plus obstinément* celle qu'ils leur ont dérobée, semblent, par cela seul, être *plus amis de la chaleur;* et d'un autre côté, les corps *denses* contenant, sous un volume donné, *plus de parties propres*, et par conséquent *présentant plus de parties au contact* des autres corps, sont, par cela même, *plus tangibles.* Ainsi les corps *les plus amis de la chaleur* sont aussi *les plus tangibles,* ou réciproquement. Mais il veut dire qu'il y a une certaine opposition entre ces deux qualités, *chaleur* et *tangibilité;* ce qui est vrai, et peut se prouver ainsi. L'effet propre de la chaleur est de dilater les corps et de les raréfier, en écartant leurs parties. Or, plus leurs parties sont écartées, moins ils contiennent de parties propres sous un volume déterminé, moins ils en présentent au contact des autres corps, et par conséquent moins ils sont *tangibles;* quand cette raréfaction est extrême, ils se convertissent en substances *aériformes* et *impalpables,* ou *intangibles,* etc. Donc, etc.

CHAPITRE III.

Nécessité, procédé et exemple de l'exclusion, ou réjection des faits non concluans ou non décisifs.

Pour marquer plus précisément la destination et le but des trois tables précédentes, nous les désignons ordinairement par ce titre : *comparution d'exemples ou de faits devant l'entendement.* Mais, après avoir ainsi fait comparoître ces exemples, il faut y appliquer l'induction même et proprement dite ; c'est-à-dire qu'il faut, d'après la considération attentive de la totalité et de chacun de ces exemples, trouver une nature qui soit toujours avec la nature donnée, ou dans le même sujet, ou en différens sujets, présente, absente, croissante et décroissante ; et qui, de plus, soit, comme nous le disions plus haut, *la limitation d'une nature plus commune* (une espèce d'un genre plus connu).

Or, ce que nous prescrivons ici, pour peu que l'esprit veuille le faire de primesaut, et affirmativement, comme il le fait toujours, lorsqu'il est abandonné à lui-même, aussi-tôt vont accourir les fantômes ou préjugés, les conjectures hazardées, les notions mal déterminées, d'où naîtront des axiômes qu'il faudra rectifier, à chaque instant ; à moins que, prenant goût à la dispute, nous ne prenions le parti d'argumenter pour l'erreur, à la façon des scholastiques. Parmi ces résultats si incertains, il y en aura sans doute de plus ou moins exacts, et à raison du plus ou moins de vigueur, de facultés, de l'entendement qui travaillera sur de tels matériaux. Mais à Dieu seul (le véritable auteur et introducteur des formes), ou tout au plus aux anges et aux célestes intelligences, est réservée la faculté de connoître les formes immédiatement, par la voie affirmative, et dès le commencement de la contemplation ; méthode trop peu proportionnée à la foiblesse de l'esprit humain, à qui il est donné seulement de procéder d'abord par les négatives, et après des *exclusions* de toute espèce, d'arriver enfin, mais bien tard, aux affirmatives.

XV.

Ainsi, il faut analyser et décomposer les phénomènes et les opérations de la nature, non pas à l'aide du *feu* matériel, mais à l'aide de l'esprit, qui est comme un feu divin. Nous disons donc que le premier procédé de l'induction et la première opération tendante à la découverte des formes, est de *rejeter* et d'*exclure* successivement chacune des natures qui ne se trouvent point dans tel exemple où la nature donnée est présente, ou qui se trouvent dans quelque exemple où cette nature est absente; ou encore qui croissent dans les sujets où cette nature donnée est décroissante; ou, enfin, décroissent dans ceux où cette même nature est croissante. Alors seulement, en seconde instance, après les exclusions ou réjections convenables, toutes les opinions volatiles s'en allant en fumée, restera au fond du creuset, la forme affirmative, véritable, solide et bien limitée. Or, s'il ne s'agit que d'indiquer le but et à peu près la marche à suivre pour en approcher, cela est bientôt dit; mais ce but, on n'y arrive réellement qu'après bien des détours et des circuits. De notre côté, ne le perdant jamais de vue, peut-être serons-nous assez heureux pour ne rien oublier de ce qui peut y conduire.

XVI.

Mais qu'on se garde (et nous ne saurions trop le redire), en nous voyant faire jouer aux formes réelles un si grand rôle, d'appliquer tout ce que nous en disons à ces autres formes auxquelles les esprits ne sont que trop accoutumés.

Car, 1°. quant aux formes *conjuguées* qui sont (comme nous l'avons dit) des combinaisons de natures simples alliées ensemble, suivant le cours ordinaire de la nature, comme celle du lion, de l'aigle, de la rose, de l'or, et autres semblables; ce n'est point des formes de ce genre qu'il est question pour le moment; il sera temps d'en parler quand nous en serons aux *procédés secrets* et aux *textures cachées*, lorsqu'il s'agira de les découvrir dans ces composés, qu'on qualifie ordinairement de *substances*, c'est-à-dire dans les natures concrètes.

Et ce que nous disons des natures simples, qu'on n'aille pas non plus l'appliquer à des formes ou à des notions purement abstraites; c'est-à-dire, non déterminées ou mal déterminées dans la matière (1). Pour nous, quand nous parlons des *formes*, nous n'entendons autre chose que ces *loix* et ces *déterminations de l'acte par qui caractérisent et cons-*

---

(1) C'est-à-dire, à des idées qui n'ont point d'objet physique et réel, ou qui représentent un tout autre objet que celui qu'elles doivent représenter, ou enfin qui représentent peu exactement leur véritable objet.

tituent telle ou telle *nature simple* (1), comme la *chaleur*, la *lumière* ou la *pesanteur*, dans toute espèce de matière ou de sujet qui en est susceptible. En effet, dire *la forme de la chaleur* ou *la forme de la lumière*, et dire *la loi de la chaleur* ou *la loi de la lumière*, ce n'est pour nous qu'une seule et même chose ; car nous avons grand soin de ne pas nous éloigner des objets réels ni de la partie active : ainsi, quand nous disons, par exemple, dans la recherche sur la forme de la chaleur : *rejetez la ténuité*, ou *la ténuité ne fait point partie de la forme de la chaleur*, c'est

_____

(1) Nous entendons, *le vrai genre prochain et la vraie différence spécifique* de la qualité à définir, découverts non par des conjectures et des conséquences tirées de principes faux ou hazardés, mais par des observations ou des expériences, choisies, analysées, comparées et résumées avec la plus grande exactitude ; ensorte que nos *formes* ne sont que des énoncés collectifs, des sommaires de faits bien constatés, *des faits généraux et certains*.

comme si nous disions : l'*homme peut introduire la chaleur dans un corps dense ;* ou au contraire : l'*homme peut ôter la chaleur à un corps ténue* (1). Que si ces formes, dont nous parlons ici, sembloient à quelqu'un avoir aussi je ne sais quoi d'*abstrait*, en ce qu'elles réunissent et allient ensemble certaines choses, regardées communément comme *hétérogènes* (car on regarde, en effet, comme très hétérogènes la chaleur des corps célestes et celle du feu artificiel;

___

(1) Car, comme nous l'avons dit dans le commentaire sur la méthode, la forme devant être la *cause ou raison nécessaire et suffisante* de la nature qu'elle constitue, il est clair que si l'on peut *échauffer un corps dense*, la *ténuité* n'est pas une *cause nécessaire de la chaleur*, puisque la *chaleur* peut *se trouver où la ténuité n'est pas*; et que si l'on peut *ôter la chaleur à un corps ténue*, la *ténuité* n'est pas *une cause suffisante de la chaleur*, puisque *la chaleur peut n'être pas où se trouve la ténuité*; et il est également certain qu'un seul exemple contradictoire de l'une de ces deux espèces, suffit pour ruiner l'une ou l'autre de ces deux propositions.

le rouge fixe dans la rose ou autres corps semblables, et celui qui paroît dans l'iris, ou dans les rayons que jette l'opale ou le diamant. Enfin, mourir en se noyant, ou par le feu, ou d'un coup d'épée, ou d'une attaque d'apoplexie, ou enfin de simple vieillesse, tous ces genres de morts paroissent fort différens : que celui, dis-je, qui parle ainsi, sache se dire à lui-même qu'il a un entendement préoccupé et asservi par les préjugés, par l'habitude d'envisager les corps dans leur composition et par les opinions reçues; que, dans chaque chose, il ne sait voir que *le tout*, et non *les parties*. Car il n'est pas douteux que ces choses qui lui paroissent si hétérogènes et si étrangères les unes aux autres, ne laissent pas de se réunir et de coïncider dans la *forme ou loi qui constitue ou la chaleur, ou le rouge, ou la mort*. Qu'il se persuade que la puissance humaine ne peut être affranchie et dégagée des entraves que lui donne le cours ordinaire de la nature ; ou s'étendre et s'élever à des agens nouveaux et à de nouvelles manières d'opérer, que par la révélation et l'invention des formes de ce genre. Cependant, après avoir ainsi envisagé la nature dans son *unité*, ce qui est le but principal, nous parlerons, dans le lieu convenable, des *divisions* et *des ramifications* de cette même nature, tant des plus communes et des plus apparentes, que des plus intimes et des plus réelles.

XVII.

Il est temps désormais d'offrir un exemple de la *réjection* ou *exclusion* des natures, que, d'après l'inspection de *ces tables de comparution*, on aura trouvées n'avoir rien de commun avec la forme de la chaleur. Mais auparavant, il est bon d'avertir que non-seulement chacune de ces tables suffit pour rejeter telle ou telle de ces natures, mais que c'est même assez d'un seul de ces exemples qu'elles contiennent. En effet, c'est une conséquence évidente de tout ce que nous avons dit, qu'un seul fait contradictoire suffit pour ruiner toute conjecture sur la forme. Néanmoins, pour plus de clarté, et afin que l'utilité de ces tables soit mieux sentie, nous doublerons, ou réitérerons souvent l'*exclusive*.

Exemple de la réjection ou exclusion des natures qui n'ont rien de commun avec la forme de la chaleur.

1. Par les rayons du soleil, est exclue la nature *élémentaire* (1).

2. Par le feu ordinaire, et sur-tout par les feux souterreins, qui sont très éloignés de la surface de notre globe, et dont la communication avec les rayons célestes est presque totalement interceptée, est exclue la *nature céleste*.

---

(1) C'est-à-dire, que la chaleur n'est point une qualité inhérente à telle espèce déterminée de particules matérielles, telles que la terre, l'eau, etc. espèces de particules communément désignées par le nom d'*élémens*, et cette dénomination, notre auteur la regarde comme vicieuse.

3. Par la propriété qu'ont les corps de toute espèce (savoir : minéraux, végétaux, parties extérieures des animaux, huile, eau, air, etc.) de s'échauffer à la seule approche du feu ou de tout autre corps chaud, est exclue toute diversité, toute complication, toute délicatesse particulière dans la texture des corps.

4. Par le fer rouge et les autres métaux, chauffés au même degré qui échauffent les autres corps et ne souffrent cependant aucun déchet, quant à leur poids et à leur quantité de matière (1);...... l'introduction ou le mélange de la substance d'un autre corps chaud.

5. Par l'eau chaude, par l'air, ou même par les métaux et autres corps solides fortement chauffés, mais non jusqu'à rougir;.... la lumière et la substance lumineuse.

6. Par les rayons de la lune et des

---

(1) Pour éviter ce fastidieux refrein : est *exclus*, sont *exclus*, etc. nous représenterons désormais ces mots par quelques points.

autres astres, excepté le soleil; .... encore la lumière et la substance lumineuse.

7. Par la comparaison du fer ardent avec la flamme de l'esprit de vin (comparaison d'où il résulte que le fer ardent a plus de chaleur et moins de lumière, et qu'au contraire la flamme de l'esprit de vin a plus de lumière et moins de chaleur); ..... encore la lumière et la substance lumineuse.

8. Par l'or et les autres métaux chauffés jusqu'à rougir, qui sont des corps d'une grande densité, quant à leur tout; ..... la ténuité.

9. Par l'air, qui le plus souvent est froid, et qui n'en est pas moins ténue; .... encore la ténuité.

10. Par le fer ardent, qui ne se dilate point, mais qui conserve sensiblement son volume; ..... le mouvement local ou expansif, selon le tout.

11. Par la dilatation de l'air, dans le thermomètre (et autres phénomènes analogues); air qui a visiblement un mou-

vement local et expansif, et qui cependant ne contracte par ce mouvement aucune chaleur sensible ;..... le mouvement local et expansif, selon le tout.

12. Par la facilité avec laquelle tous les corps deviennent chauds, sans aucune destruction ou altération notables;..... la nature destructive, ou l'introduction violente de quelque nouvelle nature.

13. Par l'analogie et la conformité des effets que produisent le chaud et le froid ;..... le mouvement, tant expansif que contractif, selon le tout.

14. Par la propriété qu'a le frottement d'exciter la chaleur ;..... toute nature principale : or, par ce mot de *principal*, nous entendons une nature positive, réellement existante dans l'univers, et qui n'ait point été produite par une autre nature qui l'ait précédée.

Il y auroit bien d'autres natures à rejeter; car ce ne sont rien moins que des tables complettes que nous prétendons donner ici, mais seulement des exemples de ces tables.

Cela posé, ni la totalité, ni chacune des natures précédentes, ne sont des modes essentiels à la forme de la chaleur. Ainsi, dans tous les cas où l'homme voudra opérer sur la chaleur, il sera débarrassé de toutes ces natures que nous venons de rejeter.

CHAPITRE IV.

Première déduction ou conclusion provisoire, tirée des faits restans après les exclusions.

Aph. XVIII.

Nous avons donc, dans l'*exclusive*, (opération par laquelle on exclut les faits non-concluans), jeté les fondemens de l'induction, qui cependant ne sera entièrement terminée qu'à l'époque où nous pourrons nous fixer dans l'affirmative; et il ne faut pas croire que l'exclusive elle-même soit complette dans ces commencemens; elle ne l'est point alors, ni ne peut l'être. Car cette exclusive, comme on vient de le voir, n'est autre chose qu'une réjection de natures simples. Mais si nous n'avons encore ni de vraies, ni d'exactes notions de ces natures simples (*a*), comment nous y prendrons-nous pour rectifier cette exclusive. Or, quelques-unes de ces notions, dont nous venons de parler (dans l'exemple ci-dessus), comme celles de la *nature élémentaire*, de la *nature céleste*, de la *ténuité*, ne sont que des notions vagues et mal déterminées. Aussi, nous qui n'ignorons pas et qui ne perdons jamais de vue la difficulté de notre entreprise, où il ne s'agit pas moins que d'élever l'entendement à la hauteur de la nature et de la réalité des choses, nous sommes loin de nous reposer sur ce peu de préceptes que nous avons donnés jusqu'ici; mais, jaloux de pousser cette entreprise aussi loin qu'il nous sera possible, nous préparons et administrons même de plus puissans secours à l'entendement; secours que nous allons indiquer. Au reste, dans l'interprétation de la nature, il faut préparer et former l'entendement de manière que, tout en se tenant ferme dans les degrés suffisans de certitude, il ne laisse pas de se dire, sur-tout dans les commencemens, que ce qu'il apperçoit déja dépend beaucoup de ce qu'il lui reste à voir.

XIX.

Cependant, comme la vérité surnage plus aisément à l'erreur même qu'à la confusion, nous pensons qu'il ne sera pas inutile, après ces *trois premières tables de comparution*, dressées et mûrement considérées (comme nous l'avons fait), de permettre à l'entendement de s'évertuer et de tenter provisoirement l'œuvre de l'interprétation de la nature, dans l'affirmative, d'après la considération, soit des exemples contenus dans ces tables, soit de ceux qui pourront se présenter ailleurs; genre de tentative que nous qualifions de *permission accordée à l'entendement;* ou encore d'*ébauche de l'interprétation;* ou enfin, de *première vendange* (1).

Premières conclusions sur la forme de la chaleur.

Il est à propos de remarquer que la forme de la chose en question (comme on n'en peut douter, d'après tout ce que nous avons dit), se trouve dans la totalité et dans chacun des exemples où se trouve la chose elle-même; autrement ce n'en seroit plus la *forme*. Ainsi, à proprement parler, il ne peut s'y trouver aucun exemple contradictoire (2). Cependant cette forme est beaucoup plus

---

(1) C'est une vendange de raisins secs.
(2) Non, sans doute, il ne peut se trouver dans vos tables aucun exemple contradictoire, par rapport à la *forme réelle* de la nature en question, puisque cette nature, soit que nous sachions ou que nous ignorions ce qui la constitue, doit nécessairement avoir sa forme : mais il se pourroit qu'il s'y trouvât de tels exemples, par rapport à la forme que vous allez supposer, vous Bacon, et c'est ce dont il s'agit.

visible dans certains exemples que dans d'autres; savoir : dans ceux où la nature de cette forme est moins gênée, bridée, dominée par d'autres natures; et les faits de ce genre, nous sommes dans l'usage de les appeller *des coups de lumière*, des exemples *ostensifs*. A la faveur de cette sorte d'exemples, nous allons hazarder une première conclusion, relativement à la forme de la *chaleur*. La totalité et chacun de ces exemples que nous avons sous les yeux, bien considérés, la *nature*, dont la *chaleur* est la vraie *limitation*, paroît être le *mouvement*; et c'est ce dont on voit un exemple dans la flamme qui est dans un perpétuel mouvement et dans les liqueurs bouillantes, ou simplement très chaudes, dont le mouvement n'est pas moins continuel. C'est une assertion qui est confirmée par cette propriété *qu'a le simple mouvement, d'exciter la chaleur*; comme le prouve assez l'effet connu du vent des soufflets, ou des vents naturels; sur quoi voyez l'exemple 29, table III; effet que produisent aussi des mouvemens de plusieurs autres genres (exemples 28 et 31, table III). C'est ce dont on ne pourra douter, pour peu que l'on considère qu'un des principaux moyens pour éteindre le feu, et faire cesser la chaleur, c'est une *forte compression*, dont l'effet, comme l'on sait, est aussi d'arrêter et de faire cesser le mouvement (exemples 30 et 32, table III); et que tout corps, quel qu'il puisse être, est détruit ou sensiblement altéré par toute espèce de feu ou de chaleur très forte et très violente : tous exemples qui montrent que la chaleur produit un mouvement très actif, une violente agitation, une sorte de tumulte dans les parties intimes des corps; mouvement qui tend insensiblement à la dissolution du composé (1).

---

(1) Cela est tout simple. La dissolution d'un composé est le résultat de la séparation complette de ses parties. Or, l'effet propre de la chaleur, ou plutôt de sa cause, est de dilater les corps, c'est-à-dire, d'écarter leurs parties les unes des

Voici comment il faut entendre ce que nous venons de dire du mouvement. Nous disons que le *mouvement* est à la *chaleur* ce que le *genre* est à l'*espèce*; ce qui ne signifie pas que la chaleur engendre le mouvement, ou que le mouvement engendre la chaleur, quoique cela même soit vrai aussi dans certains cas; mais que la chaleur prise en elle-même; en un mot, le *quoi précis* de la chaleur, est un *mouvement*, et rien au-

---

autres; écartement qui, au-delà d'un certain point, se termine par une totale séparation; mais ceci a ses exceptions : une chaleur douce tend à conserver un composé, lorsque ses parties insensibles étant très irrégulièrement arrangées entr'elles, elle ne les écarte qu'autant qu'il est nécessaire, pour leur donner un peu de jeu, et leur permettre ainsi de s'arranger plus régulièrement, d'où résulte une plus forte cohérence; et une chaleur assez forte peut aussi conserver un corps en le purgeant, par voie d'évaporation, d'une quantité surabondante d'*humor*, aqueux ou huileux, qui pourroit provoquer ou faciliter la putréfaction, et la dissolution qui en est la conséquence.

tre chose. Mais c'est un *mouvement limité par des différences* que nous allons y joindre, après avoir indiqué quelques précautions nécessaires pour éviter toute équivoque.

La chaleur, considérée par rapport au sentiment, n'est qu'une *qualité respective*, qu'une pure *relation à l'homme*, et non *à l'univers* (1); et c'est avec raison qu'on la regarde comme le simple effet de la chaleur sur l'esprit animal (2).

---

(1) Pour bien entendre ce passage, et tout ce que Bacon a déja dit ou dira par la suite sur la recherche de la forme de la chaleur ou de toute autre qualité, il est deux choses qu'il faut distinguer avec soin ; 1°. ce qui, dans l'état, dans la manière d'être totale d'un corps, fait qu'en le touchant nous éprouvons la sensation de chaleur ; 2°. la perception de cette manière d'être, ou plutôt de la manière d'être qu'elle occasionne en nous ; perception qui constitue la *sensation*, et qui, le corps touché demeurant le même, varie, selon les dispositions des différens sujets dans le même temps, ou du même sujet en différens temps.

(2) Il semble que la *chaleur*, considérée comme *sensation*, puisse être définie : *le sentiment de la*

Il y a plus, rien en soi n'est plus variable qu'un effet de cette nature, le même corps, selon que le sens est disposé d'avance, excitant une perception de froid ou de chaud, comme on le voit par l'exemple 42, table III.

De plus, la *simple communication de la chaleur*, c'est-à-dire, *sa nature transitive*, en vertu de laquelle un corps s'échauffe, quand on l'approche d'un corps chaud, ou réciproquement, est encore une nature qu'il faut bien se garder de confondre avec la forme de la chaleur ; et il faut mettre une grande différence entre ce qui est *chaud* et ce qui *échauffe* ; car la chaleur s'excite par

---

dilatation ou de l'expansion de la matière de notre corps et de l'accélération de nos mouvemens, accélération qui n'est, en grande partie, qu'une conséquence de cette dilatation même, laquelle, en donnant plus de jeu aux petites parties, provoque ainsi ou facilite le mouvement; et le *froid seroit le sentiment de la contraction de notre matière et du ralentissement de nos mouvemens.*

le simple *frottement*, sans aucune autre chaleur préexistante; fait qui exclut de *la forme de la chaleur* ce qui n'a que la simple *propriété d'échauffer*. Je dirai plus : quand un corps s'échauffe par l'approche d'un corps chaud, cela même n'a rien de commun avec la forme de la chaleur, mais dépend entièrement d'une nature plus élevée et plus commune ; savoir, de la nature de l'*assimilation* ou de la *faculté de se multiplier;* ce qui doit être l'objet d'une recherche particulière.

Mais la notion du feu n'est qu'une notion purement populaire et tout-à-fait destituée de justesse. Car, de quoi, au fond, est-elle composée ? De l'idée de la chaleur et de celle de la lumière, conçues comme réunies dans tel ou tel corps; par exemple, dans les flammes ordinaires et dans les corps chauffés jusqu'à rougir.

Ainsi, toute équivoque étant levée, passons enfin aux *différences qui limitent le mouvement*, et le constituent dans la forme de la chaleur.

Nous disons donc que la *première différence* consiste en ce que *la chaleur est un mouvement expansif*, par lequel un corps tend avec effort à se dilater et à occuper un plus grand espace. Cette différence se manifeste principalement dans la flamme où la vapeur grasse se dilate visiblement, et s'étendant le plus qu'elle peut, devient ainsi une flamme volumineuse.

C'est ce qu'on observe aussi dans toute liqueur bouillante, qu'on voit se gonfler, s'élever et laisser échapper un grand nombre de bulles, qui continuent à se dilater jusqu'à ce qu'elles se soient converties en un corps beaucoup plus rare et plus volumineux que la liqueur elle-même, savoir; en vapeur, en fumée ou en air.

C'est ce qu'on voit également dans toute espèce de bois et de matières combustibles, où il se fait quelquefois une *exsudation* très sensible; mais toujours une évaporation.

Cette différence dont nous parlons, n'est pas moins sensible dans la fusion des métaux, lesquels étant des corps très compacts, ne s'enflent et ne se dilatent pas aisément; cependant leur esprit, après s'être dilaté *en lui-même* (dans l'espace qui lui est propre), et avoir fait effort pour se dilater encore davantage, finit par détacher tout-à-fait et pousser devant lui les parties les plus grossières, et par les convertir en liquide. Et si la chaleur même devient encore plus forte, il dissout une grande partie de ces molécules et les convertit en une substance volatile.

Cette première différence est encore visible dans le fer ou dans les pierres, espèces de corps qui, à la vérité, ne se fondent et ne se liquéfient point, mais qui ne laissent pas de s'amollir à un degré très sensible. Il en faut dire autant des verges de bois, qui, étant un peu chauffées dans les cendres chaudes, deviennent flexibles.

Mais il n'est point de corps où ce mouvement expansif soit plus sensible que dans l'air, qui, par le plus foible degré de chaleur, se dilate visiblement et d'un mouvement continu, comme on le voit dans l'exemple 38, table III.

Enfin, cette même différence est marquée par la nature contraire du froid (1). Car le froid contracte tous les corps et diminue leur volume; quelquefois même il le fait à tel point, que, par un froid très âpre, on voit les clous tomber des murs, l'airain se déjeter, le verre même, chauffé d'abord et posé ensuite sur un corps froid, se déjeter aussi et se briser. De même l'air, par l'effet du plus léger refroidissement, se contracte et diminue de volume, comme on le voit dans l'exemple 38, tab. III. Mais ce sujet sera traité plus amplement dans la recherche sur le *froid*.

Or, il n'est pas étonnant que le chaud et le froid aient tant d'effets analogues (voy. l'ex. 32, tab. II); car nous trouvons que plusieurs des différences suivantes (de celles, dis-je, dont je vais par-

---

(1) Toute sensation est l'effet d'un changement, et nous ne sentons vivement que les différences très marquées. Or, de toutes les différences les plus grandes, ce sont les oppositions; ainsi, les contraires doivent se montrer et se montrent en effet réciproquement.

ler), conviennent également à l'une et à l'autre nature ; quoique, dans cette différence dont nous parlons ici, les deux modes de leurs actions soient diamétralement opposés ; car le mouvement propre à la chaleur est celui d'expansion et de dilatation ; et le mouvement propre au froid est celui de contraction et de rapprochement des parties.

Cette différence est très sensible dans une tenaille ou une verge de fer mise au feu. Car, si, la tenant dans une situation verticale, on applique sa main à la partie supérieure, on se brûle aussi-tôt ; mais si l'on place la main latéralement, ou plus bas que le feu, on n'éprouve cette sensation qu'un peu plus tard. C'est ce qu'on voit aussi dans les distillations *per descensum;* genre d'opération auquel on a recours pour distiller les fleurs les plus délicates, dont les odeurs se dissiperoient trop aisément par les distillations ordinaires ; l'industrie humaine ayant très bien senti la nécessité de placer le feu en dessous et non en dessus (comme on le fait ordinairement), afin qu'il eût moins d'action. Or, ce n'est pas seulement la flamme qui tend ainsi à se porter vers le haut, c'est en général toute espèce de chaleur.

Mais il faudroit, en renversant cette expérience, la tenter sur la nature contraire; savoir: sur celle du froid, afin de voir si le froid ne contracteroit pas les corps, en se portant de haut en bas, comme la chaleur les dilate en se portant de bas en haut. Ainsi, employez deux verges de fer, ou deux tubes de verre parfaitement égaux, à tout autre égard; chauffez-les un peu tous deux, puis appliquez de la neige, ou une éponge imbibée d'eau froide, à la partie supérieure de l'un; et une autre éponge semblable, ou de la neige aussi, à la partie inférieure de l'autre. Cela posé, nous pensons que le refroidissement se fera sentir plus vîte lorsque l'éponge, ou la neige étant appliquée à la partie supérieure de la verge ou du tube, on portera la main à la partie inférieure, que si le corps refroidissant étoit placé en dessous et la main en dessus : or, c'est précisément le contraire de ce qui arrive à la chaleur (1).

La troisième différence consiste en ce que la chaleur est un mouvement non pas expansif uniformément et selon *le tout*, mais expansif seulement dans les petites parties du corps qui se dilate, et en même temps réprimé, repoussé et répercuté (2); ensorte qu'il en résulte un mou-

---

(1) L'auteur ne fait pas attention que ce fait combat assez directement cette conclusion provisoire, dont il est actuellement occupé. En effet, si la chaleur n'étoit qu'un mouvement expansif, et en général un mouvement, il n'y auroit aucune raison, sinon suffisante, du moins sensible, pour qu'elle se portât plutôt de bas en haut que latéralement, ou de haut en bas : mais si la chaleur est une qualité inhérente à un sujet réel; par exemple, à un fluide d'une moindre pesanteur spécifique que l'air et que tous les autres fluides, alors il est clair que la chaleur, mode inséparable de son sujet, doit se porter comme lui et avec lui vers le haut.

(2) Un mouvement ne peut être repoussé ou répercuté; ce qui peut l'être, ce sont tout au plus les particules mises en mouvement : mais quand

vement alternatif et de perpétuelle trépidation; un état d'essai, d'effort et d'irritation, occasionné par cette répercussion; de là cette espèce de *fureur* du feu et de la chaleur, dans certains cas.

Les deux espèces de sujets où cette différence est le plus sensible, sont la flamme et les liqueurs bouillantes qui font de continuelles vibrations ou oscillations; on les voit alternativement s'élever par petites portions et retomber aussi-tôt.

C'est ce qu'on observe aussi dans ces corps dont l'assemblage est si ferme, que, fortement chauffés, et même jusqu'au rouge, ils ne se dilatent point et n'augmentent point de volume; tel est un fer rouge dont la chaleur, comme l'on sait, est très active, très âpre.

Cette différence sera encore plus facile à saisir, si l'on considère combien, dans

---

le méchanisme qu'on veut décrire n'est pas nettement conçu, le terme propre échappe, on se prend aux métaphores, et de physicien on devient rhéteur.

les temps extrêmement froids, le feu de nos foyers est âpre.

Si l'on considère de plus qu'on n'apperçoit aucune chaleur sensible dans l'air d'un thermomètre, lequel se dilate paisiblement, sans obstacle et sans répercussion, c'est-à-dire uniformément, également et d'un mouvement continu. A quoi l'on peut ajouter que les vents renfermés, lorsqu'ils viennent à s'échapper avec violence, n'excitent cependant aucune chaleur sensible, parce qu'alors c'est un mouvement total de toute la masse, et non un mouvement alternatif dans les petites parties. Mais, pour mieux éclaircir ce point, il faudroit tenter quelques expériences, et afin de savoir si les parties latérales de la flamme ne brûlent pas avec plus de force que le milieu.

Si l'on considère enfin que toute combustion ne s'opère qu'à l'aide des plus petits pores du corps qui se brûle; ensorte que la combustion (1) pénètre, fouille,

---

(1) *Le corps brûlant*, devoit-il dire.

mine, dégrade et stimule, comme s'il y avoit là des milliers de pointes d'aiguilles. Voi-à pourquoi les eaux-fortes (les acides) lorsqu'elles ont beaucoup d'affinité avec les corps sur lesquels elles agissent, produisent, en vertu de leur nature *corrosive* et *poignante*, des effets fort semblables à ceux du feu (1).

---

(1) De cette analogie des effets de certains acides, avec ceux du *feu*, le chymiste *Sage* a conclu qu'à cette dénomination de *feu* on devoit substituer celle d'*acide ignée*; et moi, j'en conclus qu'on doit dire aussi le *feu vitriolique*, le *feu nitreux*, le *feu sulphureux*, le *feu acéteux*, etc. et ma raison, pour faire cette importante innovation, c'est que si Pierre ressemble à Jacques, il s'ensuit, en dépit des quatorze règles d'Aristote, que Jacques ressemble à Pierre, et qu'on peut, sans mériter l'injurieuse qualification d'*inventeur* ou d'*original*, leur donner le même nom. Voilà ce que le grand homme dont nous venons de parler, a parfaitement senti ; aussi la chymie, à la faveur de cette précieuse nomenclature, a-t-elle fait, depuis quelques années, de rapides, d'immenses progrès dans le dictionnaire; et nous avons fait tant de chemin dans cette route si battue, que

Cette différence qu'ici nous attribuons à la *chaleur*, lui est commune avec la nature du *froid*. Car, dans un corps froid, le mouvement contractif est bridé et réprimé par la tendance à l'expansion; comme, dans le corps chaud, le mouvement expansif est réprimé par la tendance à la contraction. Ainsi, soit que les parties du corps en question se portent de la circonférence au centre, ou en sens contraire, la marche est la même. Mais les forces ne sont pas, à beaucoup près, égales dans les deux cas. Car nous ne connoissons, à la surface de notre globe, aucun corps dont le froid ait une grande intensité (voyez l'ex. 27, tabl. III).

La quatrième différence est encore une modification de la première : elle consiste en ce que ce mouvement de stimulation ou de pénétration (1) doit être un peu

---

nous sommes revenus précisément au point d'où nous étions partis.

(1) Il n'est pas bien d'accord avec lui-même : selon lui, la chaleur n'est pas une certaine espèce

rapide, être d'une certaine vîtesse, et doit de plus résider dans des particules très petites, non pas toutefois d'une extrême ténuité, mais encore un peu grandes, en un mot de grandeur moyenne.

Cette différence se fera mieux sentir, si l'on compare les effets du feu avec ceux du temps. Car le temps ou la durée dessèche, consume, mine, dégrade, pulvérise, ainsi que le feu; et même son action est plus fine et plus déliée (1). Mais com-

---

de substance, mais une certaine espèce de mouvement, dont l'effet est d'écarter les unes des autres les parties du corps chaud ou échauffé. Or, cet effet peut bien être semblable à celui d'un grand nombre de petites aiguilles ou de petites pointes quelconques; mais on ne peut dire qu'il *fouille*, qu'il *pénètre* dans les corps, qu'il les stimule, à moins qu'on ne suppose qu'il réside dans une certaine espèce de fluide, dont les particules sont comme autant de petits coins et de petits aiguillons, ce qui est contre sa supposition, et par conséquent il tombe en contradiction.

(1) L'effet attribué au temps, qui n'est pas un être physique, et qui par conséquent ne peut agir qu'en *rhétorique* et en *poésie*, n'est autre chose

me ce dernier genre de mouvement est extrêmement lent, et ne réside que dans des molécules d'une petitesse extrême, il n'en résulte aucune chaleur.

On la reconnoît encore en comparant la dissolution du fer avec celle de l'or. Car l'or se dissout, sans exciter aucune chaleur; au lieu que la dissolution du fer est accompagnée d'une chaleur très forte et d'une violente effervescence, et cependant le temps nécessaire pour dissoudre l'un et l'autre, est à peu près le même. La raison de cette différence est que, dans la dissolution de l'or, l'agent s'insinue paisiblement, subtilement, les petites parties du métal cédant aisément à son action. Au lieu que, dans celle du fer, l'agent force le passage et il se livre là une

---

que la somme des effets accumulés d'une multitude infinie de petites actions exercées par des corps extrêmement petits, qui échappent aux sens; actions dont la continuité ou la réitération compense la foiblesse : actuellement nous sommes dans la physique.

sorte de combat, les parties du métal étant plus réfractaires et résistant plus obstinément.

Cette différence se manifeste encore, jusqu'à un certain point, dans certaines gangrènes ou mortifications de chairs, qui n'excitent ni une grande chaleur, ni une grande douleur, à cause de l'extrême ténuité des parties et subtilité des mouvemens dont cette putréfaction est l'effet.

Telle est la première *vendange* (conclusion provisoire) ou *ébauche d'interprétation*, relativement à la forme de la chaleur, et en vertu d'une *première permission* accordée à *l'entendement*.

De cette première interprétation il résulte que la *forme*, c'est-à-dire, la véritable *définition* de la chaleur (de celle qui est relative non aux sens, mais à l'univers), que cette définition peut être énoncée en ce peu de mots : la *chaleur* est un *mouvement expansif, réprimé en partie, et accompagné d'effort, qui a lieu dans les parties moyennes;* mais avec ces deux modifications : que ce mouvement du centre à la circonférence est accompagné d'*un mouvement de bas en haut;* 2°. que cet effort, ce mouvement dans les parties moyennes, n'est *ni foible ni lent;* mais, au contraire, *fort vif* et *un peu impétueux;* que c'est une sorte d'*élan* (*b*).

Quant à la pratique, c'est précisément la même conséquence, et telle est l'indication du procédé sommaire et général : si vous pouvez exciter, dans tel corps naturel que ce soit, un mouvement d'expansion; et ce mouvement, le réprimer, le répercuter de manière que cette dilatation ne procède pas également, et qu'elle obtienne son effet en partie, et en partie le manque; à coup sûr vous engendrerez la chaleur (1), et cela, sans qu'il soit be-

---

(1) De manière qu'après avoir si bien vendangé une première fois, pour peu qu'ensuite nous découvrions le secret d'engendrer à volonté ce mouvement expansivo-alternatif, qui constitue la chaleur, nous nous chaufferons quand nous voudrons, et qu'en attendant il faudra nous contenter de notre briquet, de nos pierres, de notre amadou, de nos fagots, etc. qui nous chaufferont un peu mieux

soin de considérer si le corps sur lequel vous voulez opérer, est *élémentaire* (pour nous servir d'une expression commune), ou imbu par les corps célestes ; lumineux ou opaque ; ténue ou dense ; augmenté de

---

que de la métaphysique. Telle sera la première conclusion provisoire ou vendange de certains lecteurs, plus prompts à saisir en tout le côté ridicule, qu'à chercher le côté utile : mais nous, qui sommes plus sérieux, nous observerons qu'il ne s'agit pas ici d'engendrer la chaleur, ni même de chercher sa forme ; mais seulement d'exposer la méthode qu'on doit suivre pour découvrir une forme quelconque, et d'éclaircir cet exposé par un exemple ; que cette première conclusion qu'il tire, n'étant que provisoire, il la donne pour ce qu'elle est ; enfin, que nous n'avons encore vu qu'une des dix parties de sa méthode. Nous serions trop heureux, que ceux qui disposent de notre fortune, de notre liberté et de notre vie, voulussent bien, avant de prononcer sur de si grands intérêts, dresser, à l'exemple de Bacon, des tables de faits, et y appliquer sa judicieuse méthode, afin de se donner à eux-mêmes de bonnes définitions de *leurs propres individus, de la nation française, de la liberté et de notre situation politique;* car, avant de courir, peut-être est-il bon de savoir où l'on va.

volume, ou maintenu dans ses premières dimensions; tendant à se dissoudre, ou demeurant dans le même état; animal, végétal, ou minéral; si c'est de l'eau, de l'huile, de l'air, ou toute autre substance, peu importe, pourvu qu'elle soit susceptible d'un tel mouvement. Or, la chaleur, considérée par rapport à la sensation, est précisément la même chose; avec cette légère différence toutefois, qui dépend de la constitution du sens respectif. Passons maintenant à ces autres genres de secours que nous avons promis.

Commentaire du quatrième chapitre.

(a) M*ais si nous n'avons encore ni de vraies, ni d'exactes notions de ces natures simples, etc.* Il n'est pour l'homme ni simplicité, ni composition *absolues;* ces deux mots ne désignent que deux *relations.* Un même objet nous paroît *simple,* quand nous n'appercevons pas ses parties, ou quand nous le regardons comme partie indivisible d'un tout; et il nous paroît *composé,* quand nous le concevons comme un tout, dont nous voyons ou croyons voir les parties. Personne n'a mieux senti cette vérité que le grand Leibnitz; et, pour la rendre plus sensible, il a eu recours à l'exemple suivant. Prenez, dit-il, deux poudres colorées; l'une, d'un blanc éclatant; l'autre, d'un rouge vif; mêlez-les ensemble bien exactement, puis vous étant placé à une distance d'où vous ne puissiez plus distinguer les deux poudres, considérez ce mélange, vous ne verrez plus qu'une seule couleur, qui sera une espèce de couleur de chair; ou, si, pour éviter l'effet de la prévention, vous chargez une autre personne qui n'ait point vu mêler les deux poudres, de faire cette observation, elle se croira certaine de n'avoir sous les yeux qu'une seule couleur simple. L'ayant ensuite armée d'une loupe un peu forte, dites-lui de se rapprocher de cette poudre, et de l'examiner à l'aide de ce verre, elle y démêlera les petits grains rouges d'avec les blancs, et verra alors deux couleurs distinctes où d'abord elle n'en voyoit qu'une. Il en est de même de toutes les sensations; celles qui nous paroissent les plus simples, sont réellement très composées. Par exemple, lorsque j'apperçois la couleur *rouge*, qu'on regarde ordinairement comme *simple*, ma sensation est alors produite par quatre principales espèces de causes; savoir : 1°. la figure, la grandeur, le nombre, la situation absolue et respective, etc. des parties solides et des pores de la surface qui réfléchit cette espèce de lumière ; 2°. le *modo* de la lumière même, qui constitue le *rouge*, et qui est peut-être très composé ; 3°. la nature et les qualités du milieu que traverse cette lumière, en venant de l'objet coloré à mon œil ; 4°. enfin, la conformation de mon œil, la qualité et la quantité de ses humeurs, et, pour tout dire en un seul mot, sa constitution, etc. etc. causes qui concourent toutes à cette sensation, et dont nous ne percevons que l'effet composé. Ainsi, il est probable que ces natures ou qualités simples dont parle ici Bacon, sont des qualités réellement composées, que nous ne pouvons analyser à l'aide des sens, et dont la seule raison peut découvrir les parties, par le moyen de l'analyse, qui est comme la *loupe* de l'entendement.

(*b*) *Que cet effort, ce mouvement, etc.* Dans ce passage, ainsi que dans une infinité d'autres, au perpétuel emploi des expressions figurées, quand il s'agit d'explications purement *physiques*, à cette manie de *personifier*, (en leur donnant une sorte d'*existence morale*), non-seulement la *nature*, la *matière* et le *mouvement*, mais même de simples *tendances*, on s'apperçoit que Bacon n'étoit pas extrêmement versé dans les mathématiques, dont le langage sévère, exact, précis et simple, l'eût bientôt dégoûté de ces figures si déplacées que nous rencontrons à chaque pas, et qui nous causent une sorte d'impatience. Par exemple, il joint ici les mots de *vitesse* et d'*impétuosité* avec celui d'effort (*nixus*), ce qui pèche absolument contre la justesse et l'exactitude; car toute *vitesse*, tout *élan*, toute *impétuosité*, suppose le *mouvement actuel*. Or, dès que le mouvement existe actuellement, le simple effort cesse, et l'action commence. Quand il s'agit de tableaux, tâchons de peindre vivement, embellissons et exagérons, si nous voulons; mais quand il ne s'agit que de *mesures*, laissons-là les pinceaux, et ne quittons point la toise. Ce défaut, que je note dans Bacon, je le relève d'autant plus volontiers, qu'il est très commun parmi nous; nous mettons trop d'*imagination* où il ne faudroit que du *jugement*, et trop d'*esprit* où il ne faudroit que du *sens commun*.

SECONDE PARTIE.

Prérogatives des faits, ou exemples.

AVERTISSEMENT DU TRADUCTEUR.

A la fin de cette seconde partie, l'on en trouvera l'esquisse tracée par Bacon lui-même, qui, en y résumant la totalité et les différentes parties du sujet qu'il vient de traiter, en montre aussi la destination; et comme le point le plus essentiel de la vraie méthode, en traitant un sujet de cette nature, est d'en montrer d'abord bien nettement la destination, notre premier dessein étoit de placer ici cet extrait. Mais ses expressions y étant, en général, si concises, et quelquefois si obscures que, pour le rendre intelligible, il auroit fallu joindre une note à chaque ligne, nous nous sommes déterminés à le laisser dans le lieu où il l'avoit placé, nous contentant de mettre en tête de cette partie sa principale division, qui sera suffisante pour remplir le double objet dont nous avons parlé en commençant.

Ainsi cette seconde partie sera divisée en deux sections, dont l'une se rapporte à la théorie, et l'autre, à la pratique; les préceptes relatifs à l'une et à l'autre, ne laissant pas de s'éclairer réciproquement.

La 1re. section sera subdivisée en deux chapitres : le premier traitera du genre de faits qu'on doit préférablement inscrire dans les *tables de comparution*, pour mener l'*esprit* plus directement et plus sûrement à la découverte de la forme d'une nature quelconque. Le second aura pour objet le choix des faits tendans à rectifier les observations directes, ou à les suppléer par des observations sur d'autres sujets analogues à ceux qu'on n'a pu observer directement.

Pour dissiper toute obscurité, nous serons obligés de multiplier les notes encore plus que nous ne l'avons fait jusqu'ici; mais nous tâcherons d'y réunir la précision à la clarté, renvoyant au commentaire les développemens.

Le lecteur ne doit pas oublier que ces quatre mots, *nature*, *mode*, *manière d'être*, *qualité*, sont à peu près synonymes, sur-tout les trois premiers, et que le dernier a seulement une signification un peu plus particulière ; enfin qu'il faut entendre, par ce mot de *forme*, *ce qui constitue* la nature proposée à définir, ce qui lui est *essentiel* ; en un mot, sa *définition* précise et complette (du moins, relativement au besoin que nous en avons, ou croyons en avoir), c'est-à-dire, *son genre prochain* et *sa différence spécifique*. Ce mot, qui, à la vérité, prête quelque peu aux allusions des Tabarins et des Saltimbanques, n'est, après tout, qu'une expression abrégée, une espèce de signe algébrique et assez commode pour représenter ces expressions plus diffuses que nous venons d'employer pour le définir. Il est aussi puéril de repousser un mot nécessaire, que d'y attacher de l'importance.

La lecture de cette seconde partie, nous ne devons pas le dissimuler, demande un peu d'application; mais elle deviendra plus facile pour qui aura toujours présente à l'esprit cette proposition, qui n'est rien moins qu'un paradoxe : il faut cent fois moins d'attention et de temps pour se mettre en état d'entendre parfaitement la méthode de Bacon, et de l'appliquer avec justesse, que pour apprendre à jouer passablement aux échecs, ou même aux dames à la Polonoise. Et il n'est aucun de nos lecteurs assez engoué de ces deux frivoles occupations, pour oser les comparer à cette science méthodique qui dirigeoit Haller, Boërrhave, Newton et Descartes lui-même. Tout le fort de la difficulté, en ce genre comme en tout autre, est dans la foiblesse même de ceux qui veulent obtenir sans peine un prix décerné par la nature aux hommes laborieux. Cette méthode est, si l'on veut, une sorte de jeu un peu difficile, qui ne paroît, à la première vue, que d'une utilité indirecte et éloignée, mais dont les règles et les combinaisons, comme nous l'avons dit en commençant, appliquées par chaque individu, à sa réputation ou à sa fortune, peuvent être pour lui d'une utilité directe et prochaine. Les ames plus généreuses et plus élevées l'appliqueront à l'utilité publique, où est comprise leur propre utilité.

PREMIÈRE SECTION.

Prérogatives des faits, ou exemples relatifs à la théorie.

CHAPITRE PREMIER.

Prérogatives des faits, ou exemples destinés à diriger l'entendement dans la recherche des formes.

XX.

Parmi les prérogatives des faits ou exemples, nous proposerons d'abord les *exemples solitaires* (1) : sous cette déno-

---

(1) Nouvel exemple de son style excessivement figuré ; car ce qui est *solitaire* dans l'objet à considérer, ce n'est ni l'exemple, ni même le sujet de

mination, nous comprenons les exemples qui présentent des sujets semblables entr'eux par la nature à définir, laquelle se trouve dans tous, mais différens à tout autre égard; ou qui, au contraire, présentent des sujets semblables entr'eux, presqu'en tout, à la réserve de la nature en question, laquelle se trouve dans les uns, et non dans les autres (1). Car il est évident que les exemples de ce genre épargnent bien des détours, accélèrent ou confirment l'exclusive (2); et qu'un

---

cet exemple, mais seulement la nature proposée, celle dont on cherche la *forme* ou la *définition*.

(1) La première table de comparution étoit entièrement composée de faits de la première espèce ; et la seconde table, de faits de la seconde espèce.

(2) Il faut se rappeller que l'*exclusive* est l'opération par laquelle on *exclut* de la forme d'une nature ou qualité proposée à définir, toutes celles qui ne tiennent point à cette forme, c'est-à-dire toutes celles qui ne se trouvent point dans quelque sujet où se trouve la nature en question, ou qui se trouvent dans quelque sujet où elle n'est

petit nombre de ces exemples tient lieu d'une multitude d'autres pris au hasard.

---

pas. Ainsi, accélérer l'exclusive relative à la forme, c'est trouver ou montrer un grand nombre de sujets où se trouvent plusieurs natures qu'on puisse exclure de la forme toutes à la fois. Cela posé, si, dans les exemples de cette première classe, on nous présente un certain nombre de sujets semblables entr'eux, par la nature à définir, laquelle se trouve dans tous, mais différens à tout autre égard, il est clair qu'il faut exclure de la *forme* ou *définition* de cette nature ou qualité, toutes ces qualités par lesquelles ils diffèrent les uns des autres ; vu que cette qualité plus générale qu'on cherche, et qui est le *genre* dont cette forme est la *différence spécifique*, doit être commune à tous ces sujets comme cette nature, et être entr'eux un trait général de ressemblance. Or, toutes ces qualités par lesquelles diffèrent ces sujets, étant ainsi exclues d'un seul coup, l'exclusive est visiblement accélérée. De même, si, dans les exemples opposés de la même classe, on nous présente deux sujets, tels que la nature à définir qui se trouve dans l'un, ne se trouve pas dans l'autre, et qui se ressemblent à tout autre égard, il est clair qu'il faut aussi exclure de la forme de cette nature toutes ces qualités par les-

Supposons que l'objet de la recherche soit la *couleur* en général, les exemples *solitaires* seront alors les *prismes*, les *diamans crystallins* (les brillans), qui donnent des couleurs, soit lorsqu'on regarde à travers, soit lorsqu'on projette

---

quelles ils se ressemblent; puisque, dans celui des deux sujets où la nature donnée ne se trouve pas, ces qualités par lesquelles il ressemble à l'autre, ne font pas qu'elle y soit comme dans cet autre ; il en faut dire autant d'un plus grand nombre de sujets, où la nature à définir ne se trouve pas, et comparés à des sujets semblables où elle se trouve. Comme ces autres qualités par lesquelles les sujets comparés se ressemblent, peuvent être *exclues toutes à la fois*, l'*exclusive*, relative à la *forme* de cette nature à définir, peut encore être *accélérée* par cette seconde espèce d'*exemples solitaires ;* et si l'*exclusive* est déja *terminée*, ces deux espèces d'exemples peuvent du moins la *confirmer.* Nous nous sommes un peu étendus dans cette note, afin de montrer quel est le véritable *esprit des deux premières tables de comparution ;* ce que l'auteur ne fait pas assez, et cette explication étoit trop nécessaire ici, pour être renvoyée au commentaire.

sur un mur les rayons de lumière qui les ont traversés ; il en est de même des rosées, etc. car les exemples de ce genre n'ont rien de commun avec ceux *des couleurs fixes,* dans les *fleurs,* les *pierres colorées,* les *métaux,* les *bois,* etc. sinon la *couleur même.* D'où il est aisé de conclure que la *couleur* n'est autre chose *qu'une modification de l'image de la lumière,* qui pénètre à travers un corps transparent, ou qui est réfléchie par un corps opaque (1); modification qui, dans la première espèce de corps, est l'effet des *différens degrés d'incidence* (des rayons de lumière qui

---

(1) Rien de si vague et de si peu exact que cet apperçu ; ce n'est pas, à beaucoup près, la vérité ; mais cela peut y conduire un grand génie, par exemple, *un Newton.* Car ce dernier ne dit pas que la *couleur* est un *mode* de la lumière, mais qu'elle en est une *partie.* Selon lui, les *sept rayons primitifs* (rouge, orangé, jaune, verd, bleu, indigo, violet) sont *les sept parties constitutives* de la lumière ; la couleur *blanche* est le *tout,* et la couleur *noire* en est la *privation.*

traversent le corps transparent); et dans la dernière espèce, celui des *différentes textures et configurations* des corps colorés (1). Ce sont les faits de cette espèce

---

(1) Selon Newton, les rayons *verds*, les *bleus* et les *violets* sont *plus réfrangibles* que les *rouges*, les *orangés* et les *jaunes*. C'est en vertu de cette *inégale réfrangibilité*, que les rayons de lumière *se séparent* en traversant le prisme, et paroissent *distinctement* à leur sortie. Enfin, les rayons les *plus réfrangibles* sont aussi *les plus réflexibles;* mais il nous paroît s'être trompé sur ce dernier point. Les rayons les plus réfrangibles ne sont pas *plus,* mais seulement *plutôt réflexibles,* et leur apparent excès de *réflexibilité* n'est point *une propriété de plus* qu'on doive leur attribuer, mais *une simple conséquence de l'excès même de réfrangibilité.* Car si, lorsque les sept rayons qui traversent le prisme, font un certain angle avec la face par laquelle ils sont entrés, ou avec celle par laquelle ils sortent, ou enfin avec le côté considéré comme base, *ils cessent de se réfracter,* et *commencent à se réfléchir,* en supposant même que les *sept rayons* fussent *tous également réflexibles,* les *plus réfrangibles* seront *les plutôt réfléchis ;* vu que, par cela seul qu'ils seroient *plus réfrangibles* que les six autres, ils feroient *plutôt l'angle* qui, *dans tous* également occasionne la réflexion.

que nous appellons *exemples solitaires*, quant à la *ressemblance* (1).

Réciproquement, dans la même recherche, ces veines distinctes de blanc et de noir, qu'on voit dans certains marbres, et cette diversité de couleur qu'on observe dans des fleurs d'une même espèce, sont aussi des *exemples solitaires*. Car le blanc et le noir de ces marbres, ainsi que les taches blanches et purpurines de certaines espèces d'œillet et de giroflée, se ressemblent presqu'en tout, à l'exception de la couleur même. D'où il est naturel de conclure que la couleur n'a pas de fort étroites relations avec les qualités intimes d'un corps ; mais qu'elle dépend seulement de quelques différences grossières, superficielles et presque méchaniques dans les situations respectives de ses parties. Tels sont les *exemples*

---

(1) Cette nature à définir qui leur est commune, et par laquelle ils se ressemblent, est comme *isolée*, comme *solitaire*, parmi ces autres natures par lesquelles ils diffèrent les uns des autres.

solitaires, quant à la *dissemblance* (1). Et sous le nom commun d'*exemples solitaires*, nous comprenons ceux des deux espèces dont nous venons de parler.

XXI.

Parmi les prérogatives des faits ou exemples, nous mettrons au second rang les exemples de *migration* (2). Ce sont ceux où la nature en question *passe du néant à l'être, ou de l'être au néant*. Ainsi, dans ces deux parties symmétriquement opposées, et dont chacune est

---

(1) Cette différence unique qui les distingue, est comme isolée, comme solitaire parmi les qualités qui leur sont communes, et par lesquelles ils se ressemblent.

(2) La signification du mot *émigration* est assez connue, et il n'a été que trop bien défini dans ces derniers temps; le mot *immigration*, qui n'est pas encore reçu, désigneroit l'acte opposé au précédent; et le mot *migration*, que nous emploierons dans cet article, faute d'équivalens, exprimera l'ensemble de ces deux actes : car le passage du néant à l'être, ou de l'être au néant, ne peut être appellé un *changement*.

comme le pendant de l'autre, l'exemple est toujours double ; ou plutôt ce n'est qu'un seul objet en mouvement, et considéré dans son passage ou son prolongement jusqu'à la période contraire. Non-seulement les faits de ce genre *accélèrent et renforcent l'exclusive*, mais ils *resserrent*, dans des limites plus étroites, l'*affirmative*, c'est-à-dire, la *forme* elle-même, et rétrécissent, pour ainsi dire, l'espace où l'on est obligé de la chercher. En effet, il est de toute nécessité que la forme soit quelque chose qu'on ait introduite dans le sujet en question, par une *migration* de la première espèce, ou qu'on ait ôtée et détruite par une *migration* de l'espèce opposée. Car, quoique toute exclusive en général accélère et facilite l'affirmative; cependant on va plus directement à ce but, en comparant un seul sujet à lui-même, relativement à une nature qui y paroît ou disparoît, qu'en comparant entr'eux des sujets différens, et tels que cette nature se trouve dans les uns, et non dans les autres (1). Or, la forme (comme on n'en peut douter d'après tout ce que nous avons dit) se décelant une fois dans un seul sujet, devient ainsi plus facile à appercevoir dans tous les autres; et plus la *migration* est *simple*, plus le fait est precieux. De plus, ces *exemples de migration* peuvent être d'un grand usage dans la pratique ; comme ils présentent la forme unie à la cause efficiente ou destructive, par cela même ils indiquent clairement, dans plusieurs cas, les moyens d'exécution; moyens qu'il est ensuite facile d'appliquer à des sujets analogues. Cependant on ne laisse pas de courir quelque risque, en em-

---

(1) Parce qu'en comparant un seul sujet à lui-même considéré dans deux circonstances opposées; savoir : celle où la nature donnée y est produite, et celle où elle y est détruite, on est plus certain que le sujet où se trouve cette nature, et comparé à celui où elle ne se trouve pas, lui ressemble à tout autre égard. J'intercale beaucoup de mots ; sans quoi, la traduction seroit aussi inintelligible que le texte.

ployant des exemples de ce genre, et on ne doit le faire qu'avec certaines précautions. Ils ont l'inconvénient de *trop ramener la forme à la cause efficiente*, de l'y trop assimiler ; et en fixant uniquement l'attention sur cette *cause efficiente*, de faire illusion à l'esprit par rapport à la *cause formelle*, qu'il est alors tenté de confondre avec la première. Mais il ne faut jamais oublier que la *cause efficiente* n'est rien de plus que le *véhicule de la forme* : d'ailleurs, toute erreur sur ce point est aisée à prévenir ou à corriger, à l'aide d'une *exclusive* bien faite.

Voyons donc un exemple de ces *migrations* : soit l'objet de la recherche, *la couleur blanche;* l'exemple de *migration générative* sera le verre entier comparé au verre pulvérisé ; ou encore l'eau ordinaire, comparée à l'eau changée en écume par son agitation. Car le verre entier et l'eau tranquille sont diaphanes sans être blancs ; mais le verre pulvérisé et l'eau en écume sont blancs et non diaphanes. Ainsi, il faut chercher ce qu'il est arrivé de nouveau dans cette *migration* du verre ou de l'eau; car il est évident que la *forme de la blancheur* est apportée et introduite par cette *pulvérisation du verre* et par cette *agitation de l'eau*. Or, qu'y a-t-il de nouveau ici? Rien autre chose que la séparation des parties du verre ou de celles de l'eau, et l'insertion de l'air, qui reste ensuite disséminé entre ces parties. Et ce n'est pas avoir fait peu de progrès vers la découverte de la blancheur, que de savoir que deux corps diaphanes par eux-mêmes, mais plus ou moins, tels que l'air et l'eau, ou l'air et le verre, étant mêlés ensemble par petites portions, produisent la *blancheur*, par l'effet de l'inégale réfraction des rayons de lumière (1).

---

(1) Il veut dire, par l'effet des *réfractions irrégulières*. De tous ses apperçus, c'est celui-ci qui approche le plus du système de Newton sur les couleurs. Car, selon le dernier philosophe, la tex-

Mais nous devons donner aussi un exemple de l'inconvénient auquel, comme nous l'avons dit, on est exposé, en employant ce genre d'exemples, et des précautions à prendre pour le prévenir. Voici en quoi consistent le mal et le remède. L'entendement, dépravé par la considération trop fréquente des causes efficientes de cette espèce, sera porté à croire que l'*air* est essentiel à la forme de la *blancheur*, et que les corps *diaphanes* sont les seuls qui puissent engendrer cette couleur : deux opinions tout-à-fait erronées, et convaincues de faux par plusieurs exclusions. Mais, si l'on pèse plus mûrement les deux faits dont il s'agit ici, en laissant de côté et l'air et toute conjecture de cette espèce,

---

ture irrégulière de ces deux composés occasionne une infinité de réfractions non moins irrégulières; l'effet de ces réfractions irrégulières des rayons lumineux, est le croisement et le mélange des sept rayons primitifs; et l'effet de ce mélange est la couleur blanche, comme il l'a démontré.

on concevra aisément que les corps d'une texture tout-à-fait uniforme (quant à leurs portions optiques), donnent la transparence; que les corps inégaux, quant à leur texture simple, donnent le blanc; que ceux dont la texture composée est inégale, mais régulière, donnent toutes les autres couleurs, excepté le noir; enfin, que les corps dont la texture composée est tout à la fois inégale, irrégulière et confuse, donnent le noir (*a*). Tel est l'exemple de *migration générative*, dans la recherche qui a pour objet *la forme* de la *couleur blanche*. L'exemple de *migration destructive*, relativement à cette même forme, c'est l'*écume dissoute;* car, dès que l'eau, une fois débarrassée de l'air, est redevenue homogène, et se trouve réduite à ses parties propres, elle recouvre sa transparence.

Or, ce qu'il ne faut pas non plus oublier, c'est que, sous ce nom d'*exemples de migration*, on doit comprendre non-seulement ceux des natures qui sont actuellement *engendrées* ou *détruites* dans un même sujet, mais encore ceux des natures qui y sont *croissantes* ou *décroissantes*, attendu que ces derniers mènent également à la découverte de la forme, comme on le voit clairement par la définition même que nous avons donnée des formes en général, et par la *table des degrés*. Par exemple, le papier, lorsqu'il est sec, est blanc; mais, lorsqu'on l'a mouillé, alors excluant l'air de ses pores, et y recevant l'eau, il devient moins blanc, et quelque peu transparent. Ainsi, cette substance présentant les mêmes phénomènes que les deux exemples proposés plus haut, elle mène aux mêmes conséquences.

XXII.

Nous placerons au troisième rang les *exemples ostensifs* dont nous avons parlé dans la première conclusion provisoire ou *ébauche d'interprétation*, relativement à *la chaleur*. Nous les qualifions aussi assez souvent de *coups de lumière*, *d'exemples de liberté, d'exemples de prédominance.* Ce sont ceux qui présentent la nature en question comme toute nue, et subsistante par elle-même, ou encore dans son état d'exaltation, dans le plus haut degré de sa puissance; c'est-à-dire, émancipée, et sinon débarrassée, du moins victorieuse de tous les obstacles, par sa grande intensité, anéantissant leur effet, et rendant leur opposition inutile. Comme tout corps réunit en soi les formes d'un grand nombre de natures, lesquelles, en s'y combinant, forment un tout, il en résulte qu'elles s'émoussent, se rabattent, se rompent et se brident réciproquement; ce qui obscurcit et masque, pour ainsi dire, chacune de ces formes. Mais on rencontre des sujets où la nature en question est plus dans sa force, qu'elle ne s'y trouve dans tous les autres; ce qui est l'effet de l'absence des obstacles ou de la prédominance de son action. Les exemples de ce genre sont ceux qui dévoilent le mieux la forme, et sont par conséquent les *plus ostensifs*. Mais ces exemples mêmes exigent aussi certaines précautions; et pour empêcher l'entendement d'en abuser, il faut réprimer son impétuosité naturelle; car tout ce qui semble étaler la forme, et la forcer de se présenter à l'esprit, doit être tenu pour suspect (1). Et alors, pour éviter toute méprise, il faut recourir à une exclusive exacte et sévère.

Supposons, par exemple, que le sujet de la recherche soit *la chaleur*; alors l'exemple vraiment *ostensif* du mouvement d'*expansion*, qui, comme nous l'avons dit, est la partie principale de la forme de la chaleur; cet exemple,

___

(1) Car cette qualité qui se trouve dans tous les sujets, ou toujours dans le même sujet (au maximum, en même temps que la qualité à définir), pourroit n'être qu'une qualité simplement *concomitante*, ou un simple effet de la nature en question; et non sa véritable forme, c'est-à-dire, la qualité générale de la matière, que certaines circonstances ou conditions particularisent et déterminent à être cette nature à définir.

dis-je, c'est le *thermomètre à air*. En effet, quoique, dans la flamme, l'expansion soit manifeste ; cependant, comme elle s'éteint à chaque instant (1), on n'y peut observer le progrès de cette expansion. L'eau chaude, vu la facilité avec laquelle ce liquide se convertit en vapeur et en air, ne montre pas non plus assez bien l'expansion de l'eau proprement dite, et supposée demeurant dans l'état de corps tangible. Enfin, loin que le fer rouge et les autres corps de cette nature laissent appercevoir ce progrès, au contraire, leur esprit mollissant, pour ainsi dire, contre leurs parties grossières

---

(1) Aux yeux du corps, la flamme d'une bougie demeure toujours la même individuellement ; parce que l'œil humain n'est pas assez fin pour appercevoir les pertes qu'elle fait continuellement, et les remplacemens continuels qui les réparent. Aux yeux de l'esprit, cette flamme est un petit ruisseau de matière grasse, vaporeuse et enflammée, dont les parties se dissipent sans cesse, et sont d'instant en instant remplacées par d'autres que fournit sans cesse la bougie.

et compactes, qui lui opposent une résistance invincible, il arrive de là que l'expansion n'y est point du tout sensible (1). Mais le thermomètre montre parfaitement cette expansion dans la masse d'air qu'il contient; il la rend visible, il rend sensible sa dilatation progressive et continue.

Supposons encore que la nature à définir soit le poids ou la *pesanteur* (2).

---

(1) Sinon à l'aide du *pyromètre*, instrument qui sert à mesurer, non exactement, mais à peu près les moindres degrés d'expansion ou de contraction des différens corps solides, et sur-tout des métaux; c'est un objet que remplit parfaitement l'instrument de ce nom, inventé par le citoyen *Regnier de Semur*.

(2) Ce mot doit être pris ici, non dans le sens de Newton, qui le substitue souvent au mot de *gravité*, pour exprimer cette force par laquelle tous les corps qui nous environnent tendent vers le centre de notre planète, ou en général par laquelle toutes les parties de la matière tendent les unes vers les autres (avec des forces qui sont en raison composée de la directe des masses et de l'inverse des quarrés des distances); mais dans le sens

L'exemple *ostensif*, relativement à la pesanteur, c'est le mercure ; il l'emporte par son poids sur tous les autres métaux, excepté l'or, qui cependant n'est pas beaucoup plus pesant. Mais l'exemple tiré du mercure, indique beaucoup mieux *la forme de la pesanteur*, que celui qui se tire de l'or. Car l'or, outre son grand *poids*, a aussi de la *consistance* et de la *solidité* ; genre de qualité qui semble se rapporter à la *densité*. Au lieu que le mercure, tout liquide et tout abondant en esprits qu'il est, ne laisse pas d'être beaucoup plus pesant que le diamant, et que ceux d'entre les autres corps qu'on regarde comme les plus solides. Ce qui prouve que la forme du poids ou de la pesanteur ne dépend pas d'un tissu plus serré, et d'un assemblage plus ferme, mais simplement de la quantité de matière.

---

vulgaire, c'est-à-dire, pour désigner cette *dépression* que tous les corps exercent sur ceux qui les supportent ; et le *poids* est la quantité déterminée de cette dépression.

XXIII.

Nous mettrons au quatrième rang les *exemples clandestins*, que notre coutume est de nommer aussi *exemples de crépuscule*. Ceux-ci sont, en quelque manière, opposés aux *exemples ostensifs*. Ce sont ceux qui présentent la nature donnée à son degré le plus foible et comme à son berceau, et comme faisant ses premières tentatives, ses premiers essais, mais masquée et vaincue par sa contraire. Les exemples de ce genre sont d'une grande utilité pour la découverte des formes ; car, de même que les *exemples ostensifs* conduisent aisément aux *différences*, les exemples *clandestins* mènent aussi aisément aux genres, c'est-à-dire, à ces natures communes dont les natures à définir ne sont que les limitations (1).

---

(1) Comme, dans les exemples *ostensifs*, la nature à définir est à son maximum, elle y est, par cela même, plus sensible. Et comme elle n'a pu augmenter à ce point, sans que sa forme, ou ce qui

Supposons, par exemple, que la nature en question soit la *consistance*, ou cette propriété par laquelle un corps a des limites fixes, des dimensions déter-

la constitue, augmentât proportionnellement, cette forme y est aussi plus facile à voir. C'est là qu'ordinairement on l'apperçoit d'abord, et qu'on apprend à la distinguer des autres. Dans les *exemples clandestins*, où cette nature est à son minimum, elle est plus difficile à appercevoir; mais une fois qu'on l'y apperçoit, on apprend d'abord qu'elle est plus générale qu'on ne pensoit; et si l'on y voit aussi ce que, d'après la considération de son maximum, on a soupçonné être sa forme, on a dès-lors, sinon découvert la véritable forme, du moins fait beaucoup de chemin vers cette découverte. Par exemple, Newton fit un grand pas au moment où il comprit que *c'est précisément la même cause qui arrondit une planète et une goutte d'eau.* Il en eût peut-être fait un second non moins grand et non moins important, s'il eût senti d'abord que *c'est aussi une même cause* (savoir, la force opposée à la première) *qui dilate alternativement les deux ventricules du cœur, et qui tient écartés les uns des autres, tous les soleils semés dans l'espace.* Car de ces deux apperçus, l'un sans l'autre n'est rien; mais réunis, ils font le tout.

minées ; nature dont la contraire est la liquidité ou la fluidité. Les *exemples clandestins*, sur ce sujet, sont ceux qui présentent dans un *fluide* quelque foible degré de consistance. Telle est une bulle d'eau, laquelle n'est autre chose qu'une sorte de pellicule (vésicule), qui a quelque consistance et des dimensions fixes; pellicule composée de la substance même de l'eau proprement dite, et dans l'état de corps tangible. Il en est de même de ce qu'on observe dans les goutières : lorsque l'eau y est en assez grande quantité pour fournir à un écoulement continu, elle prend la forme d'un filet délié, de *peur* que sa continuité ne soit interrompue. Mais s'il n'y a point assez d'eau, elle tombe en gouttes rondes; figure qui de toutes est la plus propre pour garantir l'eau de sa solution de continuité. Mais à l'instant même où le filet se rompt, et où elle commence à tomber goutte à goutte, elle revient tout-à-coup de bas en haut, et évite ainsi la solution de continuité. Je dirai plus : on observe le même phénomène dans les métaux, qui, étant fondus, sont liquides et coulans, mais plus tenaces, plus adhérens; leurs gouttes se retirent aussi de bas en haut, mais elles demeurent aussi-tôt adhérentes. Enfin, on apperçoit quelque chose de semblable dans ces espèces de petits miroirs que font les enfans avec leur salive, et à l'aide de tuyaux de jonc; miroirs où l'on voit aussi une pellicule d'eau qui a quelque consistance. C'est ce dont les enfans, dans leurs jeux, fournissent un exemple encore plus frappant, lorsqu'ayant pris de l'eau, rendue un peu visqueuse par le savon qu'ils y ont fait dissoudre, ils la soufflent à l'aide d'un chalumeau, et en forment une espèce de château de bulles, qui, par l'interposition de l'air, acquiert un certain degré de consistance, et un degré tel, qu'on peut, jusqu'à un certain point, l'agiter dans tous les sens et le projeter, sans rompre sa continuité. C'est ce qu'on voit encore mieux dans l'écume et dans la neige, qui acquièrent une telle consistance, qu'on pourroit presque les couper, quoique chacune de ces deux substances ne soit qu'un composé de l'air et de l'eau, qui tous deux sont fluides dans leur état ordinaire. Tous ces exemples prouvent assez que les idées qu'on attache communément à ces mots de *consistance* et de *liquidité*, sont des notions purement populaires, et que ces deux dénominations n'expriment que de simples relations aux sens; qu'il existe réellement dans tous les corps une tendance à éviter la solution de continuité; que, dans les corps homogènes, tels que les liquides, cette tendance est foible et languissante; mais que, dans les corps composés de parties hétérogènes, elle est plus active et plus forte (1), parce

---

(1) Quiconque aura lu avec quelque attention ce passage, ainsi que beaucoup d'autres, sera tenté de regarder comme une fable l'histoire de cette pomme, dont la chûte, nous dit-on, donna au grand Newton la première idée de son système sur l'attraction universelle; car ceci est un peu plus ins-

que l'approche d'une substance hétérogène les resserre, en déterminant leurs parties avec plus de force les unes vers

---

tructif qu'une pomme qui tombe ; et il est plus aisé de mentir, que d'avoir le premier de si grandes vues. Mais on sait que la *forme*, ou *la nature naturante* des génies du premier ordre, tels que Newton, Descartes, Leibnitz et Aristote, est la judicieuse précaution de ne citer personne; et c'est à quoi ils doivent la plus grande partie de leur apparente originalité. Au reste, si Newton, en méditant ce passage, apprit *à ne point mépriser les petits faits, et à chercher dans les petites choses la raison des grandes, les loix de la nature étant les mêmes en grand qu'en petit*, c'est beaucoup moins une raison pour l'accuser de plagiat, ce qui ne meneroit, je pense, à aucune vérité utile, que pour apprendre de lui *à devenir original, en surpassant ceux qu'on imite* (la seule espèce d'originalité qui nous soit accordée, puisqu'il faut toujours partir de quelque chose, et même de quelqu'un); c'est-à-dire, à appliquer l'esprit géométrique aux apperçus vrais, grands et utiles, mais vagues, qu'on rencontre dans Bacon, et dans les autres philosophes dont le génie est un peu trop poétique. Je suis désormais en état de faire voir que le premier apperçu d'aucune des grandes vérités

les autres; au lieu que l'introduction d'une substance homogène les dissout en relâchant leur assemblage (1).

---

attribuées à Newton, ne lui appartient, et il n'en est pas moins le plus grand génie qui ait existé; *tant l'esprit juste et conséquent a d'avantage réel et reconnu sur tous les autres genres d'esprit qu'on peut regarder comme différens genres de folie qui approchent plus ou moins de la raison.*

(1) Par la même raison que deux personnes qui s'aiment, venant à rencontrer leur ennemi commun, et s'en aimant davantage, se serrent l'une contre l'autre; et que deux personnes qui s'aiment foiblement, rencontrant deux autres personnes qu'elles aiment davantage, se séparent l'une de l'autre, pour s'unir aux deux survenantes; par la raison enfin que deux corps qui s'attirent déjà, étant ensuite placés entre deux autres corps qui les repoussent l'un vers l'autre, sont, par le concours de leur action propre et de cette action étrangère, déterminés avec plus de force l'un vers l'autre, et que si, entre deux corps qui s'attirent foiblement, se placent deux autres corps qui les repoussent tous deux; ou si les deux premiers corps se trouvent placés entre deux autres par lesquels ils soient attirés avec plus de force qu'ils ne s'attirent eux-mêmes, dans ces deux cas, ils se séparent, ou ad-

Supposons de même que la nature en question soit l'*attraction*, ou la tendance des corps à s'unir ; je dis que, de tous les exemples relatifs à sa forme, le plus *ostensif* est l'aimant. Car la nature contraire à l'attraction est la non-attraction, quoique dans une substance semblable, à tout autre égard. Tel est l'exemple du fer, dans son état ordinaire, lequel n'attire point d'autre fer ; pas plus que le plomb n'attire d'autre plomb ; le bois, d'autre bois ; ou l'eau, d'autre eau. Mais un exemple vraiment *clandestin* sur ce sujet, c'est l'aimant armé de fer, ou plutôt le fer dans un aimant armé. Car la loi de la nature porte qu'à une certaine

---

hèrent ensemble plus foiblement. Car, comme nous le disions dans *la balance naturelle*, l'amour est à la haine, dans le monde moral, ce que l'attraction est à la répulsion, dans le monde physique ; et comme les deux dernières forces, en unissant ou séparant les élémens matériels, font ou défont les composés physiques, les deux premières, en unissant ou séparant les hommes, font ou défont les composés moraux.

distance, un aimant armé n'attire pas le fer avec plus de force que ne le fait un aimant non armé. Mais si vous approchez davantage le fer, alors l'aimant armé portera un poids beaucoup plus grand que le même aimant sans armure ; différence qui n'a d'autre cause que l'analogie de substance du fer avec d'autre fer. Mais cette propriété-là étoit tout-à-fait *clandestine* et voilée dans le fer, avant qu'on se fût avisé de le mettre en contact avec l'aimant. D'où il suit évidemment que la forme de l'attraction est quelque chose qui, dans l'aimant, est fort et actif; mais qui, dans le fer, est foible et caché. On a aussi observé que de petites flèches de bois, sans pointes de fer, décochées à l'aide de grands arbalètes, pénétroient plus avant dans le bois, par exemple, dans le flanc d'un vaisseau, que ces mêmes flèches armées de pointes de fer; ce qui vient encore de l'analogie de substance du bois avec le bois, quoique cette propriété du bois y fût tout-à-fait cachée avant qu'on en eût fait l'expérience. De même, quoique l'air n'attire pas plus l'air que l'eau n'attire l'eau, lorsque ces deux fluides font partie de masses un peu grandes de leur espèce; cependant deux bulles étant approchées l'une de l'autre, leur action réciproque fait que chacune se dissout plus aisément que si l'autre n'étoit pas là; phénomène dont la véritable cause est l'attraction que l'eau exerce sur d'autre eau; et l'air sur d'autre air. Ainsi, ces *exemples clandestins* qui sont d'un si grand usage, comme nous l'avons déjà dit, c'est dans les plus petites et dans les plus subtiles portions de la matière, qu'ils se présentent le plus souvent; les plus grandes masses de corps, suivant des formes plus communes (ou obéissant à des loix plus générales), comme nous l'observerons encore dans le lieu convenable.

XXIV.

Au cinquième rang doivent être placés les *exemples constitutifs,* que nous appellons aussi ordinairement *exemples par poignées* (ou *poignées de faits*). Il s'agit de ceux qui constituent une espèce de nature à définir; espèce envisagée alors comme une sorte de *forme mineure* (ou de forme du 2e. du 3e. du 4e. ordre). Car les véritables formes, qui seules sont *convertibles avec les natures à définir*, étant, pour ainsi dire, cachées à une grande profondeur, et difficiles à découvrir, la foiblesse de l'esprit humain nous fait une nécessité de ne point négliger, et même de remarquer avec la plus grande attention ces formes particulières, qui, rassemblant, non pas la totalité, mais seulement un certain nombre de faits d'un même genre, et en formant comme *une poignée*, les réunissent sous quelque notion commune; tout ce qui tend à montrer la liaison et l'enchaînement des parties de la nature, même d'une manière imparfaite, ne laissant pas de frayer le chemin à la découverte des formes. Ainsi, les exemples qui mènent à ce but, ne sont nullement à mépriser, et doivent jouir de quelque prérogative (1). Mais on ne doit pas en faire usage sans de grandes précautions; car il est à craindre que l'entendement,

---

(1) Ces *exemples constitutifs* ou *poignées de faits* sont par rapport aux *grandes formes*, ce que le *livret de Pythagore* est par rapport aux *grands calculs*; et cette *analyse* si nécessaire dans la *métaphysique de quantité*, l'est également dans la *métaphysique de qualité* ou *d'espèce*. Avant de former de grandes poignées de nombres ou de choses, il faut d'abord en faire de petites, et quelque habile calculateur qu'on puisse être, on est toujours obligé, pour avoir la somme totale, de commencer par additionner les colonnes. L'esprit humain n'ayant point assez de force et d'étendue pour former, par une seule opération, une classe très nombreuse, un genre très élevé, il est obligé de composer par degrés, et d'aller pas à pas en généralisant ses idées. A mesure qu'il saisit ce qu'il y a de commun entre certains êtres ou certains modes, il en forme d'abord de petites classes; puis considérant ce qu'il y a de commun entre ces classes, il les réunit pour en former de plus étendues, dont il forme des classes encore plus étendues, jusqu'à ce qu'il soit parvenu aux genres les plus élevés et désignés par ces mots, *être*, *substance*, *mode*, *force*, *mouvement*, *matière*, etc. marche

après avoir trouvé un certain nombre de ces *formes particulières*, et en avoir tiré certaines divisions ou partitions de la nature, ne se repose entièrement là-dessus; qu'au lieu de faire de nouveaux efforts pour découvrir *la grande forme*, il ne se hâte de supposer que, dès la racine, *la nature est ainsi morcelée et divisée en un grand nombre de parties essentiellement différentes* (1); et

---

qui, après tout, n'a rien de mystérieux, et qui n'est que la conséquence pratique de ce principe trivial : *qu'il faut faire en plusieurs fois, ce qu'on ne peut faire en une seule; et faire lentement ce qu'on ne peut bien faire, en le faisant vite, c'est-à-dire, presque tout.*

(1) Que la diversité des composés a pour cause, non la diversité des combinaisons et permutations d'un petit nombre d'élémens d'espèce différente, mais une infinité d'élémens originellement et essentiellement différens; car on peut faire, sur l'origine et les principes des choses, ces deux sortes de questions: y a-t-il dans l'univers un petit nombre, ou une infinité d'élémens, de principes substantiellement différens? et dans la première supposition, n'y a-t-il qu'une seule substance, comme

que, préoccupé de cette idée, il ne dédaigne et n'abandonne pour toujours les recherches tendantes à réunir encore davantage ces parties, les regardant comme une spéculation aussi inutile que difficile, et qui ne peut aboutir qu'à de pures abstractions.

Soit, par exemple, la nature en question, la *mémoire*, ou le *moyen d'exciter et aider la mémoire*. Les *exemples constitutifs*, par rapport à cette nature, sont d'abord l'*ordre* et la *distribution méthodique*, qui aide visiblement la mémoire : à quoi il faut ajouter les *lieux*

---

l'a avancé Spinosa; ou y en a-t-il deux, comme le pensoient les Manichéens, ou plutôt comme le pense presque tout le genre humain, qui divise l'univers en *matière* et *esprit*; ou enfin y en a-t-il trois, comme nous l'avons avancé dans *la balance naturelle?* Resteroit à définir ce mot de *substance*, comme le souhaitoit Leibnitz; et c'est ce que nous ferons dans notre logique, non pas en général, ce qui est aussi inutile qu'impossible, mais relativement à l'espèce humaine; ce qui est suffisant, puisque nous ne parlons qu'à des hommes.

dont on fait usage dans la *mémoire artificielle*, et qui peuvent être ou des *lieux* proprement dits, comme une *porte*, un *coin*, une *fenêtre*, et autres semblables, ou des *personnes connues et familières*, ou toute autre espèce d'objets qu'on voudra y substituer (pourvu toutefois qu'on les dispose *dans un ordre fixe*); tels que des *animaux*, des *plantes*, des *mots*, des *lettres*, des *caractères*, des *personnages historiques* ; objets qui, à la vérité, peuvent être plus ou moins commodes. Or, l'expérience prouve que des lieux de cette espèce aident singulièrement la mémoire, et la portent quelquefois à un point qui surpasse infiniment celui où elle pourroit atteindre par ses seules forces naturelles. De même les *vers* sont plus faciles à apprendre par cœur, et à retenir, que la *prose*. Ainsi, de cette poignée de trois exemples ; savoir : l'*ordre*, les *lieux de la mémoire artificielle* et les *vers*, se compose déja une première espèce de secours pour la mémoire ; et cette première espèce, on peut, avec raison, la qualifier d'*abscission de l'infini* (1), (de *limitation de l'indéfini*). Car, lorsqu'on fait effort pour se rappeller quelque chose, si l'on n'a quelque *prénotion* ou *perception* de ce qu'on cherche, on le cherche long-temps, avec beaucoup de peine, et quelquefois en vain ; l'esprit alors va, pour ainsi dire, courant çà et là, et comme se perdant dans l'infini. Mais, a-t-on une certaine prénotion de cette même chose, dès-lors l'*infini* est comme *rogné* et réduit à un

---

(1) L'expression du texte manque de justesse. *Abscissio* signifie l'acte par lequel on retranche d'un tout, une ou plusieurs parties. Or, ici la chose retranchée n'est pas l'infini, le tout, mais une certaine partie ; car ce mot *infini* ne signifie que *l'indéfini*, la nature entière, l'univers. Lorsqu'on a une prénotion de ce qu'on cherche, au lieu d'être obligé de le chercher dans l'immensité des êtres ou des modes, on ne le cherche plus que dans une certaine classe qui en est abstraite, séparée et comme retranchée par cette prénotion, laquelle détermine cette classe, et *limite l'indéfini*.

petit espace, où la mémoire ensuite trouve plus aisément ce qu'elle cherche. Or, dans ces trois exemples que nous venons de donner, la prénotion est claire et déterminée. Dans le premier exemple, ce doit être une image qui ait quelque relation, quelque analogie avec le lieu déterminé où on la place. Enfin, dans le troisième, ce doivent être des mots qui s'ajustent à la mesure du vers. C'est ainsi que l'indéfini est limité et réduit à une classe peu étendue. D'autres exemples nous donneront une autre espèce fondée sur ce principe : que tout ce qui ramène les idées abstraites à des idées sensibles, et leur donne, pour ainsi dire, un corps (moyen qui est d'un grand usage dans la mémoire artificielle), aide aussi la mémoire. De quelques autres exemples nous formerons une troisième espèce, en partant de ce principe : que tout ce qui est imprimé dans la mémoire par une passion forte; par exemple, que tout ce qui excite la crainte, l'admiration, la honte, le plaisir, etc. s'y grave plus profondément, et facilite les opérations de cette faculté. D'autres exemples encore composeront une quatrième espèce, fondée sur cet autre principe : tout ce qu'on apprend dans les momens où l'esprit est libre, dans ceux où il n'est pas encore ou n'est plus préoccupé; par exemple, ce qu'on apprend durant l'enfance, ou avant de se livrer au sommeil; enfin, les choses qui ont lieu pour la première fois ; toutes ces choses, dis-je, se gravent aussi plus profondément dans la mémoire. On formera aisément une cinquième espèce, si l'on considère combien la multitude des circonstances et des prises qu'on donne à la mémoire, aide ses opérations. Tel est l'usage d'écrire par parties détachées ce qu'on veut se rappeler (1); de le lire

---

(1) Ce n'est pas précisément parce qu'un discours ainsi écrit par parties détachées donne à la mémoire un plus grand nombre de prises, qu'on se le rappelle plus aisément ; mais parce que les dif-

ou de le réciter à haute voix. Enfin, d'autres exemples donneront cette sixième espèce, qui prend pour principe : que les choses qui sont attendues, et qui, par cette cause, excitent l'attention, se gravent plus aisément dans l'esprit, que celles qui ne font, pour ainsi dire, qu'y passer. Aussi vous aurez beau lire vingt

---

férentes parties de cet écrit étant physiquement séparées et comme *isolées*, outre qu'on est, par cela même, forcé de le lire plus lentement, on peut ainsi plus aisément les considérer *une à une*, les concevoir *plus distinctement*, n'en passer aucune, et faire plus *d'attention* à chacune. Or, *l'attention* est, par rapport aux moyens d'aider la *mémoire*, *la grande forme*, *la nature naturante*; elle peut seule tenir lieu de tous les autres moyens, et aucun ne peut la remplacer. Car *la mémoire* n'est au fond qu'une *attention renouvellée*, *rénovation* dont la facilité et l'exactitude sont proportionnelles à la *force* des actes précédens, et sur-tout du premier de tous; ce qui comprend son *intensité*, sa *durée*, sa *réitération*, etc. et tous ces artifices qui composent l'art connu sous le nom de *mémoire artificielle*, ne sont que des *moyens d'exciter*, *d'augmenter*, *de soutenir et de réitérer l'attention*.

fois un écrit, vous ne l'apprendrez pas aussi aisément par cœur, que si, de temps en temps, vous essayiez de le réciter, et en regardant le livre, quand votre mémoire se trouve en défaut.

Voilà donc six formes, ou genres d'exemples, qui comprennent autant de moyens d'aider la mémoire; savoir: *la limitation de l'indéfini;* la *déduction de l'intellectuel au sensible; l'impression faite par une forte affection; l'impression faite dans l'esprit libre; la multitude des prises;* et *l'attente.*

Soit encore prise pour exemple la nature du *goût* (ou de la *gustation*); on peut regarder les faits suivans comme autant d'exemples constitutifs, par rapport à cette faculté. D'abord, ceux que la nature a totalement privés de l'odorat, ne discernent point au goût un aliment rance ou putride (1); ils ne distinguent

---

(1) Ce fait est absolument faux. Je suis totalement privé de l'odorat, et je n'ai pas même l'idée des odeurs; cependant je distingue fort bien au goût, une huile rance, une viande gâtée, etc.

pas mieux ceux où entrent de l'ail, de l'eau de rose, etc. De plus, si les personnes qui ont les narines bouchées par quelque cause accidentelle, un rhume, par exemple; si ces personnes, dis-je, ayant dans la bouche, ou au palais, quelque substance fétide ou d'odeur agréable, viennent à se moucher avec force, dans l'instant même elles en sentent l'odeur. Exemples qui donneront et constitueront cette espèce ou partie du goût; savoir : que le sens du goût n'est, en grande partie, qu'une sorte d'odorat intérieur, qui, passant, descendant des deux orifices intérieurs du nez, se répand de là dans la bouche et le palais. Au contraire, les saveurs salées, douces, âcres, acides, amères, etc. toutes ces saveurs-là, ceux qui sont totalement privés de l'odorat, ou en qui l'organe de ce sens est accidentellement obstrué, les perçoivent tout aussi-bien que les autres individus. D'où il suit évidemment que le sens du goût n'est qu'un composé d'un odorat intérieur, et d'une sorte de tact très fin (1). Mais ce n'est pas ici le lieu de traiter en détail un tel sujet.

De même, supposons que la nature en question soit la communication (2) d'une qualité quelconque, sans communication de substance. L'exemple de la lumière constituera une espèce de com-

---

(1) Comme les organes respectifs de ces deux sens sont extrêmement voisins, il n'est pas étonnant que les deux sens mêmes aient entr'eux beaucoup d'analogie et d'affinité. L'haleine d'une personne qui a bu de l'eau-de-vie, produit en moi une sensation mixte, dont le siége est toute la région du palais et des deux orifices intérieurs du nez ; c'est une sorte de saveur semblable à celle de l'eau-de-vie, mais extrêmement foible.

(2) Le lecteur voit ici pourquoi j'ai laissé subsister dans le texte ce mot de *nature*, au lieu d'y substituer ceux de *mode*, de *manière d'être*, ou de *qualité*, qui en sont presque toujours les équivalens. Car la communication d'un mode d'un corps à un autre, n'est point, à proprement parler, un *mode*, mais tout au plus un *mode de mode* ; et c'est à quoi n'ont pas pensé ceux qui, en divisant tous les objets de nos idées en *substance* et en *mode*, se sont imaginés avoir tout fait.

munication; la chaleur et l'aimant constitueront l'autre. Car la communication de la lumière est comme instantanée (1), et cesse dès qu'on éloigne la lumière originelle (le corps lumineux). Mais la chaleur, ou la vertu magnétique, une fois transmises, ou plutôt excitées dans un corps, s'y attachent en quelque manière, et y subsistent assez long-temps, quoiqu'on en éloigne le premier *moteur* (2).

---

(1) Il a raison d'ajouter ce mot *comme*; car c'est parce que la communication de la lumière n'est pas tout-à-fait instantanée, qu'un flambeau ou un charbon ardent, mus circulairement, présentent à l'œil l'apparence d'un cercle de feu. Je soupçonne que la chaleur et la lumière ne sont que deux modes, deux mouvemens différens, peut-être même semblables, d'une même substance; mais dont l'un plus fort, est perçu par le sens, plus grossier, du tact; et l'autre plus foible, est perçu par le sens, plus délicat, de la vue. Si cette supposition étoit fondée, il ne seroit plus étonnant que la sensation de la lumière fût moins durable que celle de la chaleur.

(2) Pourquoi dire *le premier moteur*, avant de savoir si la chose communiquée est en effet un

Enfin, la prérogative des exemples constitutifs est d'autant mieux fondée, qu'ils sont d'une grande utilité pour les définitions (sur-tout pour les définitions particulières), et pour les divisions ou partitions des natures. C'est le vif sen-

---

mouvement ? Comme la vertu magnétique *subsiste durant plusieurs années,* dans le fer auquel elle a été communiquée, il n'est pas probable que la chose communiquée par le corps aimantant, soit un *mouvement;* mais on peut penser que *le changement* qu'on produit dans le corps qu'on aimante, est ou une *addition de substance,* ou *un changement dans sa texture,* ou l'un et l'autre. Et comme un même aimant, ou un même fer aimanté peut *communiquer sa vertu* à une infinité de morceaux de fer, *sans en rien perdre,* il n'est pas non plus vraisemblable que le changement produit dans ce corps qu'on aimante, soit *une addition de substance.* Ce seroit donc une *variation dans la texture,* comme le soupçonnent beaucoup de physiciens, à moins qu'on ne suppose que le corps aimantant *reprend dans le réservoir commun précisément la quantité de substance qu'il a perdue en la communiquant;* supposition qui manque tout-à-fait de vraisemblance.

timent de cette utilité qui a fait dire à Platon : tout homme en état de donner de bonnes définitions et de bonnes divisions, doit être regardé comme un Dieu (1).

XXVII.

Nous mettrons au sixième rang, parmi les prérogatives des faits, les exemples *de conformité* ou *d'analogie* que nous désignons aussi quelquefois par les dénominations de *parallèles* et de *similitudes physiques*. Ce sont ceux qui montrent, en effet, les similitudes, les convenances et les analogies des choses, non dans les *formes mineures* (ce qui est la fonction propre des exemples constitutifs), mais dans les composés mêmes (dans le concret); ces exemples sont comme le premier étage, les premiers degrés par lesquels on s'élève à l'*unité*

---

(1) L'un tient à l'autre; car *les bonnes divisions, ainsi que les bonnes définitions*, résultent de la connoissance des *vraies analogies* et des *vraies différences* des choses divisées ou définies.

des loix de la nature. Ce n'est pas qu'ils puissent servir à établir, dès le commencement, tel ou tel axiôme ; leur destination est seulement d'indiquer certaines *corrélations* entre les corps. Cependant, quoiqu'ils n'accélèrent pas beaucoup la découverte de la forme, ils ne laissent pas d'être d'une grande utilité, en dévoilant la liaison, l'analogie et l'enchaînement des parties de l'univers : ils font des membres de ce grand corps, une sorte d'*anatomie,* et par conséquent ils mènent, comme par la main, à des axiômes plus élevés et plus importans, sur-tout à ceux qui ont pour objet la *configuration* et le *tout-ensemble* de l'univers, axiômes auxquels ils conduisent plutôt qu'aux natures et aux formes simples.

Parmi les exemples de *conformité,* on peut ranger les suivans : un miroir et l'œil ; la structure de l'oreille et les lieux qui rendent des échos. Or, de cette *conformité* de leur structure, outre l'observation même de leur *analogie,* qui fournit une infinité d'applications, découle naturellement et se forme cet axiôme : que les organes des sens et les corps qui occasionnent des réflexions vers les sens, sont de nature analogue (1). De plus,

---

(1) Les vues de notre auteur n'ont point ici leur justesse et leur solidité ordinaires. Combien ces deux analogies, par lesquelles il se laisse éblouir, sont foibles et superficielles! Car, au premier coup d'œil, on apperçoit deux différences radicales. D'abord, les rayons de lumière sont *réfléchis* par les miroirs et n'y entrent pas ; au contraire, ils sont *réfractés* par les trois humeurs de l'œil ; ils les traversent. De même les rayons sonores sont réfléchis par les lieux qui forment des *échos* ; au lieu qu'ils entrent dans l'oreille et semblent s'y réfracter aussi. Or, remarquez que ces *différences* sont dans la chose même dont il s'agit principalement ici ; savoir : *dans la marche des rayons sonores et dans celle des rayons lumineux*. Mais, si cette marche est différente, les organes que la nature y a appropriés, ne doivent pas moins différer des corps auxquels on les compare ; et toutes les conséquences que Bacon tire ici de leur prétendue analogie, fussent-elles vraies en elles-mêmes, n'en seroient pas moins fausses comme conséquences.

l'entendement éclairé par ce premier apperçu, parvient sans peine à certain axiôme plus grand et plus élevé (1); savoir : qu'il n'y a entre les corrélations ou les sympathies des corps doués de sentiment, et celles des corps inanimés qui en sont privés, d'autre différence sinon que les premiers ont de plus l'*esprit animal* logé dans un corps disposé à le recevoir, et organisé pour cette fin; au lieu que cet esprit ne se trouve point dans les derniers (2). Ensorte qu'autant

---

(1) Mais il n'en fait pas mieux; car le chancelier Bacon n'a cessé de lui dire que la principale source de toutes les erreurs est cette malheureuse disposition à s'élancer ainsi de prime-saut des faits particuliers aux axiômes trop généraux; qu'il ne doit s'élever à ceux-ci que fort lentement et après toutes les *exclusions* ou les *réjections* indiquées par l'expérience bien méditée et comparée au but de la recherche.

(2) Une autre différence qui n'est pas à négliger, c'est que, même extérieurement, un œil n'est pas construit précisément comme un miroir; ni une oreille, comme l'obstacle qui fait écho.

il y a de *corrélations et d'analogies dans les corps animés*, autant il y auroit de *sens dans les animaux*, si la nature eût percé, dans les corps animés, *des trous* en nombre suffisant et de grandeur ou de figure convenable, pour que l'esprit animal y trouvât un lieu où il pût aller et venir librement, et exécuter tous ses mouvemens, comme une machine appropriée à ce but ; et que réciproquement autant il y a d'*espèces de sensations* (1) dans les *animaux*, autant il y a *d'espèces de mouvemens* dans le corps *inanimé*, où l'esprit animal ne se trouve pas ; quoique, pour le dire en passant, les *mouvemens*, dans les corps *inanimés*, soient nécessairement en *beaucoup plus grand nombre* que les *espèces de sensations* dans les corps *animés*, vu le très petit nombre des organes du sentiment (2). C'est ce dont

---

(1) Le texte dit de *sens* ; mais la suite fait voir qu'il se trompe.

(2) Voici proprement en quoi consiste le para-

on voit un exemple fort sensible dans les différentes espèces de sensations douloureuses. En effet, comme il est, dans les animaux, différentes espèces, et,

---

logisme qui règne dans tout ce passage, et qui réduit presque à rien l'imposant aperçu qu'il présente. L'auteur pose pour principe, qu'il y a nécessairement un *rapport* entre les organes des sens et les corps qui les affectent; ce qu'on ne peut lui contester. Mais ensuite traduisant ce mot de *rapport* par celui de *consentement* (c'est le mot du texte, auquel je substitue celui de *corrélation*,), qui a une autre destination, et auquel il attache une signification arbitraire, il fait de ce *rapport vague* dont il parloit d'abord, *un rapport déterminé de similitude*; et de cette supposition très gratuite, il tire toutes les conséquences qu'on vient de lire. Le mot de *consentement*, si l'on s'en rapporte à son étymologie, signifie proprement *l'état respectif de deux êtres qui sentent ensemble, en même temps*. On ne devroit l'employer que pour les parties de l'individu, ou de l'assemblage d'individus, qui sont *affectées par les mêmes causes, ou qui s'affectent réciproquement*. Le mot vague de *corrélation* suffiroit pour toutes les autres relations ou correspondances d'action, dont l'espèce n'est pas connue.

pour ainsi dire, différens caractères de douleurs, telles que celles d'une brûlure, d'un froid âpre, d'une piquure, d'une foulure, d'une distension violente et autres semblables, il n'est pas douteux que les différences corrélatives (1), du moins quant au mouvement, se trouvent aussi dans les corps inanimés, tels que le bois ou la pierre, lorsqu'ils sont brûlés, resserrés par la gelée, percés, coupés, fléchis ou écrasés, et ainsi des autres, quoiqu'ils n'en aient pas le sentiment, à cause de l'absence de l'esprit animal (*b*).

D'autres exemples de conformité (ce qui pourra paroître étrange), ce sont les racines et les branches des plantes ; car tout végétal, en vertu de l'action qui

---

(1) Comme la sensation n'est que la perception de l'état ou du mode actuel de l'organe du sens respectif produit par la cause intérieure ou extérieure qui l'affecte, le mode de l'organe variant nécessairement, selon l'espèce et la force de l'impression reçue, la perception ou la sensation doit varier aussi semblablement et proportionnellement.

opère son développement, s'enfle et pousse ses parties du centre à la circonférence, tant vers le haut que vers le bas; et il n'y a point, au fond, entre les racines et les branches, d'autre différence, sinon que les premières sont renfermées dans la terre; au lieu que les dernières sont exposées à l'air et au soleil; en voici la preuve : si, ayant pris sur un arbre une branche tendre et vigoureuse, on la plie pour la faire entrer dans quelque motte de terre non adhérente au sol, elle poussera non une branche, mais une racine. Si, au contraire, ayant mis la racine en dessus, on la couvre d'une pierre ou de quelque autre substance dure qui arrête la pousse de bas en haut, et qui empêche la plante de pousser des feuilles, elle poussera des branches de haut en bas, en vertu de l'action de l'air auquel elle est exposée.

On peut encore ranger parmi les exemples de *conformité*, les gommes des arbres, et la plupart de ces pierres précieuses que l'on tire des rochers. Car les unes et les autres ne sont autre chose que le produit de certaines *exsudations* et *filtrations* de sucs. Dans les corps de la première espèce, ce sont les sucs des arbres ; et dans ceux de la seconde, les sucs pierreux. De là ce brillant et cet éclat qu'on remarque dans les unes et les autres ; éclat qui a pour cause une filtration très exacte et très délicate de ces sucs. C'est par une cause toute semblable, que les poils des animaux ne présentent pas des couleurs aussi belles et aussi vives que les plumes des oiseaux. Cette différence vient de ce que la peau n'est pas un filtre aussi délicat et aussi fin que le tuyau de la plume.

Nous pouvons encore regarder comme exemples de *conformité*, le *scrotum* dans les animaux mâles, et la *matrice* dans les animaux femelles. Ensorte que cette structure admirable qui fait la différence des sexes (du moins dans les animaux terrestres), semble se réduire à la très légère différence qui peut se trouver entre deux parties de même conformation, dont l'une est *intérieure*, et l'autre *extérieure*. La chaleur qui a plus de force et d'intensité dans le sexe masculin, poussant au dehors les parties génitales; au lieu que, dans les femelles, où la chaleur est trop foible pour produire un semblable effet, ces parties restent en dedans (1).

----

(1) C'étoit d'après un songe aussi creux que celui-ci, que certains moines physiciens des derniers siècles prétendoient que la femme n'est que *l'ébauche d'un homme*, que la nature a bien pu commencer, mais que, faute de chaleur, elle n'a pu achever; en un mot, une sorte *d'homme manqué* ou *retourné*. D'autres ont prétendu qu'au temps où l'espèce étoit dans toute sa vigueur, chaque individu étoit *hermaphrodite*, et que, portant en lui seul les deux sexes, il pouvoit *se féconder lui-même*; mais que depuis, l'espèce étant venue à dégénérer, chaque individu ne naissoit plus qu'avec la moitié de son être, et vivoit dans la perpétuelle nécessité de chercher son autre moitié pour s'y rejoindre et se compléter ; c'est-à-dire, en empruntant le langage des géomètres, que *l'homme et la femme sont complémens, ou, si l'on veut, supplémens l'un de l'autre.* Descartes lui-

Nous regarderons aussi comme exemples de *conformité*, les nageoires des poissons, les pieds des quadrupèdes, ainsi que les pieds et les ailes des oiseaux. A quoi Aristote a ajouté les quatre *flexions* d'où résulte le mouvement *sinueux* des serpens. Ensorte que, dans la totalité de l'univers, les mouvemens les plus ordinaires des êtres vivans paroissent s'exécuter par le moyen de *membres et de flexions toujours au nombre de quatre*.

Les dents des animaux terrestres, comparées au bec des oiseaux, sont encore un exemple de conformité, d'où il résulte que, dans tous les animaux parfaits, une certaine substance dure est déterminée vers la bouche.

Ce ne seroit pas non plus abuser de l'analogie, que d'appeler l'homme une *plante renversée*; car *la tête est comme la racine des nerfs et des facultés ani-*

---

même, à qui l'on attribue cette plaisanterie, qui est beaucoup plus ancienne que lui, a bien voulu s'y prêter et la redire.

males (1), et les *parties séminales* sont *en bas*, en comptant pour rien les extrémités des bras et des jambes. Au contraire, dans les plantes, la *racine*, qui est comme leur *tête* (2), est ordinairement placée dans le lieu le plus bas, et la semence dans la partie supérieure.

Mais un avertissement bien nécessaire ici, et que nous ne nous lasserons point de donner, c'est qu'en rassemblant et choisissant les faits pour en composer une histoire naturelle, il faut suivre un plan tout-à-fait contraire à celui qu'on se fait ordinairement, et se pénétrer d'un esprit tout opposé. Car jusqu'ici, à la vérité, les hommes n'ont pas manqué d'intelligence et d'activité dans l'étude de la nature, mais envisagée *selon la diversité des êtres* ou *des phénomènes*,

---

(1) Le cerveau est comme l'*oignon*, d'où sort cette *plante ambulante*.

(2) Ce seroit plutôt leur bouche et leur estomac, attendu que c'est la partie qui mange et qui digère.

et ils ont poussé l'exactitude, en ce genre, jusqu'au point de remarquer et d'expliquer les plus minutieuses différences des animaux, des végétaux et des fossiles ; différences qui, le plus souvent, ne sont tout au plus que des *jeux de la nature*, et non des objets dont la considération puisse être vraiment utile aux sciences. Ces sortes d'observations sont fort agréables sans doute, et sont même de quelque utilité dans la pratique ; mais s'agit-il de pénétrer dans les profondeurs de la nature, de telles connoissances sont alors d'une utilité médiocre, pour ne pas dire nulle. Il faut donc tourner principalement son attention vers les *similitudes* et les *analogies*, tant dans les composés que dans leurs parties. C'est là proprement la marche qui peut nous mettre en état de saisir l'ensemble de la nature, et le premier fondement de la véritable science (*c*).

Mais ces rapprochemens ne doivent être faits qu'avec précaution ; ils exigent de la circonspection et de la sévérité. Il ne faut donner ce nom d'*exemples d'analogie et de conformité*, qu'aux faits qui, (comme nous l'avons dit en commençant,) présentent des similitudes *physiques*, c'est-à-dire, *réelles, substantielles,* et ayant leur racine dans la nature même; non des similitudes *hazardées, spécieuses*; moins encore de ces analogies superstitieuses dont se berce une coupable curiosité, et semblables à celles qu'étalent sans cesse les auteurs qui traitent de la *magie naturelle;* genre d'écrivains frivoles et superficiels qui, dans un sujet aussi grave, méritent à peine d'être nommés, et dont la sotte vanité va débitant des similitudes aussi stériles qu'imaginaires, et quelquefois même controuvées à dessein.

Mais, laissant de côté ces chimères, nous dirons qu'il ne faut pas non plus négliger les *exemples de conformité,* relatifs à la *configuration du globe terrestre,* du moins quant à ses grandes parties. Telles sont, par exemple, l'Afrique et la région du Pérou, y compris les contrées plus méridionales du même continent, lesquelles s'étendent aussi et s'alongent jusqu'au détroit de Magellan; car, sur ces deux continens, on voit des isthmes et des promontoires tous semblables; ce qui ne sera pas arrivé par hazard, et doit être l'effet d'une cause commune.

Il en est de même du nouveau monde et de l'ancien, comparés ensemble, selon leur totalité; car tous deux sont fort larges vers le nord, et fort étendus de l'est à l'ouest, mais, au contraire, tous deux fort étroits, et d'une figure qui va en s'aiguisant de plus en plus vers le midi (1).

───────────────

(1) L'océan méridional, après s'être porté dans le vaste bassin de la mer atlantique, ou plutôt après l'avoir formé, a dû, par sa pression latérale, combinée avec l'action des vents et des marées, aiguiser de plus en plus les deux caps, et ronger latéralement les deux continens, jusqu'à ce que, rencontrant le roc, il ne pût désormais dégrader que fort lentement. Et cela, il l'a dû faire, par la même raison que, par-tout ailleurs, l'eau aigui-

Il est encore deux exemples de conformité qui méritent d'être remarqués ; c'est d'abord ce froid si âpre qui règne dans ce qu'on appelle *la moyenne région de l'air*; puis ces feux si actifs qui s'élancent, avec un bruit terrible, des entrailles de la terre, dans les éruptions volcaniques ; deux phénomènes qu'on peut regarder comme des *maximum*, comme des *extrêmes* de la nature ; sa-

---

sant d'un côté et creusant de l'autre, forme ici de petits golphes, et là, de petits promontoires, comme on peut l'observer dans tous les cantons où il y a beaucoup de ruisseaux ou de saignées. Si vous faites couler une certaine quantité d'eau sur une terre où il y ait une partie plus élevée et plus dure que les autres, l'eau, en coulant à droite et à gauche de cette partie qu'elle ne peut ni surmonter ni entamer, formera nécessairement une pointe. De plus, comme, en ce monde, il n'est, en aucun temps, ni en aucun lieu, de parfaite égalité, lorsque, soit dans le lit d'une rivière, soit dans le bassin d'une mer, l'eau appuie plus d'un côté que de l'autre, elle creuse du côté où elle appuie, et aiguise du côté opposé, comme l'a prétendu M. de Buffon (voyez sa *théorie de la terre*).

voir : l'un, de la nature *chaude*, vers la concavité des cieux; l'autre, de la nature *froide*, vers les entrailles de la terre; double phénomène, dis-je, dont la cause est l'*antipéristase* ou *l'action répulsive* que chacune des deux natures exerce sur sa contraire (1).

―――――――――――――

(1) Voici quelle est son idée. La région *céleste* est celle de la *chaleur*, et le corps de la *terre* est la région du *froid;* celle où nous vivons est la région *moyenne*, où les deux natures contraires se trouvent mêlées ensemble par portions plus égales. Cela posé, sur les deux limites de cette région, soit en dessus, soit en dessous, chacune des deux natures livrant combat à sa contraire qui lui fait opposition, mais qui est beaucoup plus foible, la *repousse*, la *refoule* et *l'accumule*, de manière que, sur la limite, cette dernière a plus d'intensité, de force et d'activité qu'elle n'en auroit, sans l'opposition de sa contraire. Et telle étoit, à peu près, sur ce sujet, l'opinion des anciens, qui, à la réserve d'Héraclite, étoient bien loin de soupçonner l'existence du feu central, et de penser, comme M. de Buffon l'a avancé depuis, que cette planète n'est qu'un *petit soleil encroûté, originaire du grand, et qui se refroidit de plus en plus.*

Enfin, l'*analogie de certains axiômes*, pris dans les différentes sciences, fournit encore une *conformité d'exemples* également remarquable. Par exemple, cette *figure de rhétorique*, qu'on nomme, *contre l'attente*, est analogue à cette figure musicale appellée *déclinaison* de la *cadence* (de la *finale*). De même cet axiôme mathématique : *deux choses égales à une troisième, sont égales entr'elles*, rappelle celui qui est la base de toute la structure *du syllogisme;* forme de raisonnement par laquelle on unit deux idées qui s'accordent par rapport à une troisième; savoir : celle du *moyen terme* (ou terme moyen de comparaison (1).) Enfin, une des qualités le plus

---

(1) Il n'est pas généralement vrai que le syllogisme soit une forme de raisonnement par laquelle on réunit deux idées qui s'accordent par rapport à une troisième. Cet accord n'a pas toujours lieu, même dans les bons syllogismes. Lorsque le rapport des deux choses comparées à la troisième est un rapport *d'égalité* ou *de similitude*, il s'ensuit de là que ces deux choses sont *égales*

souvent utiles en philosophie, c'est une certaine sagacité active qui rend capable de chercher et de saisir les *conformités* et *les similitudes physiques.*

XXVIII.

Parmi les prérogatives des faits, nous mettrons au septième rang les exemples *Monadiques* (de sujets uniques en leur genre, ou d'espèces rares), que nous qualifions aussi assez souvent d'exemples *irréguliers* ou *hétéroclites* (en empruntant un terme des grammairiens). Les

---

ou semblables entr'elles. Mais si le rapport de l'une de ces deux choses à la troisième n'est pas le même que celui de l'autre à cette troisième, alors il n'est pas vrai que ces deux choses soient entr'elles ce qu'elles sont à la troisième. Il est vrai seulement que, du rapport de chacune d'elles à cette troisième, une fois bien connu, on peut conclure le rapport qu'elles ont entr'elles. Par exemple, si je sais que A est double de B ; et B, double de C, je sais, par cela même, qu'A est quadruple de C; mais alors le rapport d'A à C est différent de celui d'A à B, et de B à C.

exemples de cette classe désignent, parmi les composés divers, ceux qui semblent n'être que des *extravagances*, des *bizarreries de la nature*, des espèces de *sauts*, et qui n'ont aucune analogie avec les choses du même genre (1). En

---

(1) Un *genre* est un assemblage idéal de choses qui se ressemblent à certains égards ; savoir, en *ce qui constitue le genre.* Cela posé, comment se peut-il qu'une chose *ne ressemble en rien* à celles de *son genre ?* il y a ici *contradiction* dans les termes, et même dans les idées. Car, d'après notre définition qu'on ne peut contester, un *genre* n'étant qu'un composé de *choses semblables entr'elles*, c'est comme s'il disoit que ces composés dont il parle, *ne ressemblent en rien à ceux qui leur ressemblent ;* ce qui est absurde. Il falloit dire : lesquels présentent des composés, *qui ressemblent aux autres espèces du même genre, en ce qui, à la rigueur, constitue le genre, mais qui, en toute autre chose, diffèrent prodigieusement de ces autres espèces.* Cela est un peu plus long, mais du moins plus exact. D'ailleurs, l'on est maître d'abréger, autant qu'il est possible, en supprimant d'un seul coup les deux définitions qui nous paroissent au fond assez inutiles ; les exemples qu'il va donner de cette classe de faits dont il s'agit, suffisent pour en déterminer l'idée.

effet, les exemples de *conformité* sont ceux qui ont de l'analogie avec d'autres; au lieu que les exemples *monadiques* sont ceux qui ne ressemblent qu'à eux-mêmes. La destination de ces derniers est précisément la même que celle des exemples *clandestins;* ils aident l'esprit à s'élever à l'unité de la nature, à réunir ses parties sous les mêmes idées, pour découvrir les genres et les qualités communes; qualités qui ensuite doivent être particularisées et limitées par les vraies différences des choses à définir. Car il ne faut pas se désister de la recherche qui a pour objet les propriétés ou qualités observées dans des sujets qu'on peut regarder comme des *prodiges de la nature,* jusqu'à ce qu'on soit parvenu à les ramener à quelque classe de faits connus, et à les comprendre sous quelque forme ou loi certaine; ensorte qu'on voie clairement que toute cette apparente irrégularité ou singularité tient à quelque forme commune, et que tout le *miracle* n'est que l'effet naturel de certaines nuances délicates, d'une proportion et d'une combinaison rares, dans les causes productrices, et non d'une différence vraiment spécifique. Mais aujourd'hui on ne fixe pas longtemps son attention sur les raretés de ce genre : on se contente de les appeler les secrets, les grands mystères de la nature : on les qualifie d'inexplicables, d'exceptions aux règles générales, et l'on s'en tient là (1).

---

(1) Non-seulement on n'en cherche point l'explication, mais on ne veut pas même que d'autres la cherchent, encore moins qu'ils la donnent; on craint de perdre l'admiration qu'excitent ces raretés, et c'est avec quelque raison ; car, après tout, cette admiration est un plaisir, et entendre une bonne explication trouvée par un autre, en est rarement un. Diminuer l'admiration universelle, en montrant les causes, c'est-là un des plus grands torts de la philosophie, aux yeux de la plupart des hommes qui, voulant être eux-mêmes admirés, et ne se sentant pas admirables, n'aiment point du tout ces explications; craignant toujours que le *docteur expliquant*, après avoir rendu raison de la

On peut regarder comme des exemples *Monadiques*, le soleil et la lune parmi les astres; l'aimant, parmi les pierres; le mercure, parmi les métaux; l'éléphant, parmi les quadrupèdes; le sens vénérien, parmi les différens genres de tact; la finesse de l'odorat du chien, parmi les différentes espèces d'odorat; et même la lettre S, dans la grammaire, peut être regardée comme *Monadique*, vu la facilité avec laquelle elle se prête à sa combinaison avec d'autres consonnes, quelquefois avec deux, quelquefois

---

pluie et de la grêle, ne se rabatte sur l'auditeur pour l'expliquer lui-même. Tous ces hommes de théâtre ont trop de choses à cacher, trop de parties honteuses, pour regarder de bon œil ces spectateurs qui voient les choses précisément telles qu'elles sont, et qui les montrent précisément telles qu'ils les voient. Les *voleurs*, a dit Duclos, *n'aiment point les lanternes;* les hommes se plaignent que les philosophes sont avares de leur science, et ne la communiquent pas assez; mais dès qu'on leur présente le flambeau, ils le soufflent, puis ils s'écrient qu'ils n'y voient goutte.

même avec trois. Or, les exemples de ce genre sont très précieux; ils vivifient l'étude de la nature, et aiguisent l'intelligence humaine; ils rectifient l'entendement dépravé par l'habitude, et trop frappé de ce qui arrive le plus souvent.

XXIX.

Au huitième rang, parmi les prérogatives des exemples, nous mettrons les exemples de *déviation;* c'est-à-dire, les *erreurs* de la nature, ses *écarts,* les monstres; en un mot, tous les sujets où elle semble s'écarter de sa route ordinaire et s'égarer. Car les *erreurs de la nature* diffèrent des exemples *monadiques,* en ce que ces derniers sont des prodiges d'espèce; au lieu que les premiers sont des prodiges d'individus; mais ceux dont nous parlons ici ne laissent pas d'avoir précisément la même destination; leur usage est aussi de rectifier l'entendement asservi par l'habitude, et de dévoiler les formes communes. Quand on rencontre de tels exemples, il ne faut pas non plus se désister de la recherche, qu'on n'ait découvert la cause de cette espèce d'*écart*. Cependant cette cause même ne s'élève guère jusqu'à quelque *forme* proprement dite, mais seulement jusqu'au *progrès caché vers la forme* (1). Car, qui connoîtroit bien les voies de la nature, connoîtroit, par cela seul, ses déviations; et qui connoîtroit bien ses déviations, seroit aussi en état de montrer ses voies.

Les exemples de *déviation* diffèrent encore des exemples *monadiques*, en ce qu'ils fournissent de plus puissans moyens pour la pratique; car engendrer de nouvelles espèces, seroit une entre-

---

(1) C'est à-dire que la production de l'individu monstrueux ne dépend point de quelque loi générale et simple de la nature, mais de certaine proportion ou combinaison extraordinaire qui a eu lieu durant sa formation. Ainsi, on peut regarder ce qu'on appelle un monstre, comme un *assemblage extraordinaire de choses ordinaires*, comme une espèce de *quine*.

prise trop difficile; mais varier les espèces connues, et, par cette seule variation, produire une infinité de choses rares et extraordinaires, le seroit moins. Or, des prodiges de la nature aux prodiges de l'art, le passage est facile; si une fois l'on pouvoit saisir la nature dans sa variation, et cette variation en bien connoître la cause, alors il seroit facile à l'art de ramener la nature dans les voies où elle s'étoit égarée par hazard, et de la conduire non-seulement à ce point, mais même à tout autre; ses écarts dans une seule direction, frayant la route à des écarts et à des *déviations* dans toutes les directions. Or, par cela même que les exemples de cette classe sont en grand nombre, nous n'avons pas besoin d'en citer, et il faut composer une histoire naturelle *ex-professo*, où entre la description de tous les monstres et de toutes les productions bizarres de la nature; en un mot, de tout ce qui est nouveau, rare et extraordinaire; mais une pareille histoire doit être faite avec le choix le plus sévère; on n'y doit faire entrer que des faits authentiques. Il faut sur-tout tenir pour suspects tous ces faits merveilleux qui ont des relations quelconques avec la religion; tels que ces prodiges que rapporte Tite-Live (1); regarder du même œil tous ceux qu'on rencontre dans les traités de magie naturelle et d'alchymie, et se défier de tout ce que rapportent les écrivains de ce caractère, qui, semblables en cela aux amans de Pénélope, ont un goût trop vif pour les fables et les petits contes. Ces faits, enfin, il faut les tirer d'une histoire grave, sûre et appuyée de solides autorités.

XXX.

Nous mettrons au huitième rang les exemples *limitrophes*, auxquels nous donnons aussi assez souvent le nom de *participes* (d'exemples de sujets *mi-*

---

(1) Il pouvoit ajouter Xénophon et Plutarque, historiens non moins superstitieux.

partis). Ce sont ceux où se présentent certaines espèces qui semblent être composées de deux espèces différentes, ou n'être que des *ébauches*, des *essais*, entre une espèce et l'autre. A proprement parler, on pourroit ranger ces exemples-ci parmi les exemples *monadiques* ou *hétéroclites*, vu qu'ils sont également rares et extraordinaires dans l'immensité des choses. Cependant, par leur importance, ils méritent d'être classés à part, et de faire le sujet d'une analyse particulière; car ils fournissent d'excellentes indications sur le méchanisme et la structure des composés divers. Ils dévoilent les causes du nombre et des qualités distinctives des espèces les plus communes dans l'univers, et à l'aide du fil de l'analogie, conduisent l'entendement de ce qui est à ce qui peut être (*d*).

On peut regarder comme *limitrophes* les exemples suivans : la mousse qui tient le milieu entre la substance putride et la plante; certaines comètes, entre les astres et les météores ignées; les poissons volans (1), entre les oiseaux et les poissons; les chauve-souris, entre les oiseaux et les quadrupèdes;

Et même cet animal grimacier qui ressemble si fort à notre espèce, et n'en est pas plus beau.

Enfin, tous ces fétus qui tiennent de deux espèces, ou d'un plus grand nombre.

---

(1) C'est un poisson, de la grosseur du merlan, dont le vol est fort pesant et fort court. Il est si stupide, que lorsqu'un vaisseau se trouve dans la direction de son vol, n'ayant pas même l'instinct de s'en détourner, il donne contre les mâts ou les manœuvres, et tombe sur le tillac. C'est peut-être le plus malheureux de tous les êtres sensibles. S'élève-t-il dans les airs, cent espèces d'oiseaux l'y guettent pour le saisir dans ce vol si court; se réfugie-t-il dans les eaux, cent espèces de poissons l'y attendent pour le dévorer. Mais il se peut aussi que sa stupidité même le rende inaccessible à la crainte, ou que l'habitude de la peur la lui rende moins pénible qu'aux autres animaux; à peu près comme à certains individus de notre espèce, qui, à force de trembler en bonne compagnie, finissent par ne plus rien craindre.

XXXI.

Nous mettrons au dixième rang, parmi les prérogatives des faits, les *exemples de puissance*, que nous appellons aussi quelquefois *les productions du génie*, ou encore *les secondes mains de l'homme* (1). Ce sont les ouvrages les plus distingués et les plus parfaits; en

---

(1) Il donne presque toujours trois ou quatre noms à chaque genre d'exemples ou de faits : si je les laisse subsister tous ou presque tous, c'est afin que ceux d'entre nos lecteurs à qui ils plaisent, aient le plaisir de les trouver ici ; et ceux à qui ils déplairont, celui de les franchir : c'est encore afin que ceux qui m'auroient critiqué, si je les eusse ôtés, me critiquent aussi pour les avoir laissés : et je suis convenu avec ces derniers qu'ils attribueroient à Bacon tout ce qu'il peut y avoir de raisonnable dans les notes, et à moi tout ce qu'ils trouveroient de plus mauvais dans le texte : par exemple, cette nomenclature surabondante ; car il est des gens qui n'ont d'autre métier que celui d'empêcher ceux qui en ont un, de l'exercer ou d'en recueillir les fruits, et dont tout l'esprit consiste à prouver que les autres n'en ont pas.

un mot, les chef-d'œuvres dans chaque art. Car le principal but, en philosophie, étant de plier, en quelque manière, la nature, pour approprier ses opérations à l'avantage et à l'utilité du genre humain, c'est un dessein tout-à-fait conforme à cette fin, que celui de dénombrer et de décrire tous les procédés dont l'homme est depuis long-temps en possession, comme autant de provinces déja conquises et assujetties, mais sur-tout ceux qui sont aujourd'hui le mieux développés et portés au plus haut point de perfection. Car, de ces moyens déja connus, à de nouvelles découvertes, le passage sera plus prompt et plus facile, que s'il eût fallu inventer sans un tel secours. Et pour peu qu'un homme, ayant suffisamment considéré et analysé toutes ces découvertes déja faites, s'anime ensuite et s'applique avec ardeur à l'invention, il ne pourra manquer d'étendre un peu ces procédés connus; ou ils le conduiront à d'autres fort analogues; ou, enfin, il en fera de plus belles et de plus utiles applications.

Ce n'est pas tout : mais de même qu'à la vue des productions les plus rares et les plus extraordinaires de la nature, l'entendement s'éveille, et prenant un essor plus hardi, s'élève à la recherche et à l'invention des *formes* dans l'étendue desquelles ces productions se trouvent comprises, et dont la connoissance met en état de les imiter; ainsi, à la vue des chef-d'œuvres et des productions admirables de l'art, l'admiration même qu'ils inspirent, excite à en chercher les raisons; et l'attention qu'ils excitent, jointe aux indications qu'ils fournissent, met en état de les expliquer. On peut dire même qu'à cet égard, la vue de ces dernières a des effets plus puissans, attendu que la manière dont l'art opère ses prodiges, est visible et palpable; au lieu que la nature, en opérant les siens, semble presque toujours cacher sa marche. Mais c'est une raison de plus pour ne pas s'attacher sans précaution à ce genre d'étude, dont le principal inconvénient est d'abattre et d'atterrer, en quelque manière, l'entendement.

En effet, il est à craindre qu'à la vue de ces chef-d'œuvres de l'art, qui sont comme les *sommités*, ou le comble de l'industrie humaine, l'entendement, frappé d'une excessive admiration, ne soit arrêté dans sa marche, et lié comme par une sorte de maléfice, relativement aux inventions en ce genre; qu'il ne puisse plus s'accoutumer à d'autres opérations, et ne pousse la prévention jusqu'au point de s'imaginer qu'on ne peut plus rien exécuter dans le même genre, qu'en suivant précisément les mêmes procédés, ou tout au plus en redoublant d'attention, en opérant avec plus de précision, et faisant ses préparatifs avec plus de soin.

Mais, loin de le penser, on doit au contraire tenir pour certain que tous ces procédés inventés et observés jusqu'ici, ne composent qu'une pratique assez pauvre et assez mesquine; que tout grand accroissement de puissance dépend et doit être dérivé, avec méthode, des sources mêmes des *formes*, dont aucune encore n'a été découverte.

Ainsi, comme nous l'avons dit ailleurs, si un homme eût tourné son attention vers les béliers et autres machines dont les anciens faisoient usage dans les siéges, avec quelqu'effort et quelque tenue qu'il eût médité sur ce sujet, y eût-il même consumé sa vie entière, jamais pour cela il ne seroit parvenu à l'invention de l'artillerie et autres armes à feu, qui doivent tout leur effet à la poudre. De même on auroit eu beau méditer sur les étoffes fabriquées, soit avec la laine, ou avec les fils tirés des végétaux, jamais pour cela on n'auroit découvert la nature du ver à soie, et celle du fil que fournit cet insecte.

Une autre observation à faire sur ces invéntions, qu'on peut, avec raison, regarder comme les plus belles et les plus utiles, c'est qu'on ne les doit nullement à cette espèce de génie assez médiocre et de méthode assez facile, qui développe et étend les arts ; mais au pur, au seul hazard. Et ce hazard, qui le plus souvent ne multiplie les inventions qu'à force de siècles, il n'est qu'une seule chose qui puisse le suppléer et le prévenir ; savoir : l'*invention des formes*.

Or, ces chef-d'œuvres de l'art sont en si grand nombre, que cette multitude même nous dispense d'en donner des exemples. Reste donc à *visiter* et à considérer de plus près les arts méchaniques et même les arts libéraux (quant à leur pratique), afin d'en tirer des matériaux pour une histoire particulière toute composée des plus beaux secrets, des œuvres de main de maître ; en un mot, des productions les plus parfaites de chaque art, en y joignant une description bien circonstanciée de leurs procédés.

Dans cette collection, que nous exhortons à faire avec tant de soin, nous ne prétendons pas qu'on doive s'astreindre aux seuls chef-d'œuvres de chaque art, aux seuls ouvrages qui excitent l'admiration. Car l'admiration est fille de la rareté ; et les choses rares, quoiqu'en général elles tiennent à des natures assez communes, ne laissent pas d'exciter ce sentiment.

Mais, au contraire, des choses qui seroient faites pour attirer l'admiration, à cause de telle différence vraiment spécifique, qui les distingue, pour peu néanmoins qu'elles deviennent familières, n'excitent pas même l'attention; cependant les exemples *monadiques* (ou singularités) de l'art, ne doivent pas être observés avec moins d'attention que ceux de la nature, dont nous venons de parler. Et de même que nous avons rangé parmi les *exemples monadiques de la nature*, le soleil, la lune, l'aimant et autres corps semblables qui sont fort connus, mais qui, considérés par rapport à leur nature, sont presque uniques, il faut aussi classer parmi les *exemples monadiques de l'art*, les ouvrages et les procédés qui, bien que fort connus, n'en sont pas moins uniques en leur espèce.

Si nous cherchons, dans les arts, des *exemples monadiques*, nous trouvons d'abord le papier, matière extrêmement commune, mais dont la texture ne laisse pas d'être singulière; car la plupart des matières, qui sont des produits de l'art, ou qui ne sont que de purs tissus, sont à *chaîne* et à *trame* (à *fils directs* et *tranverses*): telles sont les étoffes de soie ou de laine, les toiles et autres semblables; ou ce sont des espèces de concrétions de sucs épaissis et durcis : tels sont la brique, l'argile de potier, le verre, l'émail, la porcelaine et autres de cette nature, qui, lorsque leur grain est fin et serré, ont du brillant et de l'éclat; mais qui, dans la supposition contraire, se durcissent seulement jusqu'à un certain point, et sans avoir ce luisant que leur donneroit une texture plus serrée. Cependant toutes ces substances formées de concrétions, sont *fragiles;* elles ont peu de cohérence et de *ténacité*. Au lieu que le papier est une substance *tenace*, susceptible d'être coupée et déchirée;

en un mot, il ressemble fort et le dispute presque à la peau et aux membranes des animaux, ou aux feuilles des végétaux, ou à toute autre matière de cette espèce, composée par la nature même ; car il n'est ni fragile comme le verre, ni tissu comme les étoffes et les toiles. Que s'il a aussi des fibres, ce ne sont pas des fibres distinctes et régulièrement arrangées, mais des fibres disposées confusement, et qui se croisent dans tous les sens, précisément comme dans les substances naturelles. Ensorte que, parmi les matières qui sont le produit de l'art, il seroit difficile de retrouver quelque chose de semblable, et qu'il est tout-à-fait *monadique*. Mais, parmi les produits de l'art, il faut sur-tout préférer ceux qui imitent le mieux la nature, ou, au contraire, ceux qui la maîtrisent et renversent sa marche.

De plu., parmi les productions de *l'intelligence et de la main humaines,* il ne faut pas tout-à-fait mépriser les prestiges et les tours d'adresse; en un mot, les jeux proprement dits. Quoique ce ne soient que des jouets et des bagatelles, on ne laisse pas d'en tirer d'assez grandes lumières, et des connoissances applicables à des objets plus importans.

Enfin, il ne faut pas non plus rejeter entièrement les relations superstitieuses et même *magiques* (en laissant à ce mot sa signification ordinaire). Car, quoique les faits de ce genre soient comme étouffés par la masse énorme des fables et des mensonges qu'on y mêle, il est bon toutefois d'y donner un coup-d'œil, afin de voir si, dans cette immensité de prétendus miracles, on ne trouveroit pas quelque opération vraiment naturelle; par exemple, dans ce qu'ils disent sur les moyens de fasciner ou de fortifier l'imagination; sur la corrélation et l'action réciproque de certains sujets à des distances assez grandes; sur la transmission qui, selon eux, n'a pas moins lieu d'esprit à esprit (*e*), que de corps à corps, et autres effets de cette nature.

XXXII.

Il suit de tout ce que nous venons de dire, que la recherche des cinq derniers genres d'exemples (savoir : des *exemples* de *conformité*, *monadiques*, de *déviation*, *limitrophes*, et de *puissance*), ne doit point être retardée jusqu'au temps où l'on s'occupera *ex-professo* de telle ou telle nature à définir, comme l'on doit réserver pour ce temps-là les autres espèces d'exemples que nous avons proposés d'abord, et la plus grande partie de ceux que nous proposerons par la suite : mais qu'il faut, dès le commencement, en faire une collection, en composer une sorte d'histoire particulière ; parce qu'ils servent à digérer tout ce qui entre dans l'entendement, et à corriger sa mauvaise complexion ; laquelle, sans cela, seroit nécessairement infectée, pervertie, dépravée par les choses familières et rebattues, qui y formeroient autant de préjugés difficiles à vaincre.

Ainsi, les exemples de ces cinq dernières classes doivent être employés comme une sorte de remèdes préparatoires pour rectifier et purger l'entendement; car tout ce qui le détourne des choses trop familières, et le dégage des liens de l'habitude, nettoyant, pour ainsi dire, son aire, et applanissant sa surface, le prépare ainsi à recevoir la lumière pure et sèche des notions véritables.

Il y a plus : ces sortes d'exemples fraient le chemin à la pratique, comme il sera dit en son lieu, et lorsque nous traiterons de la manière de déduire les conséquences pratiques.

XXXIII.

Parmi les prérogatives des faits, nous mettrons au onzième rang les exemples d'*accompagnement* (de concomitance), et les *exemples hostiles* (*d'opposition* ou *d'exclusion*), que nous appelons aussi exemples de propositions fixes. Ce sont ceux qui présentent tel corps ou composé, dans lequel se trouve perpétuellement la nature à définir, comme une sorte de compagne inséparable; ou, au contraire, tel composé où la nature en question ne se trouve jamais, et dont elle est perpétuellement exclue, comme une sorte d'ennemie. Car c'est d'exemples de ce genre que se forment les propositions certaines et universelles, soit affirmatives, soit négatives; c'est-à-dire, les propositions dont le sujet sera tel genre de composés, et l'attribut, la nature même en question. En effet, les propositions particulières ne sont rien moins que *fixes*, lorsque, dans le genre de composé qui en est le sujet, la nature en question n'est que passagère et accidentelle; c'est-à-dire, tantôt acquise, tantôt perdue, et peut y entrer en quelque manière, et en sortir alternativement. Nous devons même observer à ce sujet, qu'il n'est point de proposition particulière qui ait de plus grandes prérogatives que d'autres, si l'on en excepte le seul cas de *migration*, dont nous avons parlé dans un des articles précédens. Et néanmoins, ces propositions particulières mêmes, comparées aux propositions universelles, sont d'une grande utilité, comme il sera dit en son lieu. Mais, dans ces propositions universelles, auxquelles nous attachons tant d'importance, ce n'est point une affirmative ou une négative rigoureuse et absolue que nous demandons; elles rempliroient suffisamment notre objet, dans le cas même où elles souffriroient une seule et même un petit nombre d'exceptions.

Or, l'avantage des exemples de *concomitance* est de resserrer l'affirmative de la forme. En effet, de même que nous voyons, dans les exemples de *migration*, l'affirmative de la forme se resserrer à tel point, qu'il faut absolument supposer que la forme de la nature à définir est quelque chose qui est mis ou ôté, produit ou détruit par cet acte de migration; de même aussi l'affirmative de la forme se resserre tellement dans les exemples de *concomitance*, qu'on est forcé de supposer que la forme de cette nature en question est quelque chose qui entre toujours dans la composition d'un corps de cette espèce, ou qui en est perpétuellement exclus par une espèce d'antipathie; ensorte que tout homme qui connoîtroit bien la constitution et la texture de ce corps, ne seroit pas loin de découvrir la forme de la nature proposée.

Soit, par exemple, la nature en question, la *chaleur;* alors l'exemple de *concomitance* sera la flamme. En effet, dans l'eau, dans l'air, dans les pierres, les métaux, et une infinité d'autres corps, la chaleur n'est que passagère et purement accidentelle : mais toute flamme est chaude; ensorte que la chaleur entre perpétuellement et nécessairement dans la composition de tout corps enflammé. Mais nous ne trouvons point autour de nous d'exemple *hostile* (d'exclusion), par rapport à la chaleur; car nos sens ne nous apprennent rien de ce qui se passe dans le sein de la terre ; et quant aux corps que nous connoissons, il n'est aucun composé qui ne soit susceptible de chaleur.

Puis, en renversant le problême, supposons que la nature en question soit la consistance ou la solidité, l'exemple *hostile* (ou *d'exclusion*), en ce genre, c'est l'air; car le métal peut être tantôt solide, tantôt fluide ; il en est de même du verre ; et l'eau elle-même peut, par sa congélation, acquérir de la solidité. Mais il est impossible que l'air devienne jamais solide, et se dépouille de sa fluidité (1).

---

(1) Sans doute il est impossible que l'air devienne solide, tant qu'il demeure *air*, puisque, par ce mot d'*air*, nous entendons un *fluide* ; mais cette *matière*, qui est actuellement dans l'*état aérien*, peut-elle passer de l'état de *fluide* à celui de *solide?* Voilà ce qu'il s'agit de savoir, et ce que tout ce bavardage scholastique ne nous apprendra point. Nous soupçonnons seulement que les particules aériennes qui, tant qu'elles restent réunies en masses un peu grandes, composent un

Il nous reste à donner, sur les propositions fixes dont nous venons de parler, deux avertissemens utiles à notre objet actuel : l'un est que, si la proposition universelle, soit affirmative, soit négative, dont on a besoin, manque absolument, il faut avoir soin de remarquer ce déficit même comme une sorte de *non-être* (de privation totale), et c'est ce que nous avons fait par rapport

---

fluide, peuvent, étant aggrégées *une à une* aux parties d'un solide, y adhérer assez fortement, et faire enfin partie de ce solide. C'est à peu près ainsi que nous concevons que l'air a pu se combiner avec les autres principes dans les différens composés, dont on l'extrait par les diverses opérations chymiques, entr'autres par celles qu'a indiquées M. Hales (Statique des végétaux), si toutefois l'on peut prouver que l'air, conservant, dans son état de combinaison, sa nature d'*air*, doit encore porter ce nom ; et que la grande quantité de ce fluide qu'on extrait des différentes substances, par le moyen du feu, n'est pas le produit du feu même; question que non-seulement on n'a pas encore décidée, mais dont on ne s'est pas même assez occupé.

à la chaleur; question où l'universelle négative (du moins quant aux êtres qui sont parvenus à notre connoissance) manque absolument dans la nature des choses. De même, soit la nature proposée, l'*éternité* ou l'*incorruptibilité* : dans cette question, l'affirmative universelle n'a lieu relativement à aucun des corps qui nous environnent; car, ni sous les cieux, ni dans les parties supérieures de la terre, il n'est de corps dont on puisse dire qu'il est *éternel* ou *incorruptible*. L'autre avertissement est, qu'aux propositions universelles, tant affirmatives que négatives, qu'on forme par rapport à quelque composé, il faut joindre ces autres composés qui paroissent approcher le plus de la totale privation de la nature affirmée dans ces propositions, ou au contraire. Or, telles sont, par rapport à la chaleur, les flammes très foibles et qui brûlent très peu; et par rapport à l'incorruptibilité, l'or, qui est presque doué de cette qualité. Car ce rapprochement des deux extrêmes, dans chaque genre, indique les limites de la nature entre l'être et le non-être (la possession et la privation); et aidant à circonscrire les formes, il empêche qu'en s'étendant excessivement, et s'éloignant des propriétés réelles et positives de la matière, elles n'aillent se perdre dans les abstractions.

XXXIV.

Nous mettrons au douzième rang, parmi les prérogatives des faits, ces exemples mêmes dont nous parlions dans l'aphorisme précédent, auxquels nous donnions le nom d'exemples *subjonctifs*, et que nous qualifions aussi quelquefois de *non plus ultrà*, ou de *limites*. Or, les exemples de ce genre ne sont pas seulement utiles en tant qu'on les joint aux propositions fixes, mais ils le sont aussi par eux-mêmes, et en vertu de leur propriété particulière. En effet, ils indiquent très clairement les vraies divisions de la nature, et les mesures des choses; ils montrent jusqu'à quel point la nature fait ou permet de faire telle ou telle opération ; et marquent ainsi son passage d'un genre ou d'une espèce à l'autre (1). Tels sont, l'or, par rapport au poids ; le fer, relativement à la dureté ; la baleine, pour la stature des animaux ; le chien, par rapport à la finesse de l'odorat ; l'inflammation de la poudre à canon, pour la promptitude de l'expansion ; et autres natures semblables.

Et il ne faut pas moins présenter dans ces exemples, les qualités qui se trouvent au degré le plus foible, que celles qui sont portées au plus haut degré (pas moins le minimum de chaque genre de qualité, que son maximum), comme l'esprit de vin, pour le minimum de pesanteur spécifique ; la soie, pour celui de la mollesse ; la peau d'un ver très

---

(1) Car le *maximum* et le *minimum* de chaque genre, ou de chaque espèce (qui n'est qu'une échelle d'êtres ou de modes ayant, à différens degrés, ce qui constitue l'espèce ou le genre), en sont les limites et en déterminent l'étendue.

délié, pour celui de la quantité de matière, dans les animaux, etc. (1).

XXXV.

Au treizième rang, nous mettrons les exemples *d'alliance* ou *d'union*. Ce sont ceux qui confondent et réunissent les natures qu'on regarde ordinairement comme hétérogènes, et que les divisions reçues supposent telles.

Mais les exemples *d'alliance* montrent que les effets qu'on attribue à tel de ces corps réputés hétérogènes, et qu'on regarde comme leur étant propres, appartiennent aussi à ceux qu'on croit d'une espèce différente, afin qu'on soit bien convaincu que cette hétérogénéité n'est point réelle, ou du moins essentielle, et qu'elle n'est autre chose qu'une simple modification d'une nature commune aux sujets qu'on croit si diffé-

---

(1) Ces deux espèces d'exemples rentrent absolument dans les exemples *ostensifs* et les exemples *clandestins*; mais ils ont ici une destination un peu différente.

rens. Ces exemples sont d'un grand usage pour élever l'entendement des différences aux genres (1).

Ils dissipent les trompeuses apparences des choses, et font, pour ainsi dire, tomber leur masque; car, dans les composés où elles sont combinées, elles se présentent comme masquées.

Par exemple, soit la nature en question, *la chaleur;* c'est une division fameuse, et en quelque sorte authentique, que celle par laquelle on distingue trois genres de chaleur; savoir : la chaleur des corps célestes, celle des animaux et celle du feu ; prétendant que ces chaleurs (sur-tout l'une d'entr'elles comparée aux deux autres) sont essentiellement, spécifiquement différentes, et tout-à-fait hétérogènes, attendu que la chaleur des corps célestes et celle des animaux, ont la faculté d'engendrer et de conserver ; au lieu que la cha-

_____

(1) Des *différences aux analogies*, et des *espèces aux genres*, devoit-il dire.

leur du feu dissout et détruit tout. Ainsi, l'exemple d'alliance sur ce sujet, est cette expérience assez connue. Si l'on introduit une branche de vigne dans quelque partie d'une maison où l'on fasse du feu continuellement, les raisins mûrissent un mois plutôt qu'ils n'auroient fait au dehors. Voilà donc la maturité d'un fruit encore suspendu à l'arbre, avancée par le feu, et qu'on regardoit pourtant comme l'effet propre de l'action du soleil. Ainsi, de cette première indication, l'entendement rejetant toute idée d'hétérogénéité essentielle, s'élève à la recherche des vraies différences qui se trouvent entre la chaleur du soleil et celle du feu, et s'excite à chercher pourquoi leurs effets sont si différens, quoiqu'ils participent d'une nature commune.

Or, ces différences sont au nombre de quatre. La première est que la chaleur du soleil est beaucoup plus douce et plus modérée que celle du feu. La seconde consiste en ce que cette chaleur, telle du moins que l'air nous l'apporte, est beaucoup plus humide. En troisième lieu (ce qui est le point le plus essentiel), la chaleur du soleil est extrêmement inégale ; elle va tantôt s'approchant et augmentant, tantôt s'éloignant et diminuant ; variation qui est une des plus puissantes causes de la génération des corps. Car ce n'est pas sans fondement qu'Aristote prétend que la principale cause de ces générations et de ces corruptions que nous voyons à la surface de la terre, est la route oblique que parcourt le soleil dans le zodiaque ; obliquité qui, en partie par la succession alternative du jour et de la nuit, en partie par celle de l'été et de l'hiver, rend cette chaleur extrêmement inégale. Mais cette remarque si juste, le tranchant personnage ne manque pas de lui ôter aussi-tôt tout son prix. Car se constituant, à son ordinaire, l'arbitre de la nature, il assigne magistralement, pour cause de la génération, l'approche du soleil ; et son éloignement, pour cause de la corruption, quoique l'une et l'autre; savoir : l'approche du soleil et son éloignement, soient, non pas distinctement, mais presqu'indifféremment, causes, tant des générations que des corruptions; attendu que l'effet de l'inégalité de la chaleur est tout à la fois la génération et la corruption des composés, et que son égalité n'a d'autre effet que leur conservation (*f*). Il est une quatrième différence entre la chaleur du soleil et celle du feu, différence très importante; elle consiste en ce que la chaleur du soleil, croissant et décroissant avec beaucoup de lenteur, insinue ses effets par périodes fort longues; au lieu que le feu, vu l'impatience humaine, agit brusquement et par intervalles de temps fort courts. Mais s'il se trouvoit un homme bien assidu qui, tempérant d'abord la chaleur du feu, et la ramenant à un degré plus modéré et plus doux (effet qu'il est aisé d'obtenir par plus d'un moyen), sût ensuite y mêler quelque peu d'humidité; mais qui, sur toutes choses, sût patienter et attendre tout du temps, non pas tout-à-fait d'un temps proportionné à la lenteur des effets du soleil, mais d'un temps du moins beaucoup plus long que celui de la durée de nos opérations à l'aide du feu ; cet homme-là détruiroit pour toujours le préjugé de l'hétérogénéité de ces deux espèces de chaleur ; et il tenteroit, ou il égaleroit, et quelquefois même surpasseroit, à l'aide du feu, les opérations du soleil. Un autre exemple d'alliance, c'est encore cette expérience où l'on ressuscite, par le moyen d'une chaleur douce, des papillons engourdis par le froid, et restés comme morts ; expériences qui prouvent que le feu n'a pas moins la propriété de vivifier les animaux, que celle de mûrir les végétaux. Ajoutez-y la célèbre invention de Fracastorius ; je parle de cette poêle fortement chauffée dont les médecins entourent la tête des apoplectiques désespérés ; *poêle*, dont la grande chaleur, dilatant manifestement les esprits animaux comprimés par les humeurs qui obstruent le cerveau, et presque éteints, rétablit ainsi leur mouvement (précisément de la même manière que le feu agit sur l'eau et sur l'air), et qui, en conséquence de ce mouvement, les vivifie et les ranime. On fait aussi quelquefois éclorre des œufs à l'aide du feu; effets tout-à-fait semblables à ceux de la chaleur animale, ainsi qu'une infinité d'autres, d'après lesquels il n'est plus permis de douter que la chaleur du feu ne puisse être modifiée dans certains sujets, de manière à imiter la chaleur des corps célestes et celle des animaux.

De même, supposons que les natures en question soient le *mouvement* et le *repos;* c'est encore une division fameuse et qui semble tirée des profondeurs de la philosophie, que de dire : ou les corps naturels se meuvent circulairement, ou ils se meuvent en ligne droite, ou ils demeurent en repos. Car, ajoute-t-on, entre le mouvement sans terme, le repos dans un terme, et le mouvement vers un terme, il n'est point de milieu. Or, quant à ce mouvement perpétuel de circulation (1), il paroît être propre aux corps célestes; l'immobilité ou le repos semble l'être au globe terrestre. Quant à ces autres corps, dont les uns sont qualifiés de graves, et les autres, de légers, corps qui sont placés hors des lieux propres à ceux de leur espèce, ils se portent en ligne droite vers les masses ou assemblages de leurs congénères ou analogues; savoir : les corps légers, en haut, vers la circonférence des cieux; et les corps graves, en bas, vers la terre : toutes distinctions fort belles sans doute, mais pour le discours.

Un exemple d'alliance qui détruit toutes ces divisions, c'est celui d'une

---

(1) Nous avons dit dans une des notes précédentes, qu'à l'exemple de M. de Buffon et de quelques autres physiciens, nous désignerions par le mot de *rotation*, le mouvement d'un corps qui tourne sur lui-même; et par le mot de *circulation*, celui d'un corps qui tourne autour d'un autre.

comète fort basse, et qui, bien que située fort au dessous des cieux, ne laisse pas d'avoir un mouvement circulaire. Quant à ce conte d'Aristote, qui suppose que la comète est liée à quelque astre, et forcée de le suivre, il y a long-temps qu'il n'en est plus question; non pas seulement parce que la raison qu'il en donne n'est nullement probable, mais bien parce que cette hypothèse est manifestement démentie par l'observation qui a démontré l'irrégularité du mouvement des comètes, lesquelles se meuvent dans toutes sortes de directions.

Un autre exemple d'*alliance* sur le même sujet, c'est le mouvement de l'air qui, entre les tropiques où les cercles du mouvement diurne sont plus grands, paroît circuler lui-même d'orient en occident (1).

---

(1) Il s'agit ici du vent alisé, vent qui, entre les tropiques, à l'exception de quelques temps de calmes et d'orages, souffle perpétuellement d'o-

On pourroit encore regarder comme un exemple d'*alliance*, le flux et le reflux de la mer; si, d'après les observations, l'on trouvoit que les eaux elles-mêmes ont, d'orient en occident, un mouvement circulaire, mais lent et pres-

---

rient en occident, avec ces modifications ; que, dans la partie septentrionale du globe, il varie depuis l'est jusqu'au nord-est, et que, dans la partie méridionale, il varie depuis l'est jusqu'au sud-est : mais ce vent alisé ne prouve ni le mouvement diurne de la terre, ni celui du soleil seul, ni enfin celui de toute la sphère céleste ; il prouve seulement que l'un de ces trois mouvemens a lieu. Car, pour produire un vent de cette espèce, il suffit que le soleil corresponde successivement à différens points de la surface du globe, situés à peu près d'orient en occident, et qu'il produise, par la dilatation qu'il occasionne dans l'athmosphère, une sorte de vuide commencé, qui se porte, comme cet astre, d'orient en occident ; car alors l'air que le soleil a laissé derrière lui, c'est-à-dire l'air plus oriental, tendant, en vertu de sa pesanteur et de son ressort, à remplir ce vuide, se portera aussi dans cette direction, et produira un vent perpétuel d'orient en occident.

5.

que insensible, de manière cependant que deux fois par jour il soit *répercuté* (rétrograde) : si donc l'on trouve que les choses se passent ainsi, il s'ensuit évidemment que ce mouvement de circulation ne se termine pas aux corps célestes, mais qu'il est communiqué à l'air et à l'eau.

On peut dire aussi que cette tendance, en vertu de laquelle on suppose que les corps légers se portent de bas en haut, est quelque peu douteuse ; et on pourroit décider cette question, en prenant pour exemple d'*alliance* la bulle d'eau. En effet, tant que l'air est sous l'eau, il s'élève rapidement à la surface de ce fluide, en vertu de ce mouvement que Démocrite appelle *mouvement de plaie*, par lequel l'eau, en se portant vers le bas, frappe l'air et le force à s'élever ; et non pas en vertu d'une tendance naturelle et positive de l'air même à monter (1). Or, lorsque ce fluide

---

(1) Bacon, dans ce passage, est bien près de

est arrivé à la surface de l'eau, la cause qui l'empêche quelque temps de s'élever davantage, c'est cette légère résistance qu'il éprouve de la part de l'eau, qui d'abord ne se laisse pas aisément diviser; ensorte qu'il n'est rien de plus foible que cette tendance de l'air à s'élever.

Supposons encore que la nature en question soit la *pesanteur* : suivant la division reçue, les corps denses et solides se portent vers le centre de la terre ; les

---

conjecturer la pesanteur de l'air; car la manière dont il explique ici la réunion de l'air enfermé dans l'eau, est à peu près la nôtre, avec cette différence toutefois qu'il se contente de nier la légèreté absolue de l'air, sans nous dire s'il a une autre tendance, et quelle est cette tendance; au lieu que nous disons que tous les fluides, *sans exception*, étant pesans, et tendant à se porter vers le bas, lorsque plusieurs fluides sont contenus dans un même vaisseau, ceux qui ont le plus de pesanteur spécifique, tendant à occuper la partie inférieure, forcent ainsi l'air à se porter vers la partie supérieure. Lorsque je dis *nous*, je parle du plus grand nombre des physiciens de notre temps, et non de moi.

corps rares et ténues, vers la circonférence des cieux; les uns et les autres tendant aux lieux qui leur sont propres. Or, quant à la supposition de ces lieux, toute accréditée qu'elle est dans les écoles, je dis que c'est une idée tout-à-fait inepte et puérile, que de supposer ainsi que le lieu puisse quelque chose. En effet, les philosophes semblent plaisanter, lorsqu'ils disent que si l'on perçoit la terre, dès que les corps graves seroient arrivés au centre, ils s'y arrêteroient. C'est attribuer bien de la vertu et du pouvoir à un point mathématique, à un pur néant, que de le supposer capable de faire telle chose, et d'attirer telle autre (1). Disons plutôt que la seule

---

(1) De ce que dit ici Bacon, il ne faut tirer aucune conséquence contre le système de Newton; quoique Newton et ses disciples disent aussi assez souvent, et pour abréger, que les corps placés à la surface d'une planète, *tendent à son centre*; ce qui ne signifie pas que *ce centre ait réellement une vertu attractive*, mais *que le résultat de toutes les attractions particulières et réciproques des*

chose qui puisse agir sur un corps, c'est un autre corps. Mais cette tendance à se porter vers le haut ou vers le bas, dépend soit de la texture du corps qui se meut, soit de sa sympathie ou de ses corrélations avec un autre corps. Et si l'on trouve quelque corps dense et solide qui, malgré cette densité et cette solidité, ne se porte point vers le centre de la terre, c'est fait alors de cette belle division. Or, si l'on adopte le sentiment de Gilbert (1), qui prétend que cette force magnétique, par laquelle la terre

différentes parties de la planète, est à peu près tel qu'il seroit, si toutes ces forces étant réunies à ce centre, il avoit en effet la vertu d'attirer, avec une force égale, à la somme de toutes ces forces particielles. C'est une considération purement mathématique, qu'on ne se permet quelquefois que pour la facilité des calculs ou des démonstrations, et qu'on abandonne dès qu'il s'agit de savoir où réside réellement la force attractive. Ainsi, c'est une vraie dispute de mots qui peut être terminée par cette définition.

(1) Médecin anglois, auquel nous devons de fort belles observations sur l'aimant; ces belles

attire les graves, ne s'étend pas au-delà de sa sphère d'activité (car toute vertu, toute force, n'agit que jusqu'à une certaine distance), et que cette hypothèse, on puisse la vérifier par quelque fait, ce fait sera un exemple d'*alliance* sur ce sujet. Cependant il ne se présente à mon esprit, pour le moment, aucun fait certain et probant sur cette question. Ce qui paroît en approcher le plus, ce sont ces *trombes* que l'on voit quelquefois dans la mer atlantique (1), près des Indes occidentales. Car la force et la masse des eaux que ces trombes répandent tout-à-coup, sont si grandes, qu'on doit croire que cet amas d'eau s'étoit fait auparavant,

---

conjectures que depuis Kepler et Newton ont si bien vérifiées, et les premières expériences sur l'électricité.

(1) L'original dit : *près des deux Indes :* mais les deux Indes ne bordent pas la mer atlantique ; on donne ce nom au vaste bassin situé entre l'Afrique et l'Amérique. C'est principalement sous la ligne qu'on voit des trombes. Voyez la note (*g*).

qu'il étoit demeuré suspendu à cette hauteur, et qu'ensuite il a été plutôt jeté, poussé hors de là par quelque cause violente, qu'il n'en est tombé en vertu de sa seule pesanteur naturelle. Ensorte qu'on peut conjecturer qu'un corps d'une grande masse, fort dense et fort compact, qui seroit placé à quelque distance de la terre, y demeureroit suspendu, comme la terre elle-même, et n'en tomberoit pas, à moins qu'il n'en fût chassé par quelque cause extérieure (*g*); mais c'est un point sur lequel nous ne pouvons rien assurer. Quoi qu'il en soit, par ce genre d'observations et par beaucoup d'autres que nous citons, il est aisé de voir combien notre histoire naturelle est pauvre, puisqu'au lieu de faits certains, nous sommes réduits à alléguer des faits si douteux, de pures suppositions.

Soit enfin la nature en question, les mouvemens ou les opérations de l'esprit, on croit avoir fait une division bien exacte lorsqu'on les a divisées en raison humaine, et instinct des brutes. Cependant il est telles actions qu'on voit faire à ces brutes, et qui porteroient à penser qu'elles sont capables aussi de faire des espèces de *syllogimes*; sur-tout si l'on en veut croire ce qu'on rapporte de certain corbeau (*h*) qui, durant une grande sècheresse, étant presque mort de soif, apperçut de l'eau dans le creux d'un tronc d'arbre, et n'y pouvant entrer, parce que l'ouverture étoit trop étroite, ne cessa d'y jeter de petits cailloux jusqu'à ce que le niveau de l'eau s'élevât assez haut pour qu'il pût boire à son aise; et ce fait a depuis passé en proverbe.

Soit enfin la nature en question, la *visibilité*; on croit faire une excellente division, en disant que la seule lumière est douée d'une visibilité originelle (1); qu'elle est le principe de toute vision; que la couleur n'a qu'une visibilité secondaire, et que, sans la lumière, elle ne

---

(1) A des idées qui ne valent rien, j'attache des mots qui ne valent pas mieux.

seroit pas vue; ensorte qu'elle semble n'être qu'une image, qu'une modification de la lumière. Cependant on trouve aussi-tôt deux exemples d'*alliance* qui ruinent les deux parties de cette division; savoir : la neige vue en grande quantité, et la flamme du soufre. Car, dans la première, on voit une couleur tirant déja sur la lumière (1); et dans la seconde, une lumière tirant déja sur la couleur.

XXXVI.

Nous mettrons au quatorzième rang, parmi les prérogatives des faits, les *exemples de la croix*, que nous qualifions ainsi, en empruntant le nom de ces croix qu'on élève à l'entrée des chemins fourchus, et qui indiquent les lieux où conduisent les deux routes. Nous les

---

(1) Selon Newton, il faut bien que la blancheur tire sur la lumière, puisque, selon lui, la blancheur est *l'effet de la réunion des sept rayons primitifs et élémentaires*; c'est en quelque sorte la *lumière toute entière*.

nommons aussi exemples *décisifs*, ou de *jugemens définitifs;* et, dans certains cas, exemples *de l'oracle* ou *du commandement*. Voici leur méchanisme et leur destination. Lorsque, dans la recherche de la forme de quelque nature, l'entendement est comme en équilibre et tellement en suspens, qu'il ne sait laquelle de deux natures il doit regarder comme la véritable cause (formelle) de la nature en question; incertitude où le jettent le grand nombre de natures qui se trouvent souvent réunies et concourantes dans un même sujet, les *exemples de la croix* montrent le lien étroit et indissoluble qui unit l'une de ces natures avec la nature en question, en faisant voir que l'autre n'y tient qu'accidentellement. Dès-lors la question est terminée, et l'on peut admettre comme cause la première de ces deux natures, en rejetant tout-à-fait l'autre. Ainsi, les exemples de cette espèce répandent un grand jour sur une recherche ; ils sont, pour ainsi dire, d'une grande autorité, et d'un tel effet, que la carrière de l'interprétation s'y termine quelquefois, et qu'alors ils mènent jusqu'au bout. De temps à autre on apperçoit de tels exemples parmi ceux qu'on connoissoit déja, et qu'on avoit envisagés d'une autre manière. Mais le plus souvent ils sont entièrement nouveaux; on ne les rencontre qu'après les avoir cherchés, et ce n'est pas sans peine qu'on les trouve (*i*).

Supposons, par exemple, que la nature en question soit le flux et reflux de la mer; double phénomène qui a lieu deux fois par jour; savoir : chaque fois, six heures pour le flux, et six heures pour le reflux (1); en négligeant une petite variation qui coïncide avec le cours de la lune (2). Or, voici la *bifurcation* qu'on trouve sur ce sujet.

---

(1) Ces mots *flux* et *reflux* ne sont point usités parmi les marins ; ils disent : le *flot* et l'*ébe*, le *jusant* ou *jugeant*.

(2) D'un jour à l'autre, le *flot* et le *jusant* retardent d'une heure, de trois quarts d'heure,

Ce double phénomène a nécessairement pour cause ou le mouvement progressif et rétrograde des eaux (à peu près comme il arrive à l'eau qu'on agite dans un bassin, et qui, en baignant un côté, abandonne l'autre), ou le soulevement des eaux de l'océan au dessus de leur niveau, ces eaux retombant ensuite à ce niveau ou au dessous, comme on l'observe dans une eau bouillante qui s'élève et retombe alternativement. Mais à laquelle de ces deux causes doit-on attribuer le flux et le reflux ? voilà ce qu'il s'agit de savoir. Si l'on s'en tient à la première supposition, il est clair que le flux ne peut avoir lieu sur certaines côtes, sans que le reflux ait lieu en même temps sur d'autres rivages. Ainsi, c'est-là précisément le point de la question. Or, Acosta et quelques au-

---

d'une demi-heure, etc. et (en prenant un terme moyen) de quarante-huit minutes ; retard qui correspond au mouvement de la lune dans son orbite, et qui paroît en être l'effet.

tres se sont assurés, par des observations très exactes, que le flux a lieu sur les côtes de la Floride, dans le même temps que sur les côtes d'Espagne et d'Afrique, rivage opposé au premier; au lieu qu'il faudroit, pour appuyer la première assertion, que, dans le même temps qu'il y a flux aux côtes de la Floride, il y eût reflux aux côtes d'Espagne et d'Afrique. Cependant, si l'on y fait bien attention, cela même ne suffit pas pour établir l'hypothèse du soulevement des eaux, et ruiner celle de leur mouvement progressif; car il se pourroit que le mouvement des eaux fût progressif, et que néanmoins ces eaux, dans le même bassin, inondassent les deux rivages en même temps : or, c'est ce qui arriveroit en effet, si elles venoient d'ailleurs; je veux dire, si d'un autre bassin elles se portoient dans celui dont nous parlons; à peu près comme dans les fleuves qui ont le flux et le reflux sur les deux rives en même temps, quoique le mouvement des eaux y soit visiblement progressif, attendu que du bassin de la mer voisine, elles se portent dans le lit de ces fleuves, par leur embouchure. Il se pourroit donc aussi que les eaux venant en grande quantité de la mer des Indes, fussent déterminées, poussées dans le bassin de la mer atlantique, et qu'en vertu de cette cause, elles inondassent en même temps ses deux rivages. Reste donc à chercher un autre bassin où les eaux puissent décroître, et où le reflux puisse avoir lieu dans le même temps. - Or, nous trouvons aussi-tôt la mer australe (la mer du Sud ou la mer pacifique), qui suffit pour vérifier cette supposition ; mer qui ne le cède point à la mer atlantique, et qui est même beaucoup plus étendue, beaucoup plus vaste.

Nous voilà donc enfin arrivés à un *exemple de la croix* sur ce sujet (*l*) ; le voici. Si, par des observations exactes, on peut s'assurer qu'en même temps qu'il y a flux dans la mer atlantique, sur les deux rivages opposés (savoir :

ceux de la Floride et de l'Espagne),
il y a reflux à la côte du Pérou et sur
toute cette partie des côtes de la Chine
qui borde la mer du Sud, alors, sans
contredit, en vertu de cet exemple décisif, il faut rejeter tout-à-fait cette
supposition, que le flux et le reflux de
la mer ont pour cause le mouvement
progressif. Car il ne reste plus d'autre
mer, d'autre bassin, où le mouvement
rétrograde, le reflux, puisse avoir lieu
dans le même temps. Or, c'est ce dont
il seroit aisé de s'assurer, en s'informant des habitans de Panama et de ceux
de Lima, contrée où les deux mers;
savoir : la mer atlantique et la mer du
Sud, ne sont séparées que par un isthme
fort étroit; en s'informant, dis-je, si le
flux et le reflux ont lieu dans le même
temps sur les deux rivages opposés de
cet isthme, ou si c'est le contraire qui a
lieu. Mais cette décision, au fond, n'est
certaine qu'en supposant que la terre soit
immobile. Si, au contraire, il est vrai
que la terre tourne, il se peut que les

eaux, ne tournant pas avec la même vîtesse que le globe, il résulte de cette inégalité de vîtesse, une accumulation, un entassement des eaux, qui forment un flux; et qu'ensuite ces eaux, au moment où elles ne peuvent plus s'accumuler ainsi, venant à retomber, forment le reflux (1). Mais ce point mérite une recherche à part. Cependant, en admettant cette supposition même, toujours est-il vrai que, dans le temps où le flux a lieu dans certaines parties du globe, le reflux a nécessairement lieu dans d'autres parties.

De même, supposons que la nature en question soit le dernier de ces deux mouvemens dont nous venons de parler; je veux dire, ce mouvement par

---

(1) Galilée avoit imaginé ou adopté cette hypothèse; mais il semble que la terre tournant toujours dans le même sens, et avec la même vîtesse, ces eaux, qui ont pu d'abord ne pas acquérir toute cette vîtesse, ont dû ensuite, et à la longue, l'acquérir tout entière et pour toujours.

lequel les eaux s'élèveroient et retomberoient alternativement; en supposant qu'après un suffisant examen, nous fussions obligés de rejeter l'hypothèse du mouvement progressif, alors nous aurons, par rapport à cette nature, une *trifurcation*. Car il est de toute nécessité que ce mouvement, par lequel, dans les flux et reflux, les eaux s'élèvent pour retomber ensuite sans aucune addition de nouvelles eaux, qui viennent s'y joindre latéralement, soit opéré par un des trois moyens suivans : ou que cette grande masse d'eau sorte des entrailles de la terre, et y rentre alternativement; ou que ces eaux, leur masse, leur quantité demeurant absolument la même, se dilatent et se raréfient de manière à occuper un plus grand espace, et à augmenter sensiblement de volume, et qu'ensuite elles se contractent proportionnellement; ou enfin, que ces eaux, sans aucune augmentation dans leur quantité ou leur volume, soient attirées en dessus par quelque force magnétique, et, en quelque manière, appellées par *consentement* (corrélation ou affinité), et qu'elles retombent ensuite à leur premier niveau. Ainsi, abandonnant les deux premières suppositions, tenons-nous-en, si l'on veut bien, à cette dernière, et voyons si ce soulevement, par *consentement* ou par une force magnétique, a quelque chose de réel. Or, en premier lieu, il est évident que ces eaux, contenues dans le bassin de la mer, ne peuvent s'élever ainsi toutes ensemble; autrement il ne resteroit plus rien pour les remplacer au fond de ce bassin; ensorte que, s'il existoit en effet dans les eaux une tendance à s'élever ainsi, elle seroit balancée, vaincue même par cette autre force qui tend à maintenir la continuité de toutes choses; ou, pour employer une expression reçue, par l'horreur du vuide. Reste donc à supposer que les eaux s'élevant d'un côté, elles décroissent par cela même, et s'abaissent, de l'autre. Il s'ensuit de plus que cette force magnétique ne pouvant agir également sur la totalité de ces eaux, c'est sur leur milieu qu'elle doit agir avec le plus de force, et par conséquent c'est vers le milieu du bassin que les eaux de la mer doivent le plus s'élever; effet qui ne peut avoir lieu sans qu'elles abandonnent les côtes, et laissent les rivages à découvert.

Nous sommes donc enfin arrivés à un exemple de la croix sur ce sujet; le voici. Si, d'après d'exactes observations, l'on trouve que, dans les reflux, la surface de la mer est plus *arquée* (plus convexe) et plus arrondie, les eaux s'élevant au milieu du bassin, et abandonnant les côtes, c'est-à-dire les rivages; et qu'au contraire, dans les flux, cette surface est plus unie, plus de niveau, les eaux revenant à leur première position; alors, sans contredit, en vertu de cet exemple décisif, on peut admettre l'hypothèse du soulevement de ces eaux par une force magnétique; sinon il faut la rejeter entièrement. Or, c'est ce dont il est facile de s'assurer, dans les détroits, par le moyen de la sonde (1). Il faut donc voir si, dans les reflux, la mer est plus haute vers son milieu, que dans les flux. Or, il est bon d'observer en passant, que, si cette dernière supposition est fondée, il se trouve aussi (par une disposition toute contraire à ce qu'on croit communément), que les eaux s'élevant durant le reflux, et s'abaissant durant le flux, c'est en vertu de cet abaissement même, qu'alors elles couvrent et inondent les rivages.

De même, soit la nature en question le mouvement de *rotation spontanée*, et supposons qu'il s'agisse de savoir an

---

(1) Ce ne seroit pas dans le détroit de Gibraltar, où les eaux de l'océan septentrional entrent continuellement. Et d'ailleurs plus un bras de mer seroit étroit, moins l'effet dont parle l'auteur y seroit sensible ; plus aussi les causes particulières et locales rendroient incertaines les conséquences qu'on voudroit tirer de ces observations. On sait qu'en général, dans les mers de peu d'étendue, et même dans la méditerranée, il n'y a point ou presque point de marées.

juste si ce mouvement diurne par lequel le soleil et les étoiles nous paroissent se lever et se coucher, est un mouvement de circulation réel dans les corps célestes, ou si, n'étant qu'apparent dans ces corps, il est réel dans le globe terrestre. Nous pourrons, sur ce sujet, avoir cet exemple de la croix. Si, ayant découvert dans l'océan quelque mouvement d'orient en occident, même très lent et très foible, on trouve que ce mouvement ait plus de vîtesse dans le corps de l'air, sur-tout entre les tropiques, où les cercles étant plus grands, il doit être plus sensible; s'il se trouve aussi que, dans les comètes, ce mouvement soit déja vif et d'une certaine force; si encore l'on trouve que, dans les planètes, ce même mouvement soit tellement disposé et gradué, que sa vîtesse croisse en raison directe de leur éloignement de la terre, et en raison inverse de leur proximité; si enfin, dans le ciel étoilé, il a la plus grande vîtesse possible, alors, sans contredit, il faudra regarder le mouvement diurne comme réel dans les cieux, et renoncer pour toujours à l'hypothèse du mouvement réel de la terre. Car alors il sera évident que le mouvement d'orient en occident est tout-à-fait *cosmique*, c'est-à-dire, commun à toutes les parties de l'univers; que, dans les *sommités* (les parties les plus élevées des cieux), il est infiniment rapide, et qu'ensuite décroissant par degrés, il vient, en quelque manière, s'éteindre et mourir dans l'immobile, c'est-à-dire, dans le globe terrestre.

De même encore, soit la nature en question, cet autre mouvement de circulation, dont les astronomes sont si occupés; mouvement qui, étant d'orient en occident, est par conséquent contraire, *rénitent* (résistant, réfractaire) au mouvement diurne, que les anciens astronomes croyoient réel dans les planètes mêmes et le ciel étoilé; mais que Copernic et ses sectateurs attribuent encore à la terre. Qu'on se demande enfin si, dans la nature entière, l'on trouve quelqu'autre mouvement de cette espèce, ou si plutôt ce n'est pas une pure fiction, une hypothèse gratuite et imaginée seulement pour abréger et faciliter les calculs; sans compter la sublime idée de faire décrire à tous les corps célestes des cercles parfaits. Car on ne prouve point du tout la vérité, la réalité de ce mouvement, soit en objectant ce retard qui fait que chaque jour une planète ne répond pas précisément au même point du ciel que la veille, soit en alléguant que les pôles du zodiaque sont différens de ceux du monde; deux observations qui ont donné lieu à la supposition de ce mouvement chimérique. Quant au premier phénomène, on en rend aisément raison, en supposant que le premier mobile tournant plus vîte que la planète, la laisse chaque jour un peu en arrière; et quant au second, on l'explique clairement par les lignes spirales (1); ensorte que la variation du

---

(1) C'est-à-dire en supposant que les planètes décrivent réellement les lignes spirales (il veut dire

retour des planètes (1), et leur déclinaison vers les tropiques, pourroient bien être plutôt de simples modifications du mouvement diurne et unique, que des mouvemens *rénitens*, ou autour de pôles différens (de ceux de l'équateur). Ce qui est hors de doute, c'est que si l'on sait se faire peuple un instant, en revenant aux idées les plus naturelles, et en oubliant toutes ces hypothèses des astronomes et des scholastiques, tous gens à qui il n'est que trop ordinaire de donner un démenti aux sens, et d'aimer l'obscurité, on conviendra qu'à en juger par les sens, ce mouvement est tel que nous le disons; ce qui est d'autant moins difficile à croire, que nous-mêmes, il y a quelques années, à l'aide de certains fils

---

les *hélices*) qu'elles paroissent décrire ; apparence qui est l'effet de la combinaison de leur mouvement diurne et apparent avec leur mouvement annuel, mais réel.

(1) La variation journalière de chaque planète dans son retour au méridien.

de fer, et d'un méchanisme assez simple, nous vînmes à bout de représenter ce mouvement tel qu'il est (1).

---

(1) Auriez-vous pensé, lecteur patient, que toute notre mise dehors pour découvrir les formes, transformer des corps, etc. dût nous mener à de telles découvertes ? Mais heureusement les erreurs que nous rencontrons ici, ne nous empêchent pas de profiter des grandes vérités qui les ont précédées, et de celles qui vont les suivre. Pour excuser Bacon, il suffit de le voir entouré, comme il l'étoit, de scholastiques et de préjugés ; il faut savoir se dire que, si l'on eût vécu dans le même siècle, on se seroit trompé encore plus souvent que lui ; car il n'est point de génie qui puisse suppléer à l'observation. L'ordre de la nature n'est qu'un certain fait ; et ce fait, il n'est qu'un seul moyen pour le connoître, c'est de l'observer. Le raisonnement est une lunette à l'aide de laquelle on peut de fort loin découvrir et entrevoir une infinité d'objets qu'il faut ensuite aller considérer de près pour les voir nettement ; car *entrevoir* n'est pas *voir*, et *deviner* n'est pas *savoir*. Au reste, le lecteur observera sans doute de lui-même qu'il ne s'agit pas, dans cet aphorisme, d'expliquer le mouvement diurne ou le mouvement annuel, mais seulement d'éclaircir par un exemple l'exposé de

Mais voici quel exemple de la croix l'on pourroit trouver sur ce sujet : si on lit dans quelque histoire digne de

ce genre de règles auxquelles il donne le nom d'*exemples de la croix :* ainsi, quand le fait pris pour exemple seroit faux, et la règle mal appliquée, si d'ailleurs cette règle étoit bien éclaircie par l'exemple, cette fausse application d'une règle sûre ne laisseroit pas de nous mettre sur la voie pour l'appliquer mieux, et le principal objet seroit rempli ; l'esprit faux, mais inventif, est tributaire né de l'esprit juste. La seule faute que nous paroisse commettre Bacon, dans l'exposé de sa règle, c'est de pécher contre une autre ; savoir : qu'en cherchant des exemples pour éclaircir quelque règle, il faut d'abord rejeter tous ceux qui peuvent faire naître des doutes, ou qui exigent une longue discussion ; parce qu'ils ont le double inconvénient de fixer presque entièrement sur l'exemple l'attention due à la règle même, et de faire douter de l'utilité ou de la sûreté de cette règle. Il faut, autant qu'il est possible, dans l'exposé de chaque règle, employer deux exemples : l'un, de *vérité;* l'autre, d'*utilité :* le premier, fort *commun, trivial* même, qui, en conduisant le lecteur à des *résultats connus* et incontestables, lui prouve que la règle est *sûre ;* l'autre, *extraordinaire,* qui, en

foi, qu'il a paru telle comète dont la révolution n'étoit pas manifestement d'accord avec le mouvement diurne, (pas même d'un accord mêlé de beaucoup de variations et d'irrégularités), mais qui tournoit en sens contraire; alors sans doute il faudra bien se résoudre à croire qu'il peut exister un tel mouvement dans la nature. Mais si l'on ne découvre rien de semblable, il faut tenir pour suspecte l'hypothèse de ce mouvement; et pour terminer la question, recourir à d'autres exemples de la croix.

De même, soit la nature en question, la *pesanteur* ou la *gravité*; il se présente d'abord deux suppositions à faire sur cette nature. Car on est forcé de supposer de ces deux choses l'une : ou que les corps graves et pesans tendent naturellement vers le centre de la terre,

---

le menant à des *résultats nouveaux* et intéressans, lui prouve qu'elle est *utile;* car la seule méthode vraiment complette, c'est celle qui donne tout à la fois la *direction* et *l'impulsion.*

en vertu de leur texture ou constitution ; ou qu'ils sont attirés, entraînés par la masse corporelle du globe terrestre (1), qui est comme l'assemblée, le rendez-vous de leurs analogues ou congénères, et qu'ils se portent vers elle en vertu de cette analogie ou affinité. Que si la dernière cause est la véritable, il s'ensuit que la force et la vîtesse avec laquelle les graves se portent vers la terre, est en raison inverse de leur distance à cette planète, ou, ce qui est la même chose, en raison directe de leur proximité, ce qui est précisément la loi de l'attraction

---

(1) Ce n'est point au hazard qu'il dit, *la masse corporelle* du globe terrestre, au lieu de dire, le globe terrestre, ou simplement la terre ; car nous avons vu plus haut qu'il suppose que tous les corps d'un certain volume sont composés de deux espèces de matière ; savoir : d'une matière grossière, tangible et inerte, qui est comme le fonds ; et d'un fluide très subtil, très actif, invisible, impalpable, qu'il appelle *l'esprit*. Ce qu'il suppose, nous l'avons démontré, en prouvant qu'il est impossible que ces substances aériformes n'existent pas.

magnétique (1); proportion toutefois qui n'a lieu que jusqu'à une certaine distance. Ensorte que si des corps se trouvoient placés à une telle distance de notre globe, que sa force attractive cessât d'agir sur eux, ils demeureroient suspendus comme la terre elle-même, et cesseroient de tomber vers elle.

Nous aurons donc, sur ce sujet, cet exemple de la croix. Prenez deux hor-

---

(1) Notre auteur côtoie ici le système de Newton, en profitant des vues du médecin Gilbert qui lui sert de guide; il ne falloit plus qu'un peu de mathématiques pour déterminer cette loi avec plus de précision, et pour la compléter, en y ajoutant la considération des masses; car la véritable loi démontrée par Newton est celle-ci : les forces avec lesquelles agissent l'un sur l'autre deux corps qui s'attirent réciproquement, sont en raison composée de la directe des masses et de l'inverse des quarrés des distances. C'est l'observation combinée avec le raisonnement et le calcul, qui a conduit à ce beau résultat; mais notre auteur qui, en philosophant sur ce sujet, déroge à ses propres règles et donne tout à la méditation, n'avoit guère observé que le ciel de son lit.

loges, dont l'une ait pour moteur un poids de plomb par exemple, et l'autre un ressort. Ayez soin de les éprouver et de les régler de manière que l'une n'aille pas plus vîte que l'autre. Placez ensuite l'horloge à poids sur le faîte de quelqu'édifice fort élevé, et laissez l'autre en bas. Puis observez exactement si l'horloge placée en haut ne marche pas plus lentement qu'à son ordinaire; ce qui annonceroit que la force du poids est diminuée (1). Tentez la même expérience dans les mines les plus profondes, afin de savoir si une horloge de cette espèce n'y marche pas plus vîte qu'à l'ordinaire,

---

(1) Il en seroit de même si l'on employoit, pour cette expérience, deux horloges à poids ; disposition qui seroit mieux appropriée à l'état précis de la question ; car alors s'il étoit vrai que la pesanteur diminuât, même à une si petite distance de la terre, comme le poids qui serviroit de moteur à l'horloge placée en haut, auroit moins de force, elle iroit plus lentement, et après un intervalle de temps un peu grand, elle retarderoit sur celle qu'on auroit laissée en bas.

par l'augmentation de la force du poids qui lui sert de moteur. Cela posé, si l'on trouve que cette force diminue sur les lieux élevés, et augmente dans les souterreins, il faudra regarder comme la véritable cause de la pesanteur, l'attraction exercée par la masse corporelle de la terre (1).

De même, soit la nature donnée, la *polarité* (2) d'une aiguille de fer aiman-

---

(1) Cette conséquence est fausse ; car, si un corps placé à la surface de la terre, est attiré par toute la masse du globe, plus on l'approchera du centre, plus la partie de la terre qui sera au dessus de ce corps, et qui l'attirera aussi, mais en sens contraire, balancera l'attraction de la partie qui se trouvera au dessous, affoiblira la tendance de ce corps vers le centre, et par conséquent diminuera son poids. Donc, si le poids de ce corps augmente à mesure qu'on l'approche du centre, il n'est pas vrai que l'attraction de la masse corporelle du globe soit la *cause unique* de ce poids.

(2) Pour abréger, nous emploierons ce mot dont quelques physiciens de notre temps font usage, et qui désigne cette propriété qu'a l'aimant ou le fer aimanté, de diriger ses extrémités à peu près vers

té ; il se présente aussi sur cette nature deux suppositions à faire. Car il faut de deux choses l'une : ou que l'aimant avec lequel on touche le fer, lui communique par soi-même la *polarité*, ou qu'il *excite* et dispose seulement ce métal à recevoir cette propriété (1), et

---

le nord et le sud, ou en général vers certains points de la sphère ; car ces points varient en différens temps et en différens lieux, sans compter que l'inclinaison de l'aiguille aimantée qui ne se tient pas dans une situation horizontale, varie aussi.

(1) Si l'on se rappelle ce que nous avons dit dans quelques-unes des notes précédentes, on sentira aussi-tôt que ce mot *exciter* peut encore avoir trois significations différentes ; il peut signifier ou que l'aimant, en touchant le fer, change sa texture, ou qu'il diminue la force d'inertie de ses parties, ou enfin qu'il *éveille*, pour ainsi dire, les esprits qui s'y trouvent renfermés. Le lecteur peut choisir entre ces trois explications. Quant à nous, notre choix seroit de les rejeter toutes à la fois ; car ce sont autant de suppositions gratuites : il n'y a ici ni observation directe, ni analogie qui puisse donner prise aux conjectures et servir de guide.

qu'ensuite le mouvement même d'où résulte la polarité, lui est communiqué par la présence de la terre, comme le pense Gilbert, qui accumule les preuves pour établir cette assertion; car c'est proprement à ce but que tendent toutes les recherches qu'il a faites sur ce sujet avec tant de sagacité et de dextérité. Selon lui, une cheville de fer qui est restée fort long-temps dans la direction du nord au sud, contracte insensiblement la polarité, sans avoir été touchée par l'aimant. Ce qui porteroit à penser que la terre elle-même, qui, à cause de sa distance, n'a qu'une action très foible sur ce fer (car il prétend que la surface, la croûte extérieure du globe, est destituée de toute vertu magnétique); que la terre, dis-je, suppléant au défaut du contact de l'aimant, par la longue durée et la continuité de son action, *excite* d'abord le fer, et après l'avoir excité, lui donne la conformation requise, et la direction, qui n'en est qu'une conséquence. Il prétend de plus que, si après avoir chauffé, jusqu'à l'incandescence, une verge de fer, on la place dans la direction du nord au sud, au moment même où on l'éteint, elle contracte aussi la polarité, sans qu'on l'ait aimantée. Il semble que, dans cette expérience, les parties du fer, d'abord mises en mouvement par l'ignition, puis venant à se resserrer tout-à-coup, dans l'instant même de l'extinction, deviennent ainsi plus susceptibles de cette vertu qui émane de la terre, et, en quelque manière, plus sensibles à son action, que dans toute autre disposition; en un mot, qu'elles sont comme éveillées par cette opération. Mais toutes ces observations, quoique bien faites, ne sont rien moins que suffisantes pour établir son sentiment sur ce point.

Voici quel exemple de la croix l'on pourroit se procurer sur ce même sujet. Prenez une petite sphère d'aimant, que vous pourrez regarder comme représentant en petit le globe terrestre, et marquez ses pôles pour les reconnoître. Placez les pôles de ce petit globe dans la direction de l'est à l'ouest, et fixez-le dans cette situation; mettez ensuite sur ce globe une aiguille de fer non aimantée, et laissez les choses en place pendant six ou sept jours. Cela posé, l'aiguille (et il n'y a aucun doute sur ce point), tant qu'elle demeurera sur le petit globe, abandonnant les pôles du monde, tournera ses extrémités vers les pôles de cet aimant; c'est-à-dire, qu'elle restera dans la direction de l'est à l'ouest. Si ensuite l'on observe que cette aiguille, ayant été ôtée de dessus l'aimant, et replacée sur son pivot, se tourne aussi-tôt vers le nord et le sud, ou à peu près, il faudra regarder comme la véritable cause de la polarité, la présence de la terre. Mais si elle se tourne, comme auparavant, vers l'est et l'ouest, ou perd sa polarité, il faudra tenir pour suspecte cette supposition, et faire de nouvelles recherches sur ce sujet.

De même encore soit la nature en question, *la substance corporelle* de la lune (1); et supposons qu'il s'agisse de savoir si la lune est une substance ténue et analogue à celle de la flamme ou de l'air (2), comme l'ont pensé un assez grand nombre de philosophes anciens; ou si c'est un corps dense et solide, comme le pensent Gilbert et plusieurs modernes, d'accord sur ce point avec quelques anciens (3). La principale

---

(1) Pour bien rendre son idée, il faudroit pouvoir dire, la *corporéité;* mais la tyrannie de l'usage s'y oppose.

(2) La solution de ce problème est si facile, qu'il en devient ridicule ; car n'est-il pas clair que, si la lune étoit une substance liquide ou aériforme, elle ne pourroit avoir un cours aussi régulier, ni subsister si long-temps, en conservant la même figure?

(3) Il paroît que Bacon n'avoit jamais considéré cette planète, à l'aide d'une lunette astronomique; autrement, il auroit vu que ses taches sont fixes; ce qui prouve suffisamment sa solidité; les lunettes de ce genre, quoique déjà inventées, ne devoient pas encore être fort communes en Angleterre. Mais au fond, ces instrumens n'étoient pas

raison sur laquelle est fondé ce dernier sentiment, c'est que la lune réfléchit les rayons du soleil, et que les corps solides semblent être les seuls qui puissent réfléchir les rayons lumineux. Nous aurons donc ici pour exemple de la croix (si toutefois il peut y en avoir de tels sur ce sujet), les faits qui démontrent qu'un corps ténu, tel que la flamme, peut réfléchir les rayons lumineux, pourvu qu'il soit d'une épaisseur suffisante. Il est hors de doute que les rayons du soleil, réfléchis par la partie la plus élevée de l'athmosphère, sont la véritable cause du crépuscule. De plus, nous voyons que, sur le soir, les rayons solaires, réfléchis par le bord des nuages épais, ont plus d'éclat et de splendeur que ceux mêmes qui sont réfléchis par le corps de la lune; et cependant il n'est pas certain que ces nuages aient acquis une densité égale à celle

---

fort nécessaires pour voir les grandes taches qu'on distingue fort bien à la simple vue, et qui paroissent toujours les mêmes.

de l'eau (1). Nous voyons encore que, durant la nuit, l'air obscur qui est derrière une fenêtre, réfléchit la lumière d'une bougie, tout aussi-bien que le pourroit faire un corps dense. Mais une autre expérience qu'il faudroit tenter, ce seroit de faire passer un rayon solaire par un trou pratiqué à un volet fermé, et de le faire tomber sur quelque flamme roussâtre ou bleuâtre. On sait que les rayons solaires, tombant sur des flammes un peu foibles, semblent les amortir et les eteindre, à tel point qu'elles ont plutôt l'air de fumées blanches que de vraies flammes. Voilà, en fait d'observations propres pour servir d'exemples de la croix sur cette question, ce qui, pour le moment, se présente à notre esprit; et nous ne doutons nullement qu'on ne puisse en trouver de meilleurs. Quoi qu'il en soit, on ne doit pas s'attendre à voir une flamme réfléchir les rayons lu-

---

(1) S'ils l'avoient acquise, ils ne resteroient pas là.

mineux, à moins qu'elle ne soit d'une certaine épaisseur, sans quoi elle seroit demi-transparente. Ainsi, l'on doit tenir pour certain que tout corps d'une texture régulière et uniforme, ou réfléchit les rayons lumineux, ou les reçoit dans son intérieur, et les transmet.

Soit encore la nature en question, le mouvement des armes de trait, et en général, des corps lancés dans l'air (1); tels

---

(1) Voici quel est le véritable état de la question. Pourquoi, lorsqu'un corps en mouvement presse ou choque un autre corps, lui communique-t-il la totalité ou une partie de ce mouvement? Ce *pourquoi* peut être ainsi traduit : *dans quelle classe faut-il ranger cette communication du mouvement?* à quel fait plus général peut-on le rapporter et l'agréger? car nos *explications* ne sont que des *classifications*; les véritables causes nous étant inconnues : la réponse est qu'il ne faut ranger ce fait dans aucune classe, cette classification étant aussi impossible qu'inutile; car, le fait en question étant si général, qu'il est impossible d'en trouver un plus général auquel on puisse le rapporter et l'agréger, il est par conséquent impossible de le classer. Les prétendues explications,

que dards, flèches, balles de mousquet, boulets de canon, etc. Ce mouvement, l'école, à son ordinaire, l'explique d'une manière tout-à-fait superficielle et ridicule ; sitôt que, par la dénomination de *mouvement violent*, elle a pu le distinguer de cet autre mouvement qu'elle qualifie de *naturel*, et que, pour rendre raison de la première percussion ou impulsion, elle a su le ramener à cet axiôme : *deux corps ne peuvent exister en même temps dans le même lieu; autrement leurs dimensions se pénétreroient réciproquement;* dès qu'elle a ainsi parlé, tout est dit; la voilà contente de son explication et d'elle-même ; elle ne s'embarrasse plus du progrès continu de ce mouvement. Il est pourtant deux suppositions à faire sur ce sujet : ou ce mouvement, peut-on dire, a pour

---

en pareil cas, ne sont que des *pléonasmes*, des traductions, plus ou moins parfaites, de l'énoncé de la question, auquel on ôte la forme interrogative, pour lui donner la forme affirmative.

cause l'air *déférent* (qui sert de *véhicule*), et qui se ramasse derrière le corps lancé, à peu près comme le fait l'eau d'un fleuve à l'égard d'un bateau, et le vent à l'égard des pailles et autres corps légers : ou l'on peut dire que les parties du corps pressé ou choqué, ne pouvant soutenir l'impression du corps pressant ou choquant, se portent en avant pour s'en délivrer. Le premier de ces deux sentimens est celui de *Fracastorius*, et de tous ceux qui ont porté dans cette recherche un peu de pénétration et de sagacité. Nul doute que l'air ne joue ici quelque rôle; mais l'autre mouvement nous paroît avoir plus d'influence et de réalité, comme le prouvent une infinité d'expériences. Entr'autres faits relatifs à cette question, en voici un qui suffit pour la décider. Si, tenant entre le pouce et l'index, une lame ou un fil de fer un peu roide et élastique, ou même un simple tuyau de plume divisé par la moitié (longitudinalement), on l'abandonne à lui-même, il saute et s'élance loin de la main. Or, il est clair que, dans cette expérience, on ne peut attribuer le mouvement à l'air qui se ramasse derrière le corps lancé, attendu que le principe de ce mouvement est au milieu de la lame ou de la plume, et non à ses extrémités.

De même encore, soit la nature en question cette soudaine et puissante expansion qui a lieu dans la poudre à canon lorsqu'elle prend feu; force expansive qui la met en état de renverser les plus épaisses fortifications, et de lancer au loin des corps d'un si grand poids; comme on en voit des exemples dans les effets prodigieux des grandes mines et des grosses piéces d'artillerie. Voici la double supposition qui se présente sur ce sujet. Ce mouvement a pour cause ou la simple tendance du corps en question à se dilater après son inflammation, ou bien la *tendance mixte* (1) *de l'es-*

―――――――――――――

(1) C'est-à-dire, une combinaison de deux tendances simples ; savoir : d'abord celle de tout corps

prit crud (1), lequel fuit avec rapidité le feu (2) dont il est environné, et s'en échappe comme d'une prison. Or, l'é-

---

fortement chauffé, à se dilater; puis celle des substances grasses inflammables et des substances aqueuses ou non inflammables, à se fuir réciproquement, ou du moins à ne se point mêler ensemble. Cette explosion de la poudre, comme on l'a vu dans une des notes précédentes, paroît n'être qu'une *décrépitation* plus soudaine, plus complette, du salpêtre ou nitre, et rendue telle par le mélange du soufre et du charbon incorporés avec ce sel.

(1) Il comprend sous cette dénomination toutes les substances aériformes de nature analogue à celle de l'eau, et opposée à celle des substances inflammables.

(2) Cette explication, qui est la sienne, comme on le verra plus bas, est d'autant plus mauvaise, qu'il ne regarde pas le feu comme une certaine espèce de *substance*, mais comme une certaine espèce de *mouvement*. Ainsi, c'est comme s'il disoit que l'esprit crud tend à fuir un mouvement dans lequel il est emprisonné. La belle explication! Pour former un philosophe complet, il faudroit deux philosophes réunis: un Bacon, pour appercevoir; et un Newton, pour raisonner.

cole, ainsi que l'opinion commune, s'en tiennent à la première de ces deux tendances. Car il est tel écrivain qui s'imagine raisonner très philosophiquement sur ce sujet, en disant que la flamme, en conséquence de la forme même d'un élément de sa nature, est douée d'une certaine nécessité qui la force à occuper un espace plus grand que celui qu'occupoit la substance inflammable, lorsqu'elle étoit sous la forme de poudre à canon, et que c'est-là justement la raison de ce mouvement d'expansion (1).

―――――――――――――――

(1) Et voilà précisément pourquoi votre fille est muette. Sous le personnage du médecin malgré lui, sont traduits en ridicule les scholastiques dont parle ici Bacon, et que Molière connoissoit très bien. Je ne suis pas obligé de composer une phrase raisonnable pour exprimer cette ridicule explication : si une sottise est bien exprimée, il est tout simple que la phrase qui l'exprime, heurte de front le sens commun ; elle est destinée à cela ; et tout ce qu'un traducteur peut faire alors, c'est de rendre son style si transparent, qu'on voie la sottise à travers ; la montrer clairement, n'est-ce pas la réfuter?

Mais, en raisonnant ainsi, ils ne s'apperçoivent pas qu'à une première supposition assez gratuite, ils en ajoutent une seconde ; savoir, que la flamme est déja engendrée. Ainsi, quand on leur accorderoit la première, ils n'en seroient pas plus avancés, puisque ces grandes masses dont nous parlions, pourroient encore, par une forte compression, empêcher totalement la génération même de la flamme. Ensorte que cette nécessité qu'ils supposent, n'est rien moins que suffisante pour rendre raison de l'expansion à expliquer. En effet, qu'il y ait ici nécessairement expansion, et que de cette expansion s'ensuive la projection ou le renversement du corps qui fait obstacle, c'est avec raison qu'ils le pensent. Mais cette nécessité, on l'évite, on l'ôte tout-à-fait, à l'aide de cette masse solide qui, en comprimant la substance inflammable, empêche la génération de la flamme. Et nous voyons que cette flamme, dans le premier instant où elle se forme, est foible et peu active ; qu'elle a besoin d'une cavité où elle puisse, pour ainsi dire, s'essayer et jouer librement (1). Ainsi, la cause qu'ils assignent est tout-à-fait insuffisante pour expliquer un mouvement si violent. Mais la vérité est que la génération des flammes flatueuses de ce genre, de ces espèces de *vents ignées*, a pour cause le *conflit*, la lutte de deux substances de natures diamétralement opposées; savoir : le soufre, substance éminemment inflammable, et l'*esprit crud* renfermé dans le nitre; substance aériforme, qui a une sorte d'*antipathie ou d'horreur pour la flamme*; ensorte qu'il se livre là un combat terrible, le soufre s'enflammant autant qu'il le peut (car la troisième sub-

---

(1) Car l'action, toutes choses égales, étant proportionnelle à la réaction, la substance qui s'enflamme, a besoin, pour déployer toute son action, de trouver à sa rencontre un corps qui lui oppose une grande résistance; et lorsque la poudre qui s'enflamme est dans un tube, dans une cavité, elle trouve alors cette résistance qui, en réagissant contre sa force expansive, en augmente l'effet.

stance; savoir : le charbon, n'a ici d'autre fonction que celle d'incorporer et de bien lier ensemble les deux autres); tandis que l'esprit de nitre, lequel s'échappe autant qu'il le peut, se débande avec la plus grande force (propriété commune à l'air, à l'eau, et à toutes les substances crues, lorsqu'elles sont dilatées par la chaleur); et, dans l'instant même de cette fuite, de cette éruption, les parties de l'esprit soufflant, pour ainsi dire, en tous sens la flamme du soufre, comme feroient des milliers de petits soufflets cachés dans l'intérieur de cette substance qui prend feu.

On pourroit trouver sur ce sujet deux espèces d'exemples *décisifs* : les uns, tirés des substances les plus inflammables, telles que le soufre, le camphre, la naphte et autres semblables, en y joignant leurs combinaisons ; toutes substances qui s'enflamment plus promptement et plus aisément que la poudre à canon ; ce qui montre assez que cette inflammabilité ne peut, par elle-même, produire de si puissans effets : les autres, tirés des substances qui ont de l'antipathie avec la flamme, et qui la repoussent, tels que sont tous les sels. En effet, nous voyons que, si on les jette sur le feu, ils s'en échappent avec bruit, plutôt que de s'enflammer; décrépitation qu'on observe aussi dans les feuilles qui ont un peu de consistance et de roideur, les parties aqueuses s'en échappant avec violence, avant que les parties huileuses s'enflamment. Mais la substance où ce phénomène est le plus marqué, c'est le mercure; et ce n'est pas sans fondement qu'on le qualifie d'*eau minérale*; car, sans inflammation, et par le simple effet de son éruption et de son expansion, il déploie son action avec presqu'autant de violence que la poudre à canon. On dit même que, mêlé avec la poudre, il en augmente beaucoup la force.

De même, supposons que le sujet en question soit la nature transitive de la flamme, et son extinction de moment en moment. On ne voit pas que la nature de toutes ces flammes que nous connoissons, ait rien de fixe et de constant; mais il paroît qu'elles s'allument et s'éteignent presqu'à chaque instant. Car il est clair que, dans celles de ces flammes qui sont de quelque durée, ce n'est pas la même flamme individuelle qui subsiste ainsi, mais une succession de flammes toujours nouvelles qui s'engendrent à mesure que les autres s'éteignent. C'est sur quoi il ne restera aucun doute, pour peu que l'on considère que si l'on ôte à la flamme son aliment, elle périt aussitôt. Or, voici la double supposition qui se présente sur ce sujet. Cette nature instantanée de la flamme vient de ce que la cause qui l'a d'abord produite, s'affoiblit, comme dans la lumière, les sons et les mouvemens ordinairement qualifiés de *violens*; ou il faut dire que près de nous la flamme pourroit, sans aliment, subsister dans sa nature, si les natures contraires qui l'environnent, ne lui faisoient une sorte de violence, et ne la détruisoient.

Ainsi, le fait suivant nous fournit un exemple de la croix sur ce sujet. Nous voyons que, dans les grands incendies, les flammes s'élèvent extrêmement haut ; la hauteur du sommet de la flamme étant toujours proportionnée à la largeur de sa base. Aussi voyons-nous que l'extinction commence toujours par les côtés, parties où la flamme est comprimée, et en quelque manière violentée par l'air; au lieu que les portions centrales de cette flamme, qui ne sont pas en contact avec l'air, mais environnées en tous sens des parties latérales, demeurent les mêmes individuellement, et ne s'éteignent point jusqu'à ce que l'air ambiant, dont la pression rétrécit la flamme de plus en plus à mesure qu'elle s'élève, la réduise enfin à rien. Voilà pourquoi toute flamme a la forme d'une pyramide, dont la base, située autour de son aliment, est plus large, mais dont le sommet, qui est en contact avec l'air (substance ennemie), et qui de plus manque d'aliment, est plus aigu.

Au contraire, la fumée est plus étroite à sa base; elle s'élargit à mesure qu'elle s'élève, et prend ainsi la forme d'une pyramide renversée. L'air livre aisément passage à la fumée, au lieu qu'il comprime la flamme; car il ne faut pas s'imaginer, avec certains rêveurs, que la flamme ne soit qu'un air enflammé; ces deux substances étant tout-à-fait hétérogènes.

On auroit un exemple de la croix plus exact et mieux approprié à la question, si, à l'aide de deux flammes de couleurs différentes, on pouvoit réaliser cette conjecture aux yeux de l'observateur. Prenez un petit seau de métal; fixez sur le fond de ce vaisseau une petite bougie allumée. Mettez le seau dans une cuvette, où vous verserez de l'esprit de vin en telle quantité que cette liqueur ne s'élève pas jusqu'au bord du seau; puis allumez l'esprit de vin. Cette liqueur donnera une flamme bleue, et la mêche de la bougie, une flamme jaune. Ainsi voyez si la flamme de l'esprit de vin

(qu'il sera aisé de distinguer à cause de la différence des deux couleurs) est toujours pyramidale, ou si plutôt elle n'affecte pas une figure sphérique ; vu qu'ici elle ne trouve plus rien qui la comprime et la détruise. Si elle prend en effet cette dernière figure, on peut en inférer avec certitude, que la flamme demeure la même individuellement, tant qu'elle est environnée d'une autre flamme, et que l'air, son ennemi, ne peut lui faire violence. Voilà ce que nous avions à dire sur les exemples de la croix ; nous nous sommes fort étendus sur ce sujet, afin qu'on s'accoutume peu à peu à juger de la nature d'après des exemples de cette espèce, ou des expériences lumineuses, et non d'après de purs raisonnemens et de simples probabilités.

XXXVII.

Nous placerons au quinzième rang, parmi les prérogatives des faits, les exemples de *divorce,* qui indiquent la *séparabilité* (1) de certaines natures qu'on trouve le plus souvent réunies; ils diffèrent de ceux qu'on joint aux exemples de *concomitance*, en ce que ces derniers prouvent la séparabilité de telle nature d'avec tel composé, auquel elle semble être familière; au lieu que ceux dont il s'agit, montrent la séparabilité de telle nature d'avec telle autre nature. Ils diffèrent aussi des exemples de la croix, en ce qu'ils ne sont point décisifs, et qu'ils avertissent seulement que telle nature peut être séparée d'avec

---

(1) Nous sommes encore obligés de risquer ce mot (toujours sous la condition de ne l'employer que dans cet article); car ce mot de *séparation* ne rend point son idée. Il veut dire que les exemples dont il va parler, sont destinés à montrer que certaines natures qu'on trouve le plus souvent ensemble, *peuvent* néanmoins *être* séparées. Or, cette *faculté* d'être séparée est mal exprimée par la terminaison, *ation*, qui désigne *l'acte*, et l'est beaucoup mieux par celle-ci, *abilité*. Les mots destinés à désigner la *faculté* active ou passive, manquent souvent dans notre langue.

telle autre. Leur destination est de déceler les fausses formes, de détruire les conjectures hazardées sur ce sujet, et de dissiper les illusions que font naître les choses trop familières; ils sont comme le *lest* de l'entendement.

Par exemple, soient les natures en question, ces quatre natures que Télèse veut qu'on regarde comme inséparables, et comme étant, pour ainsi dire, de la même chambrée; je veux dire, la chaleur, la lumière, la ténuité et la mobilité. On trouve plusieurs exemples de divorce entre ces quatre natures. Par exemple, l'air est ténu et fort mobile, sans être ni chaud, ni lumineux. La lune est lumineuse, sans être chaude; l'eau bouillante est chaude, et n'est pas lumineuse; une aiguille de fer, quoique très légère et très mobile sur son pivot, n'est pourtant qu'un corps froid, dense et opaque; et ainsi des autres.

De même, soient les natures en question, la nature corporelle et l'action naturelle. Il semble que nous ne connoissions aucune action naturelle, sans quelque corps où elle subsiste. Nous ne laisserons pas toutefois de trouver, sur ce sujet même, quelqu'exemple de divorce. Telle sera, par exemple, l'action magnétique, en vertu de laquelle le fer se porte vers l'aimant, comme les graves se portent vers le globe terrestre; à quoi l'on peut ajouter certaines actions qui ont lieu à distance et sans contact immédiat. Car une action de cette espèce s'exerce dans un certain temps divisible en plusieurs momens, et dans un certain espace divisible aussi en parties ou degrés. Il est donc, dans le temps, tel moment, et dans le lieu, tel intervalle, où cette action, cette vertu réside dans le milieu, situé entre les deux corps qui produisent le mouvement. Ainsi, le point précis de la question est de savoir si ces deux corps, qui sont les *termes du mouvement*, disposent ou modifient les corps intermédiaires, et de telle manière que la *vertu* passe de l'un de ces termes à l'autre, par une file de corps vraiment contigus, qui la reçoivent et la transmettent successivement, et que, durant tout ce temps-là, elle ne subsiste que dans le milieu même; ou, s'il n'y a ici autre chose que les deux corps, *la vertu* et l'espace. Or, dans l'action des rayons lumineux ou sonores, dans celle de la chaleur et d'autres natures qui se portent à distance, il est probable que les corps intermédiaires sont disposés, modifiés d'une manière analogue à cette action qu'ils transmettent; et cela d'autant plus, qu'il faut que le milieu, qui sert de véhicule à ces actions, ait certaines qualités. Mais la vertu magnétique se transmet à travers toutes sortes de milieux indifféremment; et il n'en est aucun qui l'intercepte. Or, si cette vertu ou action n'a rien à démêler avec le milieu, il s'ensuit qu'il est une vertu ou action qui, durant un certain temps et dans un certain espace, peut subsister sans corps, attendu qu'alors elle ne subsiste ni dans les deux termes extrêmes de l'action, ni dans le milieu. Ainsi, l'on peut regarder l'action magnétique comme un exemple de *divorce* sur la nature corporelle et sur l'action naturelle. A quoi l'on peut ajouter, comme une sorte de corollaire, ou de profit qui n'est pas à négliger, que, même dans le sens philosophique, on peut alléguer tel fait qui prouve qu'il y a des êtres, des substances distinguées de la matière, et incorporelles. En effet, si la vertu ou action naturelle émanée d'un corps, peut subsister absolument sans corps durant un certain temps et dans un certain espace, la conséquence immédiate de cette proposition est que cette vertu peut bien aussi, dans son origine, émaner d'une substance incorporelle. Car il semble qu'une nature corporelle ne soit pas moins nécessaire pour conserver et transmettre l'action naturelle, que pour la produire ou l'engendrer (1).

―――――

(1) Tout ce beau raisonnement n'est qu'un paralogisme ; et si l'existence des êtres immatériels n'étoit pas mieux prouvée, il seroit bien permis d'en douter. Car il se pourroit que cette action ou

vertu dont il parle, résidât dans un fluide qui fût lancé d'un corps à l'autre; et alors, quoique cette action ou vertu ne fût dans aucun des deux corps qui sont les termes extrèmes de l'action, ni dans le milieu, comme elle n'en seroit pas moins dans un corps ; savoir : dans ce fluide que nous supposons, il ne seroit pas vrai qu'il est, dans le temps, tel moment, et dans l'espace, tel intervalle où elle subsiste sans le véhicule d'un corps. D'ailleurs, cette question qu'il se propose, et qu'il croit résoudre parce qu'il n'en voit pas toutes les parties, donne lieu à une autre qu'il auroit dû se proposer d'abord, et tâcher de résoudre avant tout ; savoir, celle-ci : l'action de la vertu magnétique est-elle instantanée ou successive ? Par exemple, la force attractive de la terre se fait-elle sentir plus promptement à la Lune, qu'à Jupiter et à Saturne : ou bien doit-on penser que l'action du corps attirant se fait sentir, dans un instant indivisible, à tous les corps sur lesquels il agit, à quelque distance qu'ils soient de lui, et à tous en même temps ? Ainsi le prétendu principe dont il tire cette fausse conséquence que nous avons d'abord relevée, n'est qu'une supposition très gratuite ; et son raisonnement est, avec une apparence de profondeur, très superficiel.

Commentaire du premier chapitre.

(*a*) ON concevra aisément que les corps tout-à-fait uniformes, quant à leurs portions optiques, etc. Pour débrouiller un peu ce passage, qui, à la première vue, paroît tout-à-fait inintelligible, il faut fixer son attention sur les quatre points où est le fort de l'obscurité, et tâcher de savoir ce qu'il entend par *texture simple* et *texture composée*; par *portions optiques*; par *l'égalité* ou *l'inégalité* de ces deux espèces de texture; enfin, par leur *ordre* ou leur *désordre*; leur *régularité* ou *irrégularité*.

Or, quant au premier point, si je prends mille élémens différens, aussi petits et aussi indivisibles qu'on puisse les imaginer; si je les prends, dis-je, 2 à 2, 3 à 3, 4 à 4, etc. de manière que, dans chaque combinaison de 2, de 3, de 4, etc. de ces élémens, il n'entre qu'un seul élément de chaque espèce, j'aurai un certain nombre de composés ou de touts, dont la texture pourra être qualifiée de *simple*, parce que les parties de chaque tout ne seront pas elles-mêmes composées. Actuellement si j'assemble aussi 2 à 2, 3 à 3, 4 à 4, etc. ces touts de texture simple, j'aurai d'autres touts, mais dont la texture sera composée, puisque chacune de leurs parties sera composée elle-même. Si j'assemble encore plusieurs touts de la seconde espèce, pour en former de nouveaux touts plus composés, puis ceux-ci encore, et ainsi de suite, j'aurai, en quelque manière, plusieurs *étages de composition*, dont je pourrai appeler les composés respectifs, *touts de première, de seconde, de troisième, etc. composition*, et tels qu'un de ces étages; savoir : le premier, celui qui est composé d'élémens simples, sera seul de son espèce, et que tous les autres pourront être dits de *texture composée*, mais plus ou moins.

En second lieu, supposons que les rayons de la lumière, ou, si l'on veut, les parties dont ils sont composés, soient d'une subtilité égale ou du moins proportionnée à celle des élémens du premier étage de composition, ou du second, du troisième, du quatrième, etc. j'appellerai, *portions optiques* d'un corps, celles de ses parties qui sont égales ou proportionnées à celles de la lumière, et d'où, par cette raison, dépend la réflexion ou la réfraction de ses rayons; à quoi, pour plus d'exactitude, j'ajouterai la considération de la *figure* de ces parties, laquelle, selon qu'elle sera plus ou moins analogue à celle des parties de la lumière, rendra les premières plus ou moins *optiques*.

3°. Les différentes parties dont est composé chacun de ces assemblages que j'appelle touts de première, de seconde, de troisième, etc. composition, pourront être égales ou inégales, soit entr'elles, soit à celles qui composent les autres touts du même étage de composition; et les touts d'un même étage pourront aussi être égaux ou inégaux entre eux.

4°. Les parties pourront être disposées confusément ou avec un certain ordre, dans les différentes portions d'un même tout d'un même étage de composition; et les touts de chaque étage pourront aussi être régulièrement ou irrégulièrement disposés; enfin, ces parties pourront être arrangées de même ou de différente manière, soit dans les différentes portions d'un même tout d'un même étage, soit en différens touts de cet étage, soit d'un étage à l'autre; et les touts seront aussi susceptibles des mêmes différences ou analogies.

A mesure que je pousse l'analyse, j'apperçois de nouvelles analogies et de nouvelles différences; mais je vois encore plus nettement une règle qui me commande de m'arrêter, car il faut finir, quoique tout soit infini; et il ne s'agit ici que d'aider à concevoir en gros ce qu'il veut et croit dire. Au reste, si cette explication à laquelle je tiens peu, ne paroît pas suffisante, nous aurons recours au grand Newton; il nous dira sur cette matière des choses qui sont infiniment plus *claires*, parce que, selon toute apparence, elles sont *plus vraies*.

Quoi qu'il en soit, cette analyse peut être utile en physique, où il s'agit souvent de ces compositions et surcompositions des corps. Et la méthode que nous avons suivie pour éclaircir ce passage, peut aussi servir d'exemple de la manière d'attaquer les endroits obscurs, dans les auteurs qui n'ont pas su se faire entendre, faute peut-être de s'être eux-mêmes bien entendus. Car, comme, en physique, tout, hors les forces ou tendances qui sont les causes de tous les mouvemens, et que la seule raison peut concevoir, est visible ou imaginable, c'est ordinairement parce qu'on n'a pas su d'abord dessiner les objets correctement dans son imagination, qu'ensuite on ne sait pas les décrire à l'aide du discours.

(*b*) *A cause de l'absence de l'esprit animal.* C'est une question de savoir si la *substance active* qui anime ce monde, peut avoir des *perceptions*, sans être *unie à des organes d'une certaine structure*, tels que ceux des animaux; et si la *faculté de percevoir*, ou même *la perception actuelle* étant essentielle, inhérente et inséparablement attachée à cette substance, se change en perception individuelle et en sentiment du *moi*, lorsque telle de ses portions est unie à telle portion de matière organisée; mais de manière que le tout continue de percevoir toutes ses propres parties, et par elles, tout ce qui existe. C'est probablement de cette idée assez creuse que se forma jadis dans le cerveau du grand Anaxagore (surnommé l'*esprit*), la notion d'un Dieu. Quant au vulgaire, qui, sans rien entendre à ces abstractions, ne laisse pas d'aller aussi loin, à l'aide du simple sens commun, il voit une montre qui marche assez régulièrement, et il y suppose un horloger ; car ici l'horloger est dans l'horloge même, et le moteur est comme fondu dans toute la machine. Mais ce *sujet*, en qui *résident* la *faculté de percevoir* et la *perception actuelle*, quel est-il ? quelle est sa nature ? est-il *matériel* ou *immatériel* ? Si vous continuez, répondrai-je, à refuser le nom de *matière* à ces êtres doués de qualités très corporelles, que vous n'avez pu encore *classer dans votre physique* où les loix par lesquelles ils sont gouvernés, ne se trouvent point, et auxquels par conséquent vous n'avez pu appliquer vos trois ou quatre petites loix du mouvement, hérissées de formules algébriques, cette substance, qui est le sujet réel de la faculté de percevoir, sera encore pour vous *immatérielle*. Mais, si vous voulez bien admettre avec nous la distinction de deux espèces de matières douées originellement de propriétés dismétralement opposées, combinées avec d'autres propriétés qui leur sont communes ; distinction que nous sommes désormais en état de démontrer avec toute la rigueur et la solidité géométrique, alors vous pourrez, sans que la religion, la morale et la politique s'élèvent contre vous, appeller franchement cette substance un *corps*, une *matière*. Après quoi, vous vous hâterez de faire de cette matière un fluide que vous aurez grand soin de subtiliser à tel point, qu'il échappe à l'imagination même, et que vous échappiez vous-même aux objections qu'on ne manqueroit pas de vous faire si on vous comprenoit. Et long-temps, bien long-temps après, vous vous appercevrez que la question agitée depuis tant de siècles par les matérialistes et les spiritualistes de toute couleur, n'est qu'une pure *dispute de mots*, qui se réduit à savoir quel *nom* il faut donner à une substance qui a des propriétés fort différentes de celles que nous avons observées ou supposées dans les êtres qui sont l'objet de notre étroite physique, et d'autres propriétés fort semblables à celles de ces êtres. Car, après tout, si une ame, comme vous le prétendez, peut mouvoir un corps, comme un corps en mouvement a aussi la faculté de mouvoir d'autres corps, ces deux substances ayant déjà une propriété commune et une propriété bien importante, seroit-ce donc une hérésie dans la religion du bon sens, et un barbarisme dans la langue du sens commun, que de leur donner le même nom ? Il se peut que deux êtres qui, dans les mêmes cas, font les mêmes choses, soient fort différens ; mais il se peut aussi, et il est très probable qu'ils sont fort semblables.

Il n'est point d'action sans réaction : si une ame pousse un corps, elle est donc aussi poussée elle-même : si elle est poussée, elle résiste donc ; si elle résiste, elle est donc impénétrable : et si elle est impénétrable, voilà une seconde propriété qui lui est commune avec la matière.

Il est difficile de se persuader que l'ame qui anime une baleine, ou un éléphant, est précisément égale à celle qui anime une puce : or, si l'une est plus grande que l'autre, elles sont donc toutes deux étendues.

Ainsi, la substance immatérielle a déjà trois propriétés communes avec la matière, et trois propriétés d'où dérivent un grand nombre d'autres.

Or, dans le corps organisé, la *faculté de percevoir* ne diffère point essentiellement de la *faculté de mouvoir*; et dans la montre animale, il n'y a pas deux grands ressorts, il n'y en a qu'un, composé de parties de natures contraires, qui prédominent alternativement, et assemblées par un moyen qui nous est inconnu. Les corps extérieurs agissent sur la substance qui perçoit, et elle réagit sur eux, voilà tout. Ainsi il est probable que le *sujet de la faculté de percevoir est matériel*. Le lecteur observera qu'il ne s'agit pas ici de la *faculté de penser et de vouloir*, mais seulement de la faculté de *percevoir*. Le principe qui *perçoit* est visiblement *passif*; mais le principe qui fait attention à ces perceptions, qui les *compare* et les *combine*, est *actif*. Ainsi le matérialisme ne peut se prévaloir de ce que nous venons de dire.

(*c*) *Il faut donc tourner toute son attention vers les similitudes et les analogies.* Tout ce passage, et même tout cet aphorisme, s'adresse à certains naturalistes collectifs, grands accapareurs de faits, dont l'esprit avide d'observations de toute espèce, où ils ne cherchent d'autre mérite que celui du nombre et de la diversité, et accablé par la masse énorme de cette science, sans choix, sans ordre et sans but, devient inhabile à la digestion de la science acquise, et à la génération d'une science nouvelle. A proprement parler, des observations dont on ne conclut rien, ne méritent pas le nom de *science*; ce n'est tout au plus qu'un spectacle bon pour amuser des oisifs, qu'une sorte de *lanterne magique* où passent successivement une infinité d'objets inutiles à ceux qui les regardent, et utiles seulement à ceux qui les montrent. Cependant, pour ne pas tomber dans une opinion fausse, en exagérant une opinion vraie, convenons que, dans ces vastes collections de faits qui ne sont dirigés vers aucune théorie, l'on trouve du moins des matériaux, en attendant un ouvrier; et que des connoissances, même stériles, sont pourtant des connoissances. Quoi qu'il en soit, si un individu de notre espèce étoit assez attentif, et vivoit assez long-temps pour pouvoir observer passablement et connoître successivement tous les individus marchans, nageans, rampans, volans ou dormans à la surface du globe, après mille ans d'observations, il ne seroit guère plus avancé que celui qui n'en connoîtroit qu'une centaine. Sa mémoire ne pouvant loger cette immensité de faits, en apprenant une chose, il en oublieroit une autre, et las enfin de désapprendre en apprenant, il finiroit probablement par tout abandonner, et par ne conserver, de toutes ses études, que le souvenir de s'être fort amusé; ce qui seroit peut-être assez pour lui, mais trop peu pour les autres. Ainsi, pour *prendre possession des connoissances acquises*, il faut les *réduire*, les *nombrer* et les *classer*, en *comprenant sous les mêmes noms les choses suffisamment semblables; et sous des noms différens, les choses notablement différentes*. Car on ne tombe pas moins dans la confusion, pour avoir trop fait de distinctions, que pour n'en avoir pas fait assez; et il est des hommes qui distinguent tant de choses, qu'ils n'y distinguent plus rien. Socrate l'a dit, et l'expérience le redit sans cesse; nos connoissances ne deviennent pour nous une *véritable propriété*, et ne méritent le nom de *science*, qu'à l'époque où, s'arrangeant entr'elles dans *l'ordre* marqué par nos vrais *besoins*, et se réduisant à un petit nombre de chefs faciles à embrasser, nous pouvons, en quelque manière, *les compter et en rendre compte*. Les observations et les expériences ne sont encore que les *pierres*, c'est le système qui est l'*édifice*. Nous avons assez de *maçons*, il ne nous manque plus qu'un *architecte*.

(*d*) *Ce sont ceux qui présentent certaines espèces de corps, qui semblent être composées de deux espèces différentes, et n'être que des ébauches, des essais entre une espèce et une autre.* Ceci nous rappelle un système fameux, celui de l'échelle des êtres; système dont la connoissance nous a conduits à une conjecture encore plus hardie, qui flotte dans notre cerveau depuis plusieurs années, et qu'une sorte de vif besoin le force d'évacuer à tout risque : la voici. S'il est vrai que la nature passe par degrés d'une espèce à l'autre, et que, dans le temps où notre planète étant moins refroidie, les puissances génératrices et fécondantes y étoient encore dans toute leur vigueur, chaque individu, dans chaque espèce, ait eu en lui seul les deux sexes, et la faculté de se reproduire, en se fécondant lui-même, comme la nature suit toujours, dans le temps, les mêmes gradations qu'elle suit dans le lieu, et produit, en un même lieu, dans des temps séparés par un long intervalle de siècles, des variations non moins grandes que les différences qu'elle produit, en un même temps, dans des lieux séparés par des espaces immenses, il se pourroit que toutes les espèces fussent sorties d'une seule, et cette espèce toute entière, d'un seul individu qui s'ébranchoit, pour ainsi dire, par degrés, et de manière que les êtres issus de lui, se ressemblant de moins en moins les uns aux autres, et différant aussi de plus en plus du moule primitif, finirent par différer autant les uns des autres, et de cet individu qui étoit la souche commune, que la racine, la tige, les branches, les feuilles, les fleurs et les fruits d'un arbre, diffèrent les uns des autres et de cette semence dont tous sont sortis. Depuis que cette note est écrite, le citoyen *Berthier* (conservateur de la bibliothèque de Semur, qui, avec les citoyens Raymond (père et fils), a bien voulu nous aider à revoir la plus grande partie de cette traduction), nous ayant procuré l'ouvrage de Diderot, qui porte pour titre, *de l'interprétation de la nature,* et qui n'est qu'une dérivation du *Novum Organum,* nous y avons trouvé une conjecture fort analogue à celle-ci, mais appuyée sur un autre fondement. Le lecteur pourra choisir entre les deux raisonnemens, ou, ce qui vaudroit mieux, les réunir; car, n'ayant rien d'opposé, ils peuvent fort bien subsister ensemble.

(*e*) *Sur la transmission, qui n'a pas moins lieu d'esprit à esprit que de corps à corps.* Il faut entendre ici par *esprit*, les *esprits animaux*, le *fluide nerveux*, ou toute autre matière qu'on voudra, pourvu que ce soit un fluide très subtil et très actif. Ce passage paroîtra ridicule à bien des gens qui, en vertu d'une certaine superstition philosophique, sont aussi prompts à nier ce dont ils ignorent l'explication, que d'autres sont, par une superstition théologique, prompts à croire ce qu'ils ne veulent point du tout entendre expliquer. Mais je connois quelque chose de bien plus ridicule aux yeux du vrai philosophe, c'est d'oser décider une question avant de l'avoir examinée, et de n'oser s'occuper d'un problème que la mode a proscrit. Nous oserons donc penser avec Bacon, qu'il faut écouter, fréquenter même les hommes superstitieux, ne fût-ce que pour observer de plus près la superstition; maladie fort commune que l'on ne peut guérir sans la connoître, connoître sans l'étudier, ni étudier sans fréquenter ceux qui en sont atteints. *Si le médecin fuit les malades, le remède fuira le médecin.* Mais, d'ailleurs, cette opinion dont il s'agit ici, n'est pas aussi absurde qu'elle le paroît au premier coup d'œil; elle n'est qu'une conséquence presque immédiate de certaines opinions assez répandues. Si quelqu'un prétendoit, d'après Hypocrate, Galien et la plupart des physiologistes modernes, que le corps humain est animé par un fluide très subtil et très actif, qui en parcourt sans cesse toutes les parties, et se porte, en un instant, du centre aux extrémités, ou en sens contraire, une telle assertion ne sembleroit pas étrange; ce ne seroit même, pour la plupart des médecins, qu'une redite. Cela posé, je demande s'il est probable que ce fluide, qui se porte du centre à la circonférence avec la rapidité de l'éclair, s'arrête précisément à la peau qui est un *crible*. Il y a toute apparence qu'il passe au-delà, et qu'il forme autour du corps animé une atmosphère à peu près semblable à celle que le fluide électrique forme autour d'un corps actuellement électrisé; et dès-lors il ne seroit pas impossible que, dans les petites distances, le fluide animal qui jaillit d'un corps vivant et très énergique, agit soit par attraction, par répulsion, ou même par simple impulsion, sur un fluide semblable lancé par un autre corps animé, et que cette action réciproque des deux fluides se fît sentir aux deux individus dont ils seroient émanés. En un mot, si, par les anciennes observations qui prouvent la forte analogie du fluide électrique avec le fluide nerveux, par les nouvelles observations qui prouvent leur identité, et d'autres observations encore plus directes, il étoit enfin démontré qu'un animal peut, à de fort petites distances, agir sur un autre animal, par une cause tout-à-fait indépendante des moyens ordinaires d'action réciproque; et qu'il y a, comme le disent ces écrivains dont parle ici Bacon, transmission d'esprit animal à esprit animal, non-seulement de tels résultats n'auroient rien de fort étrange; mais on peut dire même que les faits de cette nature auroient été annoncés par les faits connus, et qu'ils ne sembleroient incroyables qu'à ceux qui nient sous un nom, ce qu'ils affirment sous un autre nom, rejetant quelquefois la conséquence la plus immédiate du principe même qu'ils viennent de poser. Conclurons-nous de là qu'un corps animé peut exercer ce genre d'action à la distance de plusieurs lieues, ou même à celle de plusieurs toises? Non, sans doute ; ce seroit passer d'une conjecture assez probable à une supposition, je ne dis pas seulement gratuite, mais même très hardie ; et il faudroit des faits bien constatés et bien multipliés, pour en faire une vérité reconnue. Nous côtoyons des opinions très superstitieuses, et nous ne saurions marcher avec trop de circonspection. Le plus sûr est de n'adopter ni l'affirmative, ni la négative, et de suspendre son jugement jusqu'à un plus ample informé. Quant à ces observations, ou à ces expériences dont nous parlions plus haut, et qui prouvent directement l'identité du fluide électrique et du fluide nerveux, en voici une qui en vaut mille. Le lecteur sait que, si l'on coupe ou lie fortement un nerf, le mouvement cesse dans toutes les parties de l'animal situées au dessous de la section ou de la ligature, dans lesquelles passe ce nerf : eh bien ! des expériences publiques et multipliées ont prouvé que si, après avoir lié ou coupé un nerf, appuyant l'une des extrémités d'un excitateur ordinaire d'électricité sur la partie de ce nerf qui est au dessus de la section ou de la ligature, on approche l'autre extrémité de cet instrument, de la partie du même nerf qui est au dessous de l'interruption, le mouvement se ranime dans toutes les parties inférieures où passe ce nerf. Il est peu de faits aussi concluans que celui-là. Cependant, comme il se pourroit que le cuivre, ou tout autre métal, ainsi placé, eût sur les nerfs une action toute autre que celle du fluide électrique et inconnue, il seroit bon, pour assurer ce précieux résultat, de faire la même expérience avec une suite d'excitateurs de différentes matières plus ou moins *an-électriques*. Car, s'il est vrai que le fluide nerveux ne soit autre chose que le fluide électrique, comme des excitateurs plus ou moins an-électriques auront plus ou moins la faculté de transmettre l'électricité de la partie supérieure du nerf à la partie inférieure, ils auront aussi plus ou moins celle de ranimer le mouvement dans les parties de l'animal où passe cette portion du nerf qui est au dessous de l'interruption; les excitateurs le plus an-électriques seront ceux qui ranimeront ce mouvement le plus promptement, le plus sensiblement; et alors toute équivoque sera levée.

(*f*) *Il assigne magistralement pour cause de la génération, la présence ou l'approche du soleil, et son éloignement, ou son absence, pour cause de la corruption.* Il nous semble que Bacon se hâte ici un peu trop de condamner Aristote ; et (en supposant même que ce dernier philosophe se trompe) que notre auteur ne fait que substituer à l'erreur qu'il croit réfuter, une erreur plus grande. Car il n'est pas vrai que l'égalité de la chaleur conserve les corps, et cette assertion est démentie par une infinité d'observations.

En second lieu, à considérer les choses en masse, le sentiment d'Aristote paroît très fondé. Car, après tout, la plupart des animaux et des plantes destinés à ne vivre qu'une année (et c'est le plus grand nombre), meurent vers la fin de l'été, ou en automne. De plus, il se peut que la diminution de la chaleur soit encore la vraie cause de la mort des animaux et des végétaux qui vivent plus long-temps, et même de ceux qui meurent dans le temps où la chaleur du soleil va en augmentant; il suffit pour cela que le froid ne les tue pas *d'un seul coup*, qu'il les fasse mourir très lentement, et que le coup mortel qu'il leur donne dans un temps, ait son plus grand effet dans un autre.

D'ailleurs, quelles sont les qualités qui caractérisent la jeunesse, et qui la distinguent le plus sensiblement de la vieillesse, espèce de *mort com-*

mencée ? C'est la *rareté* de la matière du corps, sa *souplesse* et sa *perméabilité*, qualités qui vont toujours en décroissant, à mesure que, s'avançant dans la vie, on fait autant de pas vers la mort *. Actuellement on ne m'obligera pas de prouver que le froid a la propriété de rapprocher les parties des corps, et de les rendre plus denses, plus solides, plus compacts, plus durs, et par conséquent *moins perméables*; les rhumes, les fluxions et notre propre sentiment le prouvent assez. Mais abandonnant une fois tous ces raisonnemens généraux, croyons-en nos propres yeux. Durant l'hiver, tous les individus, quel que soit leur âge, paroissent plus vieux que durant l'été ou les deux saisons moyennes, et le deviendroient en effet, si, à l'aide d'une chaleur artificielle, ils ne se procuroient une température plus douce, et, pour ainsi dire, une autre saison. Comparons cet état d'engourdissement, de sommeil et de mort où, durant la saison glaciale, se trouve plongée la nature entière, à ce rajeunissement, à cette espèce de *résurrection* universelle qui s'opère au printemps; saison où tout revit et brûle de répandre la vie; où chaque in-

---

* Je parle de la *jeunesse*, *et non de l'enfance*, âge où l'extrême mollesse de toute l'habitude du corps rend l'individu extrêmement susceptible, et l'expose à être détruit par le moindre choc.

secte enfante une légion; où chaque feuille loge une armée ; croyons-en, dis-je, le sentiment vivifiant que fait naître cette comparaison. Certes, ce grand phénomène, considéré en masse, éclipse trois ou quatre petits faits cherchés à dessein, et ici la règle écrase l'exception. Enfin, croyons-en l'expérience, qui nous apprend que l'automne enfante plus de maladies que le printemps, sur-tout dans notre espèce *. C'est donc durant l'hiver que chacun de ces animaux qui vivent plusieurs années, reçoit le plus grand nombre de ces coups réitérés, dont chacun, il est vrai, ne suffit pas pour lui donner la mort, mais dont la somme lui est mortelle, et dont le plus sensible effet n'a pas toujours lieu dans le temps du maximum de la cause. Ainsi le froid tend plus à la mort qu'à la vie; et comme il a pour cause principale l'absence du soleil, ou sa moindre élévation sur l'horizon, c'est avec raison qu'Aristote prétend que l'absence ou la moindre élévation de cet astre, est la cause

---

* L'effet propre de la chaleur croissante, étant de déterminer les humeurs à la peau; de provoquer ou de faciliter les évacuations de toute espèce, elle est, par cela même, naturellement curative; au lieu que le froid, en resserrant les pores cutanées, répercute à l'intérieur, et renferme le loup dans la bergerie; il fait rentrer les maladies, ce qui est la plus puissante et la plus fréquente des causes de mort.

des corruptions, comme sa présence, ou sa plus grande élévation, est la cause des générations. *Présence, rapprochement* ou *élévation du soleil, chaleur croissante, expansion, accélération du mouvement, vie et jeunesse*: *absence, éloignement* ou *abaissement du soleil, chaleur décroissante, contraction, ralentissement, mort et vieillesse*, ces opposés se correspondent, ce qui a sans doute ses exceptions, ses distinctions et ses limitations; car il est tel degré de froid qui ranime, et tel degré de chaleur qui tue; mais ici l'exception cède à la règle, et il est toujours vrai en général que la chaleur décroissante tue, et que la chaleur croissante ressuscite. Le lecteur ne doit pas se persuader que nous ayons ici la présomption de vouloir décider entre ces deux grands génies; c'est assez pour nous d'user de notre droit, qui est, comme celui de tout autre lecteur, de soumettre à notre propre examen les opinions de nos maîtres, en imitant leur généreuse indépendance. D'ailleurs, en plaidant ici la cause d'Aristote, nous sommes nous-mêmes un peu sur la défensive; car le sentiment de ce grand homme sur cette question est une des premières bases de notre *balance naturelle*; et cette opinion, ce n'est qu'après l'avoir long-temps approfondie, que, malgré ce passage de Bacon qui étoit parfaitement présent à notre esprit, nous n'avons pas laissé de l'adopter.

(g) *Ce sont ces trombes que l'on voit quelquefois.* J'ai vu plusieurs de ces trombes, entr'autres deux, le 13 avril 1774, étant presque sous la ligne, et faisant route pour Canton en Chine (sur le vaisseau le Superbe, capitaine le chevalier de Vigny, lieutenant de haut-bord). Ces deux trombes fondirent sur nous en même temps ; à ces deux fléaux se joignit une *saute de vent* (le vent par-devant), nous fûmes *coëffés* (les voiles collées aux mâts), le vaisseau resta long-temps sur le côté, près de *chavirer;* enfin il se releva, mais il nous en coûta quatre hommes et deux mâts. Ce que j'ai pu observer, dans cette circonstance si peu favorable à l'observation, s'accorde assez bien avec l'explication que nos physiciens donnent de ce phénomène. Deux vents contraires et presque égaux en force, qui font tournoyer l'eau et la soulèvent, forment un commencement de tuyau. Ce tuyau s'abouche avec un autre formé par un nuage fort bas que les deux mêmes vents font aussi tournoyer : d'où résulte une espèce de corps de pompe où l'eau est comme attirée et s'élève avec grand bruit; parce que l'air qu'il contient y étant raréfié, l'air extérieur et voisin, qui s'appuie sur la surface de la mer, y fait, par son poids et son ressort devenus supérieurs, monter cette eau en grande quantité et assez rapidement. Ce jeu dure jusqu'à ce que l'un des deux vents, ou tous les deux, venant à s'affoiblir, le corps de pompe soit rompu ; ou enfin jusqu'à ce qu'un corps en mouvement, comme un boulet de canon, ou un vaisseau, brise ce corps de pompe. Voilà ce que je croyois avoir vu, et comment je l'expliquois ; mais depuis j'ai rencontré, dans certaines notes de M. de Buffon, des faits plus détaillés et beaucoup mieux expliqués. Ainsi je crois devoir renoncer à mon explication et même à mon observation, où je soupçonne que, sans m'en appercevoir, j'ai mêlé un peu de raisonnement, c'est-à-dire, de faux. Un habitant de l'isle de Bourbon, qui a été plus souvent à portée d'observer ce phénomène, le décrit et l'explique comme il suit. Un vent qui soufle de haut en bas (perpendiculairement ou à peu près), s'enfourne dans un nuage de matière apparemment un peu visqueuse, et en forme ainsi une espèce de tuyau qui s'abaisse de plus en plus, jamais toutefois jusqu'à la surface de l'eau. C'est ce vent qui, en passant par ce tuyau ou cette poche, soulève l'eau avec tant de force, et la fait jaillir avec tant de bruit : cela dure jusqu'à ce que la poche se déchire.

(*h*) *Ce qu'on rapporte d'un certain corbeau.* Cette histoire n'est probablement qu'une fable ; mais les faits rapportés par l'observateur de Nuremberg, et dont quelques-uns sont assez connus, semblent prouver que ces animaux, que nous qualifions de *brutes*, sont capables de raisonnemens assez composés; et si ces faits nous étonnent, notre étonnement est l'effet de cet orgueil qui nous fait croire que la faculté de raisonner est réservée à notre espèce. Il est vrai que les animaux raisonnent peu, et seulement sur ce qui leur est immédiatement utile ; au lieu que l'homme, doué d'une raison bien supérieure, a la faculté de raisonner sur ce qui ne lui est bon à rien, et de se rendre, à force de raisonnemens, beaucoup plus malheureux qu'il n'eût été, en végétant un peu plus, et en se faisant aussi bête que J. J. Rousseau l'eût souhaité. Enfin, s'il est vrai que bien raisonner, ce soit arriver à son but, même en raisonnant fort peu, et que déraisonner, ce soit le manquer, en raisonnant beaucoup, la raison même nous dit que l'animal brute est plus raisonnable que l'homme. Quoi qu'il en soit, s'il restoit quelque doute sur cette faculté que j'attribue aux animaux, voici un fait qui ne laisse plus d'équivoque sur ce point, et dont j'ai été moi-même témoin. Deux ou trois jours après mon arrivée à Saint-Malo, étant seul un soir dans la maison où l'on m'avoit mis en pension, et qui avoit l'air d'un vrai château à revenans, je vis la porte s'ouvrir comme d'elle-même, ce qui me causa un léger mouvement de frayeur; puis regardant à terre, j'apperçus un chat sur lequel mes soupçons ne tombèrent point. Au retour des gens de la maison, je leur racontai ce qui étoit arrivé : ils me dirent que ce devoit être le chat ; que, lorsqu'il vouloit entrer, il sautoit après une corde qui pendoit au loquet de la porte, la saisissoit avec ses dents, et, à l'aide de son poids, levoit le loquet. Les jours suivans, je fus plusieurs fois témoin de ce manège. Qu'auroient fait de plus les enfans pour qui l'on avoit mis cette corde, qui fut ensuite à l'usage du chat? Il paroît que cet animal, en jouant avec la corde dans les momens où le vent la faisoit aller et venir, se sera apperçu plusieurs fois que, lorsqu'il la tiroit, la porte s'ouvroit, et se sera fait, de cette observation, une sorte d'expérience dont il aura profité, comme nous l'eussions fait nous-mêmes, si, avec une raison telle que la nôtre, nous eussions eu des organes semblables aux siens. J'ai vu aussi tel chien de la plus grande espèce qui ouvroit une porte en posant ses pattes sur le loquet ; et comme c'étoit en lui une habitude, j'ai lieu de croire que ce mouvement, il le faisoit à dessein. Quand vous jouez avec un chat, si vous mettez plusieurs fois sa prestesse en défaut en retirant brusquement le jouet qu'il veut saisir, il s'éloigne de vous en feignant de ne plus penser à son objet ; puis, au moment où vous paroissez ne plus penser à lui, il se retourne et saute dessus. Cela ressemble à toute la vie humaine, où, pour éviter toute opposition et arriver plus sûrement à son but, on feint de se soucier peu de ce qu'on desire le plus vivement, et où les motifs réels sont presque toujours opposés aux motifs apparens. Non-seulement nous ne devons pas être étonnés que les animaux raisonnent; mais ce qui seroit vraiment étonnant, ce seroit qu'étant organisés, vivant, engendrant et mourant à peu près comme nous, ils ne raisonnassent pas.

(1) *Ce n'est pas sans peine qu'on les trouve, etc.* Voyez tout l'alinéa. Ces exemples de la croix, auxquels il paroît attacher tant de prix, et qu'il semble donner pour une découverte, ne sont autre chose que des raisonnemens *disjonctifs*, ou seuls, ou combinés avec des *dilemmes*. Un effet étant proposé à expliquer, on commence par faire l'énumération des différentes causes qui, à la première vue, paroissent suffisantes pour le produire; puis, à l'aide d'un ou de plusieurs dilemmes, on exclut une ou plusieurs de ces causes; enfin, on conclut en attribuant l'effet en question à la cause ou aux causes restantes. Mais, au lieu de définir et d'expliquer ces deux formes élémentaires de raisonnement, et leur combinaison, ce qui nous jeteroit dans des détails aussi longs qu'ennuyeux, nous nous contenterons, pour en donner quelque idée, d'en présenter ici la formule générale, ou le moule commun.

Le phénomène A a pour cause le phénomène B, ou le phénomène C, deux phénomènes tels que l'un ou l'autre a nécessairement lieu, et qu'ils ne peuvent avoir lieu tous deux à la fois ; ensorte que, l'un étant exclus, l'autre s'ensuit nécessairement ; ou que l'un étant supposé, l'autre est nécessairement exclus. Or, je dis que le phénomène C n'est pas la véritable cause du phénomène A ; car C n'est susceptible que des trois modes D, E et F : or, le mode D ne peut produire le phénomène A, par telle raison ; il en est de même de E et de F : donc le phénomène C n'est pas et même ne peut être la cause du phénomène A. Donc la véritable cause du phénomène A est le phénomène B ; ce qu'il falloit démontrer.

Mais, si un exemple de la croix n'est le plus souvent qu'une combinaison du dilemme avec le disjonctif, comme chacune de ces deux formes élémentaires peut pécher de plusieurs manières, et donner lieu à plusieurs espèces différentes de paralogismes, il s'ensuit que ces paralogismes peuvent aussi se combiner dans l'exemple de la croix, et que cette forme de raisonnement est plus sujette à erreur que toute autre. Les deux principales sources de ces erreurs sont les *exclusions mal fondées* et les *énumérations incomplettes*. La première consiste à regarder comme s'excluant réciproquement deux choses, par exemple, deux causes qui peuvent subsister ensemble, et concourir à l'effet proposé. L'autre consiste à oublier, dans une division, quelque partie du sujet à diviser ; par exemple, quelqu'espèce d'un genre, ou quelqu'une des causes concourantes à un effet. Or, la plupart des raisonnemens que fait Bacon dans cet article, pèchent de ces deux manières. Par exemple, il ne parle jamais ni de cette augmentation de la masse des eaux de l'océan, qui doit être l'effet de la fonte des glaces et des neiges des régions *circompolaires*; fonte qu'on peut, avec M. de Saint-Pierre, regarder comme une des causes concourantes de la grande marée de septembre : ni de l'augmentation du volume des eaux qui pourroit être l'effet de la dilatation opérée par la chaleur du soleil; cause dont l'effet peut bien être nul ou presque nul, mais qui devoit du moins être considérée et faire partie de son énumération. De plus, parmi les différentes causes qu'il dénombre, il en est (comme l'attraction exercée par la lune et le soleil sur les eaux de l'océan, le mouvement progressif et rétrograde occasionné par le mouvement diurne de la terre) qui peuvent fort bien subsister ensemble, et concourir aux marées, ainsi que les autres causes dont il ne parle pas *. Notre auteur

---

* Nos lecteurs peuvent souhaiter de trouver ici réunies, comme dans un seul tableau, toutes ou presque toutes les causes auxquelles les différens systématiques

est aussi un peu trop prompt à condamner Ramus et sa *dichotomie*, c'est-à-dire, une méthode dont le but est de réduire toutes les divisions et sub-

---

peuvent attribuer les marées, et qui peuvent donner lieu à des conjectures sur ce sujet; ces causes sont :

1°. L'attraction de la lune, combinée avec celle du soleil, et peut-être avec celle d'une ou de plusieurs autres planètes.

2°. Le mouvement progressif et rétrograde, alternatif, occasionné par le mouvement diurne de la terre.

3°. La dilatation opérée par la chaleur du soleil.

4°. L'augmentation et la diminution alternatives de la masse des eaux, supposées rentrant dans l'intérieur du globe, et en sortant alternativement.

5°. La fonte périodique des glaces et des neiges, dans les régions circompolaires.

6°. Les fleuves qui se déchargent dans l'océan.

7°. Des pluies abondantes, durables, périodiques, et tombant sur de grands espaces.

8°. Des vents périodiques.

9°. La conversion d'une partie de l'air atmosphérique en eau, et son retour à l'état aérien, ces deux transformations étant supposées aussi alternatives et périodiques.

Il est telle de ces prétendues causes que je ne fais entrer dans cette énumération que pour ne rien omettre, et pour épuiser la matière; mais il est à peu près démontré que la principale de ces causes, la cause suffisante et presque unique, c'est l'attraction de la lune combinée avec celle du soleil. Toaldo, météorologiste de Padoue, a commencé à prouver que l'océan aérien a, ainsi que l'autre, ses marées, répondantes aux différens points lunaires, tels que sizygies, quadratures, apogée et périgée, nœuds, etc.

divisions à deux membres contradictoires, et tels que, l'un étant supposé, l'autre soit nécessairement exclus; ou que, l'un étant exclus, l'autre s'ensuive nécessairement. Car, si tous les disjonctifs, tous les dilemmes, et par conséquent tous les *exemples de la croix*, qui n'en sont que les combinaisons, avoient pour base de telles divisions, ils seroient toujours, du moins à cet égard, rigoureusement concluans; et c'est parce que Bacon n'a pas deviné ce que Ramus vouloit faire de ces divisions, qu'il rejette ainsi une méthode sans laquelle il ne peut lui-même arriver à son but ; en supposant toutefois que Ramus ait eu cette idée. Il faut convenir cependant que ces divisions et subdivisions, toujours par deux, quand on seroit assuré de leur exactitude, auroient encore un grand inconvénient (comme nous l'avons observé dans notre méchanique morale); savoir : celui de multiplier excessivement les membres, ou plutôt les étages de division, et par conséquent les points à considérer dans chaque sujet, et qu'on retomberoit ainsi dans la confusion par le moyen même imaginé pour l'éviter.

Ce Ramus dont nous parlons, est un personnage intéressant par ses vues, son tour d'esprit et son caractère. 1°. Il s'est occupé toute sa vie de l'art de rendre les propositions conversibles, ou, ce qui est la même chose, de perfectionner *l'art de définir*, art qui est le principal objet du *Novum Organum*. 2°. Il ne s'est pas moins occupé de l'art de *diviser*, qui n'est qu'une suite du premier, et qui est la base des meilleures formes de raisonnemens. Il a donc parfaitement senti cette vérité : que *les bonnes définitions et les bonnes divisions sont l'ame de la logique, qui est l'ame de toutes les sciences*, attendu qu'armé d'une bonne lunette, on est en état de voir nettement et de fort loin tous les objets vers lesquels on la dirige. 3°. Le vrai restaurateur des sciences, c'est Ramus. Ce fut lui qui, le premier, attaquant et livrant au ridicule le bavardage méthodique d'Aristote et des scholastiques, singes de ce grand homme plutôt que ses imitateurs, voulut ramener les savans et leurs disciples à l'expérience et aux mathématiques. Descartes n'a fait qu'imiter Bacon, et Bacon n'a fait que continuer ce que Ramus avoit commencé. Mais ce dernier n'étoit qu'un enfant perdu qui marchoit devant le général : son puissant génie se noya dans la poussière d'une école; et son caractère altier, qui lui inspira trop de mépris pour des ménagemens nécessaires, multipliant pour lui des obstacles et des ennemis qu'il n'auroit pu vaincre qu'à force de temps et d'adresse, il dut se perdre, et il se perdit. Il en fut de cette révolution philosophique comme de certaines révolutions politiques : entreprise avant le temps, elle dévora celui qui l'avoit tentée, et ne produisit que du sang ; mais elle prépara une révolution plus douce et plus certaine dans ses effets.

Fin du cinquième volume.

www.ingramcontent.com/pod-product-compliance
Lightning Source LLC
Chambersburg PA
CBHW052133230426
43671CB00009B/1224